本书受中南财经政法大学出版基金资助

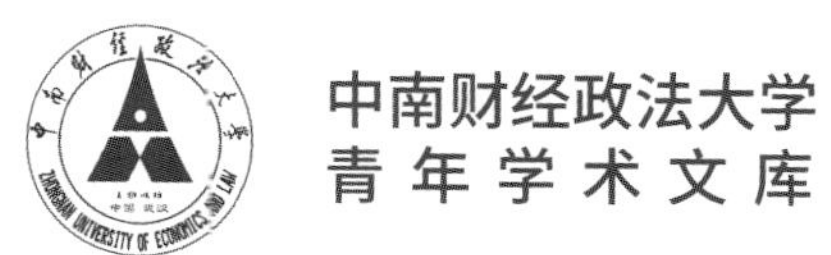

中南财经政法大学
青年学术文库

中国市制改革的理论研究

Theoretical Study on Chinese City Systems Reform

何李◎著

中国社会科学出版社

图书在版编目（CIP）数据

中国市制改革的理论研究／何李著．—北京：中国社会科学出版社，2019.5
（中南财经政法大学青年学术文库）
ISBN 978－7－5203－4093－9

Ⅰ．①中…　Ⅱ．①何…　Ⅲ．①市—行政管理—政治体制改革—研究—中国
Ⅳ．①D63

中国版本图书馆 CIP 数据核字（2019）第 036496 号

出 版 人　赵剑英
责任编辑　徐沐熙
特约编辑　李凤莲
责任校对　魏　凡
责任印制　戴　宽

出　　版　中国社会科学出版社
社　　址　北京鼓楼西大街甲 158 号
邮　　编　100720
网　　址　http://www.csspw.cn
发 行 部　010－84083685
门 市 部　010－84029450
经　　销　新华书店及其他书店

印刷装订　北京君升印刷有限公司
版　　次　2019 年 5 月第 1 版
印　　次　2019 年 5 月第 1 次印刷

开　　本　710×1000　1/16
印　　张　20
插　　页　2
字　　数　308 千字
定　　价　68.00 元

目　录

导　论

选题论证与理论基础

第一节　研究缘起和研究价值

一　研究缘起

（一）尝试从理论层次对市制进行研究

城市是人类社会进步的助推器。从狭义角度来看，“建制市”是由特定国家的法律或特定行政机关所正式确认的城市，而市制也就是关于城市建制的制度。在西方典型国家，市制运行往往遵循的是城市自治传统，城市政府之间一般是“伙伴关系”，通常并不存在着严格隶属关系和明确的级别划分。可是在中国，市制问题就显得复杂多了。虽然在近代的市制初创期，也尝试过模仿西方的自治市，但随着历史的发展，中国市制逐渐发展出了独特的运行逻辑。这使得相较于西方国家（地区），市制在中国的经济发展、社会治理方面发挥着更为重要的作用。因此，针对这一现象，需要学界开展深入的理论研究，以提升对中国问题的理论解释力和现实指导力。

虽然近年来市制研究取得了长足进展，对市制问题的研讨逐渐从宏观领域向微观环节拓展，但是仍然存在着如下四个方面的不足：其一，人文色彩较强而社科性偏弱。多数研究依然停留在对市制平铺式的介绍和分析上，而难以达到社会科学思维所要求的逻辑性和严谨性。其二，在通常情况下，市制仅被视为一种政策工具。市制研究也只是为了指导实务工作服务，如要不要设市、怎样设市，等等。相反，在对市制的系统认识方面做的还明显不够。其三，市制的过程研究较为少见。现有文献一般围绕制度问题展开，相对忽略市制在运转起来以后所产生的改变。其四，在进行市制调整时，考虑经济发展因素较多，考虑公共服务因素较少，而考虑政治因素、管理因素则更少。总之，市制研究的方法和理论层次都需要进一步提升。着力对市制的政治运行规律加以把握，尝试从理论层次寻求突破，建立一个关于中国市制运行的分析框架，才能为市制改革实践提供更强有力的理论支持。

（二）尝试探索市制的发展方向

围绕市制的发展走向，理论界产生了较大争议。可以大体归纳为三派观点①：“统筹”派、“缩市”派和“自治”派。

“统筹”派认为：中国应该增设更多的市或其他类型的城市建制，应坚持以广域型空间结构为目标的设市模式，以行政城市化来带动实体城市化发展。这与中国共产党第十六届全国代表大会所提出的“统筹城乡发展战略”（十七大、十八大依旧有相关表述）和“新型城镇化战略”相契合，在实践层面也得到了广泛应用。在行政区划实务部门供职的研究者中，对统筹战略持赞成观点的较多。“统筹”派更多从论证现有政策的合理性角度出发，因此，较容易忽视改革实践中的阻力和风险。

“缩市”派则指出：中国目前很多城市的建成区存在布局不合理、人口密度不大、土地利用粗放等问题。因此，应严格控制新城市建制的设立，转而以增强现有城市承载力为目标。甚至可进行必要的城市收缩，构建紧凑城市。② 取消部分不符合标准的建制市资格，缩小城市辖区面积。持这一观点的主要是从事城市规划研究的学者。“缩市”派从城市空间配置的科学性角度出发展开分析，突出强调了城市规划的工具价值，但却可能忽略了“城市规划是政治过程的产物，它往往体现为化解城市问题的公共政策”③ 这一层面。

---

① 这是根据市制改革的研究现状所做的初步划分。它主要是为了便于阐述观点，并没有任何针对性。

② 布雷赫尼（Breheny）1997 年对紧凑城市的定义是：促进城市的重新发展，中心区的再次兴旺，保护农地，限制农村地区的大量开发；更高的城市密度；功能混合的用地布局，优先发展公共交通，并在其节点处集中城市开发。转引自王宏伟等编著《中国城市增长的动力学研究》，中国城市出版社 2007 年版，第 78 页。

③ 姚尚建：《城市政治：正义的供给与权利的捍卫》，北京大学出版社 2015 年版，第 194 页。

“自治”派则从回归城市本质入手，主张改变中国现阶段的市制广域化模式，回归城市自治的传统。一方面，像部分发达国家那样，采用适域型或窄域型设市模式，将城市建成区单独切分出来设市，使其不再管辖农村地区。另一方面，赋予城市更多的自主发展权，取消城市级别，实现城市的自主管理。从事城市地理、城市管理等方面研究的学者较倾向于此类观点。“自治”派对于探寻城市本质，推动城市的内涵式发展有着积极意义，但却往往容易低估制度惯性和改革成本。

总体来看，这三派都有意无意的绕开了市制的政治属性。中国的市制改革同样可以理解为一项政治改革，因为它不但牵涉到府际关系，关涉领导干部的政治排序，而且可能影响到政府职权的归属和各级官员的升迁。撇开政治因素而实施的市制调整方案可能会背离改革初衷。因此，加强对相关政治因素的考量，对摸索出一条新的市制发展方向不无裨益。

（三）对中国市制改革实践的思考

通过城市化带动国家整体现代化水平的提升，已经成为中国当前的重大战略布局之一。然而，城市化是一个系统工程，它涵括多个层面：城市景观、经济发展、市政管理、政府职能转变、人的居住就业及其思想观念的提升等。从不同角度考量，对城市化的评判标准就有很大差异。这容易导致某一指标超前而另一指标滞后的错位现象。实现各层面城市化的整体推进自然是夙愿所向，但实践中却难以做到。这就引申出城市化道路的选择问题。总结改革开放以来的城市化进程，不难发现，以市制改革推进城市化成为了中国城市化之路的选项之一。在现阶段，这一策略主要围绕以下四个方面展开：增设新市、增设市辖区、城市升级和功能区拓展。可是，在对这四个层面的观察和思考中却产生了诸多疑问：

首先，增设新市。在中央将中小城市作为城市化重点的情况下，是否应该放开设市呢？又该如何管控相关风险呢？其次，增设市辖区。① 这一市制改革形式对县制和城市整体性的破坏已引起广泛关注，但改革却并没有就此终止，反而有加快之势。是什么力量和逻辑在背后推波助澜？

---

① 实际上，这种现象在很早之前就已存在。例如，改革开放前，北京市就将周边原属于河北省的县划归自身管辖，并逐步改设为市辖区。

应该如何化解其所造成的危害呢？再次，城市升级。为什么多数城市迫切希望提升级别？如何规范和引导现阶段的城市升级诉求呢？最后，功能区的广泛施行。随着功能区的发展，部分功能区已经从简单的承担某项任务向承载多种职能的方向转变。功能区的发展方向在哪？它是一种新型市制还是一类暂时的管理模式呢？

上述疑问都指向一个共同的领域——市制。只有厘清市制运行规律并据此反思市制改革实践才能对上述问题做出更进一步的解答。

（四）试图解答城市发展和治理问题

当前，中国城市在建设和治理中产生了一些共性问题。这些问题往往与市制有着内在关联，开展市制理论研究或许能为找到这些问题的解决方案提供启示。

第一，试图解答城乡二元体制的破解难题。城乡二元体制是计划经济时代遗留的产物，到现在依然没有得到根本解决。从市制角度审视，城乡二元问题主要体现在城乡合治和城乡分治的矛盾上。主张城乡合治的观点认为：正是对城市和农村的分开治理造成了两套治理模式，既便利了城市从农村汲取资源又阻隔了城市对农村的有效带动。而主张城乡分治的观点则指出：专业化是现代化的题中之意，城市与农村经济社会结构迥异，理应实行不同的管理模式。通过市制改革实现合治与分治的平衡，也许能为破解二元体制提供助益。

第二，试图解决“城市化不足”与“假性城市化”的矛盾。“城市化不足”指的是行政城市化落后于实体城市化，而“假性城市化”则指行政城市化过度超前于实体城市化。一方面，由于市制改革的滞后，使得很多达到设市标准的行政区无法转变为城市建制；另一方面，地方政府在竞争压力下，通过编造数据、政府公关、行政区划调整①等手段，实现了城市建制的调整。可见，欲解决这对矛盾，需要在城市建制层次与城市化水平的匹配问题上做深度挖掘，而这恰恰也是市制研究所关注的核心范畴。

第三，试图清理阻碍城市间合作的障碍。规模效应和集聚效应使部分地域形成了集中连片的城市连绵区。很多区域问题的治理和公共服务

---

① 县级以下行政区划变革的权限在省里，而县级以上则在中央。

的供给都必须跨越城市辖区边界才能进行。因此，推进更紧密、更有序的城市政府间合作变得越来越紧迫。然而，分布在这一区域的城市却可能分属于不同的行政层级，城市政府之间的政治地位、行政级别甚至职责权限也可能不对等，这严重制约了政府合作。此类问题的发酵显然已不能用管理失当、经验不足来搪塞。从市制层面展开问题摸查，或许能够为“城市合作难题”提供良方。

二　选题的理论价值

（一）有助于提升市制研究的理论层次

目前学界的市制研究主要集中在人文地理学和城市规划学领域。前者在论及城市政府问题时，往往笼统的用权力、统治、等级等政治学中的大概念来模糊的指代其中的细微政治现象，显得零散而不成体系；后者又过于强调技术属性，将市制问题放在城市的规划设计上加以裁量，未免有工具主义滥觞之嫌。上述状况使得市制研究的整体理论层次并不高。这与市制在中国政治发展、政府机构改革中的地位是不匹配的。因为系统性理论对于指导改革实践是不可或缺的，而提升理论层次又需要恰当的突破口。在文献梳理中发现：研究主要围绕市制模式调整及城市建制变化规律展开。这一倾向将市制研究框定在了一个相对狭窄的范围。同时，针对市制背后的运行逻辑、非制度因素的理论分析则明显不足。从政府过程角度来看，城市之间既有正式的层级划分又有非正式的等级差异，资源恰恰是在这一基础上进行配置的。市制在这中间到底发挥着什么作用呢？将解答这一问题作为突破口，谋求提炼出市制运行的基本规律或许可能贯通目前较为碎片化的研究发现，从而有助于提升市制理论对中国现象的解释力。

（二）有助于丰富中国城市政治学研究

“随着城市的出现，必然要有行政机关、警察、赋税等等，一句话，必须要有公共机构，从而也就必然要有一般政治。”① 古典政治学家认为，城市政治学属于政治学的城市研究分支，是关于次国家层面的政治学。这一研究在西方国家已较为深入，产生了城市机制理论等较为成熟的理

① 《马克思恩格斯选集》第一卷，人民出版社2012年第3版，第184页。

论，但这些理论建立在这些国家城市发展经验的基础之上，其是否适用于中国尚需验证。随着经济与社会的发展，城市将成为“转型中国”的资源和问题的汇集之地。由此，对影响城市资源配置的政治要素进行系统研究就变得越来越紧迫。庞大的社会需求对一个学科的产生和成长是决定性的。但是学科的成长又不能简单地移植而来，它需要来自对本土规律的探索和发现。中国现有的以城市为对象的研究要么集中在城市地理学和城市规划学方面，缺乏来自政治学的话语阐释；要么将城市纳入地方政府学范畴，将城市政府等同于地方政府，不做或很少做类型研究。这在某种程度上对理解城市现象、推动城市发展、解决城市问题都是不利的。由于市制问题不但影响着中央—地方、不同区域之间的政治平衡，而且浸染着中央和地方的政治发展逻辑。因此，运用政治学的学科范式，有望在各学科的间隙中，探索出另一条市制分析路径。同时，可能有助于推动城市政治学成长为中国政治学的学术增长点之一。

（三）有利于深化和拓展城市化研究

城市化在中国未来十年甚至更长时间的战略布局中占据着重要位置。城市化研究既属于自然科学的研究范畴，又属于社会科学的研究范畴。在社会科学研究领域，经济学、社会学、人口学和城市地理学等学科对城市化的关注度比较高。它们从各自的学科视角出发，在中国城市化政策研究等九个方面取得了丰硕成果。[①] 然而，理论界对影响城市化进程的政府行为及其背后的政治逻辑却鲜有针对性的论述。而这些政府行为又集中于市制改革领域，并具体表现为行政城市化现象。也就是以政府为核心的权威机构借助权力对城市化地域进行确认，以此来反作用于城市化进程。这一现象在中华人民共和国成立后特别是改革开放以来的特殊国情影响下变得越来越复杂。而欲对其进行描述和引导，只有从以政府作为核心研究命题的政治学、行政学等学科入手，才能获得城市化研究更有效、更全面的理论和方法支撑。与此同时，从学术发展角度来看，这也有利于实现各学科的优势互补，进而增进社会科学研究对城市化的整体解释力。

① 顾朝林、吴莉娅：《中国城市化研究主要成果综述》，《城市问题》2008 年第 12 期。

三　选题的现实意义

（一）支持行政区划改革向深层次发展

中国行政区按照功能结构可以分为：地域型政区（也称为普通型政区）、城市型政区、民族型政区和特殊型政区四种类型。[①] 四种类型处在动态平衡之中。不过，近年来日益加快的行政区划改革正在试图打破这种平衡——地域型政区、民族型政区和特殊型政区正在快速转变为城市型政区。1978 年以来，中央政府改变了之前控制城市发展的主基调，转而大力助推城市建设。经过 40 年的改革，城市型政区在行政区划中所占的比例逐步提升。这进一步使得与市制相关的行政区划调整相应增多。似乎所有行政区划问题，只要设市就可以迎刃而解。这种认识不但低估了行政区划的复杂程度，而且模糊了不同行政区划类型之间的功能差异。最终将削弱行政区划改革与国家治理需要之间的匹配度。加强这方面的思考和理论提炼，将市制研究放入行政区划改革的整体架构中，从全国国土空间调整的视角来深入分析，对于完善中国行政区划体系，调整或纠正认识和行动上的偏差，推动地理空间的合理布局是确有必要的。

（二）有助于政府职能转变的深化、细化和具体化

政府职能可区分为政府功能和政府职责，前者指宏观层次的政府行为，而后者指政府的一些比较具体的工作。[②] 与市制相关联的政府职能转变应主要集中在政府职责的调整上。现阶段进行政府职责配置主要围绕纵向上的各级政府展开，而对横向上地方政府间的差别则关注不够。地方政府不但分“级”，还分“类”，城市政府就是其中的一个重要类型。对城市型政区进行专门化管理是专业分工的必然要求，这在中华人民共和国成立初期就已经在中央文件中有所体现了。[③] 为了更精细、更具体的配置政府职责就有必要对与市制相关的机构调整、职能转变做充分的了解。研究在不同的市制模式、不同的现实条件下，城市政府按照何种标

---

① 刘君德、靳润成、周克瑜：《中国政区地理》，科学出版社 1999 年版，第 5—6 页。

② 参见朱光磊主编《现代政府理论》，高等教育出版社 2006 年版　第 73 页。

③ 在《中共中央、国务院关于调整市镇建制、缩小城市郊区的指示》（1963 年 12 月 7 日）中有这样的表述：“市镇是工商业和手工业的集中地。由于这些地区的经济条件和生活方式都不同于农业地区，国家需要设置市镇建制，来对它进行专门的管理。”

准、逻辑进行了哪些细分，研究这些不同种类的城市政府分别应该主要承担哪些政府职责。以上对于中国当前政府职能转变朝深化、细化和具体化方向发展将有一定的借鉴意义。

（三）为推进城市化进程提供理论支持

十八届三中全会后，围绕城市化议题召开了中央城镇化工作会议。随后根据会议精神制定了《国家新型城镇化规划（2014—2020 年）》。[①]这进一步明确了国家对城市化工作的高度重视。城市化将成为影响下一阶段经济发展、社会结构调整、国土结构变化甚至几亿人口生产生活的重要因素之一。完成这项工作，一方面要推动有条件的地区率先发展，使其逐步具备城市的基本要素；另一方面要在制度层面，通过市制的改革打破阻碍城市化的障碍，将有条件的地区改为城市建制，亦可采用城市升级、建立城市特区、赋予城市特有职权等措施。可见，市制改革作为推动城市化的重要手段之一是不容忽视的。但手段与目的之间往往容易发生分离，上文提到的“假性城市化”和“城市化不足”就足以引起警惕。因此，需要在对市制问题做充分了解的基础上进行科学的规划与调整，以免背离“为改善人的生活服务”这一城市化宗旨。

（四）为增进城市间合作和实现大都市区科学治理提供了新的思路

信息化、快速交通和多元经济形态的发展，使得城市合作日渐突破地理空间的限制，城市之间也更多地将是否能实现彼此的功能互补作为合作依据。在城市交往关系中，城市政府扮演着重要角色，而市制又影响着城市政府间能否开展有效的合作。另外，随着部分区域的城市化向更深层次发展，城市群将渐次发育成型，进而大都市区治理也会提上日程。大都市区治理主要涵括以下两方面内容：其一，处理跨城市、跨行政区的公共问题。既需要城市政府间为解决共同的治理问题和提供跨区域的公共产品建立相应的机制，又需要缓释行政区划壁垒和城市间层级体系的负面影响。其二，推进城市之间的协同与合作，以实现优势互补。从边界争议到城市空间布局，从大项目落地到功能区范围圈定，很多与市制相关的问题都会在大都市区内密集呈现。基于市制维度分析大都市

---

① 参见由中共中央、国务院印发的《国家新型城镇化规划（2014—2020 年）》，2014 年 3 月，国家发改委网站（http：//ghs. ndrc. gov. cn/zttp/xxczhjs/ghzc/201605/t20160505_800839. html）。

区治理中的梗阻问题，对于把握问题产生的制度根源和捕捉影响问题演变的非制度因素都能提供有价值的创新思路。

第二节　文献综述

一　国内相关研究述评

在国内研究方面，对市制展开专门论述的成果并不多，仅有的也主要是从宏观出发进行的概念梳理、模式对比和相关理论阐释，等等。但是在微观领域，学界围绕不同层级、不同类型的城市建制，围绕市制的构成要素及相关环节，围绕市政体制和级别观念等问题却已做了大量间接性的研究工作。这些成果可以运用于市制领域，为改革实践提供理论支持。

（一）从宏观角度着手进行的直接探讨

1. 从市制合宪性角度进行的论证

市制与宪法学的交叉领域是市制规范性研究的重要组成部分，对于推进市制改革的法治化有着很强的借鉴意义。它主要涉及五个层面：其一，直辖市辖市问题；其二，地级市管县（县级市）问题；其三，较大的市的内涵和外延问题；其四，副省级市和副地级市的地位问题；其五，县下辖市（镇级市）问题。从宪法的文本规定来看，目前的许多市制实践有违宪嫌疑，但它们又往往在一定时期内满足了改革需要。相反，另一些改革因过度迁就宪法的文本规定，而大大降低了市制改革与地方发展需要之间的匹配度。故而，处理好二者之间的关系，进一步加强市制的合宪性审查和相关宪法条款的解释、修订工作有着很强的现实紧迫性。

此类研究中，较有代表性的是张震的成果：《中国市制改革之探讨——以“市”的宪法内涵为主线》。文章从市的宪法内涵入手，系统探讨了市制改革的合宪性问题。[①] 他指出要“通过解析现行宪法第 30 条关

① 张震：《中国市制改革之探讨——以“市”的宪法内涵为主线》，《政治与法律》2015 年第 4 期。

于市的内涵，对现有不同级别和类型的城市进行合宪性审视”①，并强调中国的市制要以宪法为根本依据。这些举措从维护宪法权威性角度来看是可取的。但是从可行性角度来看，在较长时间内，对现行市制进行合宪性审查还不具备充足的条件。其他学者中，张献勇也列举并一一分析了中国市制所面临的十大宪法争议问题。② 还有一些学者亦将其作为支撑其他主题的某一要点做概略性阐述。当然，这些文章在深入性上均较为欠缺。

2. 对中国市制模式及其历史变迁的研究

戴均良作为行政区划实务部门（民政部区划与地名司）的前负责同志，曾经系统分析了中国的设市模式、市的行政等级和升级制度。其中，既从实践出发对建立规范的城市升级制度进行了经验总结，又对升级过程中编制、人员、机构等问题做了细致分析。③ 于鸣超则重点梳理了改革开放以来的市制变迁历程。④ 他总结道：“现行市制并没有真正打破城乡壁垒，为城市化开绿灯，从而仍然是中国政治与行政改革必须面对的一大课题。”虽然二者的研究成果都发表于1999年，对近十几年市制改革的新变化缺乏解释力。但变中亦有不变，及至目前，他们的结论仍有不少可取之处。另外，《中国方域：行政区划与地名》期刊曾于2000年连载了华伟的四篇市制系列文章：《城市与市制——市制丛谈之一》⑤《自治市与行政市——市制丛谈之二》⑥《城乡分治与合治——市制丛谈之三》⑦《新形势与新构想：市制丛谈之四》⑧。这四篇文章在市制研究领域影响颇大。它们既对市制的相关概念进行了辨析，又对市制演进的国际

① 张震：《中国市制改革之探讨——以“市”的宪法内涵为主线》，《政治与法律》2015年第4期。

② 张献勇：《我国市制遭遇十大宪法尴尬》，《人大研究》2005年第6期。

③ 戴均良：《设市模式与市制改革》，《城市问题》1999年第1期。

④ 于鸣超：《中国市制的变迁及展望》，《战略与管理》1999年第5期。

⑤ 华伟：《城市与市制——市制丛谈之一》，《中国方域：行政区划与地名》2000年第1期。

⑥ 华伟：《自治市与行政市——市制丛谈之二》，《中国方域：行政区划与地名》2000年第2期。

⑦ 华伟：《城乡分治与合治——市制丛谈之三》，《中国方域：行政区划与地名》2000年第3期。

⑧ 华伟：《新形势与新构想——市制丛谈之四》，《中国方域：行政区划与地名》2000年第4期。

国内脉络展开了初步梳理，为市制的理论建构做了很好的铺垫。2006 年，浦善新也对设市模式进行了系统性概括和利弊分析，但观点的创新性要稍微逊色一些。[①] 然而，自此之后的近十年内就鲜有关于市制的系统性论述了。直到 2015 年，刘君德、范今朝的著作《中国市制的历史演变与当代改革》[②] 出版才又见新的尝试。这是一本对市制研究进行全面总结的专著，书中不但提供了中国市制改革的大量原始数据和相关资料，还对市制诸多环节的改革方案逐一进行了论证，并提供了不少宝贵的研究线索和改革设想。

3. 市制发展演变的理论基础探析

中国市制的发展演变受现实因素的影响较大，但市制理念的重大变革背后一定有相应的理论支持，只不过这些理论有成熟和非成熟之分，理论发展与实践路径也可能不尽相同而已。理论本身能对市制实践产生重要影响这点是不容否定的。在中国影响较大的理论首推城市本质理论。在这方面最具有代表性的人物是：美国城市学家刘易斯·芒福德（Lewis Mumford），他在研究城市发展史的过程中不断追问："城市是什么，城市是为了实现人的什么需要？"[③] 其思想引领了一大批国内城市研究者沿着以上路径追寻。他们普遍认为，城市是完全不同于农村的一种制度形式。因此，中国的城市发展应该回归城市本质，回归到城市自治。[④] 该理论成为中国城乡分治理论的渊源所在。

然而，市制改革实践中所依循的却是城乡统筹发展理论。这一理论是城乡合治的理论来源。实际上，中国在全面建设社会主义时期就已经开始城乡合治的尝试了，只不过由于"文化大革命"的影响，这一进程受到了阻滞。城乡统筹发展就是将城市和农村作为一个整体来统一规划。其中内含的逻辑就是：以城市带动农村，消解城乡二元模式，使城乡政策（特别是公共服务政策）趋于一致。

在这两大理论流派之外，部分学者也针对中国市制运行中的特殊

---

① 浦善新：《中国行政区划改革研究》，商务印书馆 2006 年版，第 95—109 页。

② 刘君德、范今朝：《中国市制的历史演变与当代改革》，东南大学出版社 2015 年版。

③ ［美］刘易斯·芒福德：《城市发展史——起源、演变和前景》，倪文彦、宋俊岭译，中国建筑工业出版社 1989 年版，第 1 页。

④ 纪晓岚：《论城市本质》，中国社会科学出版社 2002 年版，第 43 页。

现象做出了理论提炼。其中以刘君德的行政区经济理论和范今朝的“城市发展与政区演变的互动关系”理论最为突出。所谓行政区经济是指：“由于行政区划对区域经济的刚性约束而产生的一种特殊区域经济现象，是中国区域经济由纵向运行系统向横向运行系统转变过程中出现的一种区域经济类型。”① 刘君德认为，行政区经济的产生与中国正从计划经济向市场经济转变这一宏观背景是分不开的。它虽然在某种程度上诱发了地方保护、行政壁垒等问题，但从总体上来看是利大于弊的，是经济社会转型期的正常现象。可是，仍有不少学者对行政区经济的正面效果抱持怀疑态度。行政区经济理论在应用于行政区划时尚且能自洽，但当多数行政区转变为城市建制之后，破解城市之间突出的行政壁垒问题就不得不需要开拓新的理论视角了。特别是在大都市区地带，城市密度大，城市型政区相互毗邻，城市之间的交往需求较普通型政区要大得多，这些需求用行政区经济理论很难有效回应。刘君德的学生范今朝则对市制改革中的另一个重要现象——行政城市化超前于实体城市化进行了理论化尝试。他认为中国的市制改革超前于城市化水平“可以从上层建筑的角度打破城市化（包括实体意义上的城市化，也包括制度层面的城市化）的障碍，进而强制变迁，推动城市化向良性方向发展”②。然而，这一理论对于一些地区所存在的“虚假城市化”现象则并不具有有效解释力。市制改革的超前必须要把握一定的度，超过这个限度，妄想二者之间还能产生良性的互动效果就并不现实了。

（二）对各国（地区）市制模式的比较分析

由于政治体制和历史传统的差异，世界各国（地区）的市制往往存在着较大不同。熊竞比较了中国大陆地区和台湾地区、国外的市制模式。首先对比了中国大陆与台湾地区、日本、美国、德国、印度、俄罗斯、泰国等国家（地区）的设市标准。在此基础上，总结了域外市制的基本特征：注重民意、切块设市、县下辖市、弱化级别。并最终得出结论：

---

① 刘君德：《中国转型期凸现的“行政区经济”现象分析》，《理论前沿》2004 年第 10 期。

② 范今朝：《仁政必自经界始——中国现当代城市化进程中的行政区划改革若干问题研究》，浙江大学出版社 2011 年版，第 104 页。

中国市制的突出问题在于“市制广域化”[①]。这一结论不免武断。根据其所提供的信息，很难归纳出域外市制的统一特征，将矛头指向“市制广域化”更是缺乏历史根据。曹启挺的《世界各国市制比较研究》系统介绍了包括发展中国家在内各国的市制模式。[②] 与熊竞相比，他还增加了南亚、中东、拉丁系国家、英国、韩国等区别具特色的市制模式。这本书是中文文献中，对国外市制模式介绍最为全面的著作。但该书以介绍为主，缺少深入对比和理论提炼。

上述分析表明：国内的相关引介工作仅是对域外市制的外围结构及其变化的一种简单化描述，而没有对其内在的权力结构实施挖掘。正是对表面现象的过度关注，才会机械式的提炼这些国家（地区）市制中的异同点。总之，并没有一套世界通用的、标准化的市制模式，探索出一条适合自身的市制改革之路是中国未来改革中必须要做的功课。

（三）重点从“官本位”视角进行的探析

“官本位”思想对市制改革产生着重要影响，这一点得到了多数学者的认可。王雪丽的研究指出：中国有着“官本位”的社会传统和以官阶设市的历史惯例。中华人民共和国成立后，就严格按照行政级别来确定城市的规模。[③] 虽然，尚未发现专门就“官本位”与市制改革关系进行系统探讨的文章，但是理论界的许多铺垫工作仍能提供不少宝贵参考。如李景鹏所发现的在“官本位”现象与计划经济和行政改革之间的密切关联。[④] 以此为理论前提，能对中国市制形成和发展的研究提供帮助。

“官本位”研究主要有文化、历史、行为、制度（政策）四类研究视角。在文化角度看来，“官本位”指将做官作为一种社会价值尺度，“以官职大小、官阶高低为标准或参照系，用以衡量人们在社会政治、经济地位及人身价值的社会观念”[⑤]。这一视角主张要积极推进“官本位”向

---

① 熊竞：《国外市制模式的经验借鉴——兼论我国的设市制度》，《江汉论坛》2014 年第 3 期。

② 曹启挺：《世界各国市制比较研究》，中央编译出版社 2012 年版。

③ 王雪丽：《中国“省直管县”体制改革研究》，天津人民出版社 2013 年版，第 27—30 页。

④ 李景鹏：《官本位：行政改革的障碍之一》，《学习与探索》2009 年第 5 期。

⑤ 李向国：《“官本位”与“民本位”政治文化学研究的理论意义》，《理论前沿》2007 年第 18 期。

“民本位”的文化转变。历史视角则追溯“官本位”形成的原因。池如龙认为，“官本位”是由宗法政治统治、土地私有制、科举取士制、儒家思想、封建意识五个历史因素造成的。① 他的关注点还主要集中在古代的因素，实际上近代乃至当代仍然有许多因素支撑着“官本位”意识。如齐秀生将官员特权制度，社会等级制度，单一的人才培育、选拔、激励制度作为“官本位”的历史根源。② 他既关注了这些制度的古代表现，也关注了其当代发展，如弹性职务消费、干部的经济待遇、政治待遇和社会地位等。行为视角即从“官本位”思想对政府行为的影响方面加以分析。该视角认为“官本位”滋长了官员群体的独尊意识，“地方政府作为行为主体，通过利用制度环境赋予它的行为空间来选择最有利于自身利益的策略和行为，直接从事经济活动，并运用自身的行政权力干预市场经济，极大地制约了经济社会的发展进程”③。制度（政策）视角则重点关注当前在正式制度、公共政策中依然保留着的“官本位”色彩。如李太淼所指出的：“行政级别是体现‘官本位’的最基本方式，在很多领域，除了行政职位有级别，很多与级别不相干的空间也被逐渐打上了级别的烙印。”④

（四）侧重于对不同种类城市建制的研究

这类研究的一个重要特点就是将市制理解为城市建制，并就某类或相关城市建制的增设、废除、调整及其相互关系进行研究。当然，其中并不包括那些仅将城市建制作为分析背景的成果。这类研究的突出问题是试图从一类城市建制的改革中推导出解决中国市制结构性问题的方法。它们往往忽视了不同层级、不同类型城市建制之间的本质差异。

1. 对一般类型“建制市”的专门研究

在中国，一般类型建制市包括：直辖市、地级市、县级市三种。另外，由于是非正式的行政区划层级，副省级市⑤、较大的市可以归入地级

---

① 池如龙：《官本位产生和发展的历史根源》，《社会科学》1999 年第 2 期。

② 齐秀生：《官本位意识的历史成因及对策》，《文史哲》2002 年第 2 期。

③ 马润凡：《当前我国官本位意识的危害及其治理》，《中州学刊》2014 年第 2 期。

④ 李太淼：《当代中国官本位意识表现分析》，《中州学刊》2014 年第 2 期。

⑤ 副省级市并没有宪法和法律依据，而只有中共中央和国务院各部门的规章、文件作为依据。

市，副地级市[①]可归入县级市进行探讨。

在学界，对直辖市体制的调整往往与重划省级行政区联系在一起。普遍认为，当前的直辖市数量过少且地域分布不均衡。赵忠新针对这一问题，提出在中国应增设五个直辖市：大连、乌鲁木齐、西安、广州、武汉。[②] 董里则从城市竞争力评价角度来设计了直辖市的增选方案。[③] 在这一问题上，刘君德也做了较为详细的研究。他梳理了中国直辖市的历史脉络，将目前中国的四个直辖市分为三种类型：北京是首都，上海和天津分别是南北方两个经济中心，而重庆是一个以地域型政区为主兼有城市型政区特性的中央直辖市。[④] 他主张既要发展完善直辖市制度、改革内部政区体制，还要通过增设直辖市来实现合理布局。这些观点在他的著作《中央直辖市政区空间组织与制度模式探析——理论架构、比较分析及实证研究》中得到了系统性论述。[⑤] 在直辖市改革的依据上，赵聚军则持不同的见解。他认为，直辖市关涉中国的政治稳定和区域发展，增设直辖市不能仅仅依赖技术性标准。对包括直辖市在内的省级政区的调整必须主要从政治控制的角度出发，而省级以下政区则可从公共服务和政府管理着手。[⑥]

省辖市这一名称在改革开放前曾在官方文件中频繁出现，但改革开放后就很少被使用了。现在加以沿用是因为它能成为一个统称，将由省所直辖的市（副省级市、较大的市、地级市、省直管县级市）都涵括进来。从市制角度入手对副省级市、较大的市进行专门研究的成果很少，可能与这两类城市建制变动不频繁有关。地级市和省直管县级市往往放在一起进行探讨，因为地级市与市领导县（市）体制有着密切关联。在

---

① 副地级市并没有法律或中央层面的政策依据，而只有省级层面制定的地方性法规作为依据。

② 赵忠新：《中国政区改革初探——以省和直辖市改革为例》，《科技进步与对策》2003 年第 S1 期。

③ 董里：《基于城市竞争力评价的直辖市增选方案研究》，《天府新论》2009 年第 6 期。

④ 刘君德：《中国直辖市制度辨析与思考》，《江汉论坛》2006 年第 5 期。

⑤ 刘君德、马祖琦、熊竞：《中央直辖市政区空间组织与制度模式探析——理论架构、比较分析及实证研究》，东南大学出版社 2012 年版。

⑥ 赵聚军：《“控制—服务”：当代中国行政区划改革的应然导向》，《上海行政学院学报》2009 年第 6 期。

大力推行市领导县（市）体制的20世纪末期，宫桂芝就曾提出，地级市管县（市）与实化地区建制并无实质区别、市县分等是地级市管县的前提等重要观点。① 庞明礼、马晴重点关注了省直管县改革后地级市的职能定位问题。他们认为："地级市应该逐步裁撤涉农职能，强化宏观调控职能，重视文化教育职能，突出公共服务职能。"② 而随着地区改市的基本完成（截至2017年12月31日，全国只余7个地区），学界的关注重心转向了县级市。

对普通县级市③的研究主要集中在以下两个方面：其一，对县改市的反思。暴景升在专著《当代中国县政改革研究》中，系统梳理了中国县改市模式及其实践状况。他认为虽然中国县改市在某种程度上促进了城乡发展，缓解了城乡关系的矛盾，但总体来看，县改市弊大于利。他总结了以下七个原因：第一，缺乏科学的理论论证；第二，从心理和文化角度来看，县是形成地域文化和地域心理的基础；第三，造成中国行政建制上的混乱；第四，"市管县"体制和"市管市"体制形成了新问题、新矛盾；第五，内在动力使政府权力扩张；第六，是引发市县矛盾的行政区划根源；第七，加剧了市县关系的紧张。④ 马祖琦也认为要进行县制保护。由于中国撤县设市的速度过快，人为因素很多，必须要加以控制，否则可能会出现"县荒"，这不利于县政的稳定。他从保护和稳定县制的视角入手，自上而下地反推设市标准。一方面进行总量控制，设定允许减少的数量上限；另一方面，设置存量标杆，以存量县级市的平均水平作为撤县设市的"标杆"，要求"增量"县级市的各项指标均需达到存量县级市的平均水平。⑤ 其二，关于中国县级市前景的研究。石超艺指出中国县级市中"假性城市化"现象很严重，很多县级市并没有达到设市标准，过早设市并不利于这些区域城市化的健康发展。他主张取消广域型市制，并设立中央辖市—省辖市—县辖市或都市省—都市县—市的三级

---

① 宫桂芝：《地级市管县：问题、实质及出路》，《理论探讨》1999年第2期。

② 庞明礼、马晴：《"省直管县"改革背景下的地级市：定位、职能及其匹配》，《中国行政管理》2012年第4期。

③ 这里的普通县级市指的是由地级市代管的县级市。

④ 暴景升：《当代中国县政改革研究》，天津人民出版社2007年版，第93—102页。

⑤ 马祖琦：《基于县制保护的"撤县设市"方案思考》，《江汉论坛》2014年第3期。

城市建制模式。在当前改革中，进行县下辖市的改革试点，可以“使部分贫困市与更适合发展第一产业的县级市退回原有县制”①。从上述分析中可以看出，对县级市的核心环节——“市管市”体制的研究仍较为欠缺。只有部分学者在论述过程中简要的提及，并简单化的主张取消，但没有给出充分的依据。总之，“市管市”体制是中国市制发展过程中衍生出来的重要一环，是“市制泛化”的重要表现，对于探究中国市制规律意义重大。因此，有必要加强这方面的研究。

2. 对县下设市必要性和可行性的分析

县下设市指的是将镇改为城市建制。县下辖市已经预设了一个前提，即这里的市属于县（县级市）② 管辖，那么如果以现有体制为依托则不可避免会出现“镇级市”。支持者认为：中国部分建制镇经济规模、人口规模均已十分庞大，但政府的职权却相对有限，这迫切需要行政建制的调整。反对者则指出：一方面，切块设市模式容易引发与所在县（市）的矛盾，不具有全面推广的可行性；另一方面，在法理上，“镇级市”有明显的缺陷。中国宪法第 30 条规定：“县、自治县分为乡、民族乡、镇。”这里并没有关于“县可分为市”的表述。然而，上述分歧并没有阻挡住学界对这一问题的研究热情。

顾朝林、浦善新分析了目前小城镇行政体制存在的问题，并建议从构建双层次地方政府体制、合理城市规模、加强事权设计、市县间协调方面开展县下辖市实践③。贺曲夫则对中国的县辖政区进行了系统研究。在历史脉络、存在问题、未来定位和改革思路等方面展开了分析。他主张大力推行县下辖市，并在设置标准、审批制度、设置类型等方面给出了操作建议，将改革的最终目标指向县辖乡镇市自治体制。④ 在十八届三中全会提出新的发展理念后，部分学者将焦点转移到了对设市标准与“镇改市”可行性的分析上。袁中金和侯爱敏通过对苏州市的个案研究，

---

① 石超艺：《我国县级市前景试析》，《江汉论坛》2006 年第 5 期。

② 此处的县（县级市）一般是常住人口数量和经济规模均较大的县（县级市）。在行政层级改革中，应着力推进其由省级政府直管，这样“县下辖市”才能获得一定的制度空间。

③ 顾朝林、浦善新：《论县下设市及其模式》，《城市规划学刊》2008 年第 1 期。

④ 贺曲夫：《县下辖市与推进自治：我国县辖政区的发展与改革研究》，中国经济出版社 2012 年版。

提出了建制镇设市的基本原则，在此基础上构建了“镇改市”指标体系。指标体系由三大类指标构成：人口集聚指标、经济实力指标和服务能力指标。[①] 有些学者甚至直接主张设立“镇级市”。[②] 他们认为鉴于早前的县改市所造成的“城市建设热”背离了城市化的初衷，导致了“城市病”，有必要重新定位“镇”的作用，使建制镇在城市化中发挥重要的作用，因此推行“镇级市”是必然之举。黄忠怀和周妙虽然也主张将超级大镇设市，但指出要正视这样做可能遇到的困难。[③] 总之，县下设市问题虽然在媒体上引起了广泛关注，但是理论界的关注点主要集中在改革的各项技术环节，而对“镇改市”的理论瓶颈并没有给出令人信服的回应。

3. 对特殊类型建制市的论述

民族型政区和特殊型政区也存在设市问题。总体来看，学界已有不少关于民族型政区市制的研究，但对特殊型政区（如林区、特区、苏木等）市制的专门研究还较为少见，仅散见于一些个别论述。如苏祖勤有关于将三沙市改为行政特区的设想。[④] 这与特殊型政区数量少且在逐渐消失的现状不无关系。

其一，对民族地区市制问题的研究。张海翔在研究中发现：中国存在着少数自治地方，如旗、自治县的改市问题，“民族地区在设市过程中，有以下三种特殊情况：一是县（旗）、自治县改市，二是镇改市，三是撤地设市或县级市升格为地级市”[⑤]。由于部分旗、县属自治州管辖，这些地区改市后将会出现自治州辖市的现象。普遍而言，中国少数民族地区经济发展水平低且发展不平衡，但为了促进少数民族地区的经济发展，应该降低这些地区的设市标准。他还比较了少数民族地区的小城镇模式，提出了有别于发达地区的解决民族地区市制问题的思路。

---

① 袁中金、侯爱敏：《建制镇升格设市标准研究——以苏州市为例》，《江汉论坛》2014 年第 3 期。

② 沈雪潋、郭跃：《新型城镇化背景下的中国“镇级市”改革研究》，《经济学家》2013 年第 8 期。

③ 黄忠怀、周妙：《新型城镇化背景下“超级大镇”设市研究》，《北京行政学院学报》2013 年第 4 期。

④ 苏祖勤：《边远地区设置行政特区建制构想——基于三沙市、罗布泊镇、玉麦乡建置悖论的分析》，《中南民族大学学报》（人文社会科学版）2010 年第 2 期。

⑤ 张海翔：《论中国民族地区的城市化》，《民族研究》1998 年第 4 期。

其二，对新疆生产建设兵团市制模式的研究。兵团是国务院计划单列的省（部）级单位。截止到2016年12月，兵团下辖9个县级市。这些县级市受兵团和自治区政府的双重领导，此市制模式更多考虑的是边疆稳定和民族和谐等因素。根据姚凯和胡德的总结，兵团的市制模式可以分为三类："切块设市、师市合一"的石河子模式，"兵地共建"的奎屯、哈密模式和"兵地分治"的库尔勒模式。① 西北大学的蔡功文指出，兵团建制市需要发挥双重职能：维稳戍边和经济发展。兵团"城镇化的发展受边疆政治形势和国家政策的影响明显，而作为城镇化的普遍动力的非农经济发展的作用则相当微弱"②。然而，一方面，农垦经济已经无法支撑起兵团的特殊使命和自身发展的需要；另一方面师团法律地位不明，存在着大量行政管理纠纷。③ 这些因素促使兵团必须要实施不同于内地的市制模式。

其三，对其他类型城市建制的研究。功能属性是不同于功能结构的区分城市建制的另一种分类标准。这一标准在计划经济时代较为常见，目前也仍在个别领域沿用。按照这种标准得出的类型有资源型城市、旅游型城市、边境口岸城市，等等。中国当前已不再增设资源型城市，对原有资源型城市的研究也主要集中在产业结构转型方面。但是，旅游型城市、边境口岸城市的设置和发展却突出了。杜宏茹等在对新疆边境口岸城市的研究中，主张对不同层次、不同职能分工的核心、节点、边境城市和口岸小城镇进行空间纵深配置。这不但能促进边疆发展，加强其与腹地的联系，还能促进边疆地区的稳定，巩固边防。④ 而旅游城市的市制问题却并没有在学界引起足够的重视。实际上，根据旅游资源来设置地级市（如张家界市、黄山市）对政府职责配置、城市无形资产的影响都是值得探究的课题。如果仅仅停留在对一地产业特色的描述上就未免

① 姚凯、胡德：《特殊行政区划体制下的城市规划探索——以新疆石河子市总体规划为例》，《城市规划学刊》2011年第1期。

② 蔡功文：《新疆生产建设兵团城镇发展模式研究》，博士学位论文，西北大学，2012年，第27—28页。

③ 白燕、强始学：《新疆兵团师市合一管理体制研究》，《行政管理改革》2016年第5期。

④ 杜宏茹、张小雷、李春华：《新时期新疆边境城镇体系构建和口岸小城镇发展》，《人文地理》2005年第3期。

窄化了旅游型城市的内涵。

（五）关于市制构成要素及其相关环节的述评

1. 市辖区体制及其权力运行逻辑的研究

朱光磊、王雪丽将中国的市辖区分为了四种类型：一是设置在主城区的市辖区；二是设置在城市临近农村地区的市辖区；三是设置在城市管辖范围内的其他城区，与主体城区之间被农村地区隔开的市辖区；四是设置在城市管辖范围之外的市辖区。他们主要以第一种类型作为分析对象。认为市辖区应该定义为市的行政分治区，独立性有限，它应该作为市政府管理城市事务的辅助系统，其权力运作特点与县有很大的不同。① 其他三种类型市辖区的产生与历史因素和现阶段大规模的县改区有很大关联。这使“长寿”且稳定的建制县大量消失，数量已减少到2015年底的1514个（含自治县）。② 但改区之后，辖区仍以农村地区为主的事实并没有改变，很难用城市管理的理论来对其进行研究。林拓和申立也看到了这一问题。他们认为，区县重组面临着市县体制如何向市区体制转变、县域发展如何向城区发展转变和假性城市化等三大风险。因此，“区县重组并不仅仅是政区调整，更是深层次的城乡行政管理变革”③。

市辖区作为城市的分治区域与城市的整体性治理之间构成了一对矛盾。在这一层面也有不少文章关注。例如，颜昌武所开展的市辖区政府间竞争研究。他认为，“城市工作的整体性，决定了这种竞争只能在市区权限划分机制这一独特的制度环境中运行”④，市政府成为市辖区竞争的裁决者，掌握着对区政府的绩效考核。而市场力量又对这些考核指标产生着重要影响，因此它们可以采用“以税投票”的方式对市辖区政府构成影响。颜昌武在研究中虽然没有导向城市政治学，但是他看到了行政和市场影响市辖区政府的重要机制，与公共选择学派的部分主张有相似

① 朱光磊、王雪丽：《市辖区体制改革初探》，《南开学报》（哲学社会科学版）2013年第4期。

② 数据源于中华人民共和国民政部：《中华人民共和国行政区划简册2016》，中国地图出版社2016年版，第1页。

③ 林拓、申立：《中国城乡区县重组：风险及其超越》，《中国行政管理》2012年第11期。

④ 颜昌武：《中国市辖区政府间竞争：制度环境与策略选择》，《社会主义研究》2008年第5期。

之处。这对于理解城市政府的权力运行逻辑有着重要的参考价值。

2. 对准城市型政区发展状况的考察

在中国历史上，有不少政权曾经设立过准政区，例如，北魏的镇戍、唐朝的羁縻州、五代和北宋的场、“中华民国”的设治局，等等。但出现准城市型政区还是中华人民共和国成立以后才有的事。准城市型政区指的是有潜力发展为城市建制，被赋予了部分城市管理权限的行政区域。在中国，并没有关于准城市型政区的正式制度规范。但各种类型的开发区或功能区实际上就扮演着准城市型政区的角色。①

开发区是指在城市辖区内或其他有开发前景的区域划出一定范围，经科学规划论证和相应审批，实行特殊体制和特殊政策的开放开发区域。② 张志胜在其著作中将国内开发区的管理模式进行了分类。其中，在行政型的管理模式中，开发区的准城市型政区特点较为突出。在这一模式下，行政区政府派驻到开发区的机构逐渐增多，开发区管委会的功能也越来越多，开始出现“体制复归”现象。③ 这为开发区转为功能区、市辖区甚至直接设市提供了条件。例如，1990 年设立的杭州市高新技术产业开发区就于 1996 年并入滨江区。

在功能区研究领域，邹宗根在其专著《中国功能区研究》中做了系统性梳理。他虽然没有将功能区定位为准城市建制，但却重点论述了功能区行政管理的变异。这种变异具体表现在以下三个方面：其一，行政职能过度膨胀；其二，行政机构人员膨胀；其三，行政体制的回潮僵化。这三个层面都折射出功能区在发展过程中走向“实体化”的趋势。功能区的简化模式的确是一种创新，但是传统管理体制的惯性作用会为其制造很多阻力，甚至将其拉伸回来。④

准城市型政区的出现和发展给地方政府谋求市制改革提供了更多的

① 从某种意义上说，镇也应属于准城市型政区，但镇作为中国最低一级政权又有其特殊性和复杂性。因此，暂不归入此列。开发区较侧重于经济领域，而功能区则涵括经济领域和非经济领域。从某种程度上来说，后者包含前者。

② 沈大风：《中国开发区发展报告》，中国市场出版社 2004 年版，第 114—120 页。

③ 张志胜：《开发区的治理与变迁——皖北蚌埠经济开发区的实证研究》，经济科学出版社 2011 年版，第 69—82 页。

④ 邹宗根：《中国功能区研究》，江西人民出版社 2016 年版，第 237—248 页。

选项，在中央试图强力控制市制改革走向的同时，充当了地方政府的博弈筹码。相关梳理工作彰显了其可能产生的参考价值。

3. 城市通名制度探讨

地方行政区的名称可分为专名和通名。专名就是其独有的名称，通名则是一类行政区共有的名称。① 城市通名主要指市。② 不过当前，对通名的使用却较为混乱，给行政管理工作带来了不少麻烦。甚至连政府工作人员都无法借助通名来阐发城市之间的“别”。

汪宇明指出：“‘市’应该只作为中国县级政区单位的城市建制的通名，具体表明其明显城市特征的地区增长极的地理意义。”③ 但是在中国，“市”的名称却被应用在了不同层级的行政区上。城市通名制度表面上只涉及城市名称，实际上也与地方政府的经营、竞争行为有着非常密切的关联。“市”的称谓成为地方政府竞相争夺的名片，有了它便能在招商引资、提升政府形象上具备更多优势。④ 这导致无论在政府官员的意识中，还是在社会公众的感受中，“市”都被赋予了更高的等级和资源属性。

在城市通名研究领域，相对而言，华林甫的工作最为系统。他在《中国直辖市通名改革研究》一文中得出中国直辖市应改为“城市省”或“都”的结论。而改为“城市省”则更具有操作性。这样中国省级政区的通名将实现统一（普通省、城市省、自治省）。⑤ 在其博士后报告《中国政区通名改革研究》中，他进一步对中国行政区的通名改革做了对策研究。首先，对政区通名中存在的问题进行了梳理。随后，指出要将地级市改为“府”，县级政区统一称为“县”，并及时纠正市辖区的重名现象。另外，还对与镇相关的通名问题进行了探讨。⑥ 华林甫的工作表明，梳理并完善城市通名制度并非细枝末节，而是市制改革的关键环节之一。

---

① 戴均良：《行政区划与地名管理》，中国社会出版社 2009 年版，第 244 页。

② 有观点认为凡是城市建成区内的通名均属于城市通名，如市、市辖区、镇等。参见范今朝、邹吕辉《地名通名的发展演变与当代城市地区地名通名的特点》，《中国地名》2015 年第 2 期。

③ 汪宇明：《中国的城市化与城市地区的行政区划体制创新》，《城市规划》2002 年第 6 期。

④ 范今朝、黄吉燕：《城市地名规划及命名规则》，《城市问题》2005 年第 1 期。

⑤ 华林甫：《中国直辖市通名改革研究》，《中国人民大学学报》2003 年第 5 期。

⑥ 华林甫：《中国政区通名改革研究》，博士后报告，华东师范大学，2002 年。

4. 市制的逆向调整研究

范今朝等人将沿着城市化方向进行的行政区划调整，如设市、改区、改街等称为行政区划的正向调整，反之则称为逆向调整。他们以浙江省永康市芝英镇为案例，剖析了该镇在设街后又改回镇的过程。研究发现，出现这种现象是因为该镇在街道体制下无法发挥自身潜力。这一案例虽然并非典型的市制逆向调整，但也是中国城市化进程的产物，对于市制逆向调整的推广仍有借鉴意义。何李也在论文《市制回调：行政区划改革的弹性因素》中对市制逆向调整的背景、类型、特征和适域空间进行了初步分析。① 另外，郝国庆也分析了中国地级市层面的行政区划调整偏差问题，他指出地级市在一些“名正言顺”的理由背后，往往利用自己的行政级别和地位与县和县级市积极争夺各类对自身发展有用的资源，因此有必要纠正以此目的而进行的市制调整。② 此类研究，虽然只是将市制的某一操作环节作为研究对象，但却开辟了一条新的研究路径。

虽然逆向调整最直接的目的是纠正市制改革过程中的偏差，但它同样可以起到激励地方政府、协调府际关系和舒缓央地矛盾等效果。对这一技术环节的研究能为改革的精细化、有序化提供必要支持。

（六）倾向于从市政体制角度切入的研究

市政体制是规范城市内代议机构、行政机构和司法机构之间，城市的政党组织与国家机构之间，以及城市的国家机构上下级之间关系的各种法律、规章和惯例的总称。③ 对市政体制进行研究不可避免要和中国的市制相互关联。例如，不同层级的市政体制差异很大，直辖市、副省级市和较大的市有地方立法权，而地级市④、县级市则没有。市政纵向组织机构（市—区—街体制、市管县体制）⑤ 又给市政体制增添了新的复杂因素。跨行政区管理和公共服务供给，在单个城市的体制下已经难以解决，

---

① 何李：《市制回调：行政区划改革的弹性因素》，《理论与现代化》2016 年第 2 期。

② 郝国庆：《城市化进程中行政区划调整的偏差及优化对策——以地级市为分析对象》，《云南行政学院学报》2015 年第 1 期。

③ 张永桃：《市政学》，高等教育出版社 2006 年版，第 96 页。

④ 2015 年 3 月 15 日第十二届全国人民代表大会第三次会议通过《立法法》修改决定，规定设区的市也具有了地方立法权。

⑤ 杨宏山：《市政管理学》，中国人民大学出版社 2012 年版，第 101—108 页。

必须要将范围扩大到市制范畴。

从学界的研究情况来看，期刊作品中从这一角度出发的并不多。在现有的研究中，一方面，介绍其他国家（地区）的市政体制情况；另一方面，对中国近代市政发展脉络进行了探源。前一方面以引介为主，理论价值不高，故不做重点论述。在后一方面，民国初期，以广州、武汉、上海等大城市为代表，中国近代的市制开始进行实践，积累了非常丰富的经验。近年来，历史学界着手关注中国城市政府的发展史。李玉就主张将城市政府史开辟为一个新的研究领域。① 在该领域，许瑞生梳理了清末民初广州市的市政实践。② 广州市是中国最早的市，它通过借鉴美国委员会制并实施市政革新初步建立了一套具有近代意义的市政制度，最早确立了市政厅、分类制定法规和规章、吸纳民间力量参与市政建设，这些都对当代的市政改革具有借鉴意义。方秋梅探讨了辛亥革命与近代汉口市政转型之间的关系；汉口市在这一时期实现了朝现代市政制度的转型，“推动了汉口市政管理机构向专门化迈进，促成了官治与商人自治双轨并行的二元化过渡性市政管理体制”③。

在专著方面，也有部分学者提出了可资借鉴的研究论断。其中最具代表性的是：张觉文。他在《市政管理新论》中，对传统的市政体制内涵重新进行了梳理。将市政体制的内容概括为三个方面：市建制体制、市行政管理体制和城市权力系统之间及其上下级之间的权责关系。④ 这一分类凸显了城市权力关系的重要价值。但由于受学科的局限，他所提的权责关系主要还是局限在单个城市内部，而没有拓展到城市之间，这对于其理论的生长而言实在是不小的损失。

二　国外市制发展和相关研究

在国外，虽然也存在着市制问题，但这类问题在其各自发展中的重要性则要低得多。因此，国外学界多是将市制设定为政府体制、区域治

---

① 李玉：《中国近代市政府的产生极其研究刍议》，《暨南学报》2014 年第 3 期。

② 许瑞生：《清末民初广州市市政制度的实践与启示》，《城市规划》2009 年第 5 期。

③ 方秋梅：《辛亥革命与近代汉口市政体制转型》，《江汉论坛》2011 年第 11 期。

④ 张觉文：《市政管理新论》，四川人民出版社 2003 年版，第 177 页。

理等问题的研究背景，专门论述并不多见。这不免削弱了其对中国市制研究的参考价值。然而，梳理国外的相关成果并非毫无意义：其一，从实践角度来看，国外不同国家（地区）的市制并没有一个统一的模式，因此，国外成果能为中外对比、不同国家对比提供支持；其二，市制与城市化、城市管理、城市政府体制之间有着天然的联系，在这方面成果丰硕的国外研究能为国内学界开阔视野、转换范式提供助益；其三，国外研究在城市政治学方面的理论建树已较为成熟，这可为夯实理论基础提供支撑。本部分的国外文献梳理主要集中在英文文献，这虽与笔者的语言能力有关，但也是基于对美国在这类研究中占据主导地位的判断。

（一）国外城市政治学的理论流派之争

国外的城市政治学研究：一方面，将城市权力结构作为核心内容；另一方面，对影响城市政治的主体关注颇多。可见，国外学者已经不满足于对城市府际关系的探讨，而是将非正式关系及制度外因素也纳入考察视野。

在此重点介绍一些关键性的理论流派之争。选取下述流派是基于这样两个因素的考量：第一，在城市政治学理论中的重要性。从时间上来看，城市自产生之日起就在不断的变化之中，从空间上来看，不同地域的城市发展也可能遵循不同的逻辑。这致使很难对相关理论进行分类，因此挑选影响范围广、解释力强的理论成为不得已的选择。第二，与本书所涉及范围的相关性。城市问题的复杂性使得城市政治学研究也异常多样，承担引介功能的本部分不需要对每一个理论层面做一一论述，只需将相关领域的研究状况做一综述即可。

其一，精英主义和多元主义之争。这两个流派是传统城市政治学的基本流派，它们奠定了此后城市权力结构的基本范式。[①] 精英主义建立在社会分层的基本判断之上，它认为城市的重要资源总是掌握在少数群体的手里，这些群体构成了影响政治演进的主导力量。精英主义可以追溯到古希腊时期的柏拉图（Plato），近现代则以韦伯（Weber）、帕累托（Pareto）、莫斯卡（Mosca）、米歇尔斯（Michels）、熊彼特（Schumpeter）

① ［英］乔纳森·S. 戴维斯、［美］戴维斯·L. 英布罗肖：《城市政治学理论前沿》，何艳玲译，上海人民出版社 2013 年第 2 版，第 2 页。

等经典作家为代表，形成了传统精英理论、技术精英理论等。其中，将精英主义和城市政治结合起来的研究涉及市制范畴。严格意义上讲，进行这方面尝试的第一位学者是亨特（Hunter），他在《社区权力结构：一项关于决策制定者的研究》一书中，运用实证方法来试图证明城市政府中的某些人物拥有声望，是因为他们掌握了权力。① 这引发了之后20年里，精英主义论者和多元主义论者之间的论战。

多元主义认为上述研究在方法上存在着重大缺陷。多元主义体系庞大，这里将重点论述多元主义的一个分支：城市多元主义。城市多元主义是建立在对亨特的城市精英主义的反对之上。这是早期的城市多元主义者，如达尔（Dahl）、沃尔芬格（Wolfinger）和波尔斯比（Polsby）等的共性。该流派认为政治体系并非铁板一块，而是更有渗透性，它对于那些积极的、有组织的、希望被听取诉求的团体是开放的。② 达尔将这一研究推向了一个高峰。他根据对纽黑文市的研究提出了分层的多元主义。他承认虽然有一小部分人比其他人更多地参与到政治活动中，但是"大多数市民拥有一定的非直接影响力"，这是通过那一小部分人在"决定或者不采用哪些政策时能够牢记选民真实的或者想象中的偏好"③。该理论在英国也得到了应用。纽顿（Newton）对英国城市伯明翰的研究既佐证了达尔的论断，也对达尔的理论提出了尖锐的质疑和挑战。纽顿分析了伯明翰的三个问题领域：住房、教育和种族关系。他发现在不同的领域，公众参与、组织活跃度都有着明显的差异。④ 城市问题一直在变化之中，城市多元主义也一直在进行着自我修正，因城市中不同利益群体、行为模式的变化，各种新的多元主义相继产生，但基本的假定没有变，在此不做一一赘述。

其二，城市机制理论。这一理论所阐发的是政府部门与非政府部门所

---

① Huter F, *Community Power Structure: A Study of Decision Makers*, Chapel Hill: University Of North Carolina Press, 1953.

② Dahl R A. , "Rethinking Who Governs? New Haven revisited", *Community Power: Directions for Future Research*, 1986, p. 182 – 183.

③ Dahl R A. , *Who Governs? Democracy and Power in an American City*, New Haven: Yale University Press, 1961, p. 164.

④ Newton K. , *Second City Politics: Democratic Processes and Decision Making in Birmingham*, Oxford: Oxford University Press, 1976.

开展的正式的和非正式的合作和协调。克莱伦斯·斯通（Clarence N. Stone）最早提出了这一理论，该理论主要试图对美国城市政府的运行进行解释。[①]它的产生与美国的国内背景有密切关系。在20世纪70到80年代，美国经济曾经一度陷入滞涨，这直接造成了美国经济的重组。各大公司也在国内进行了大范围的转移，这加剧了城市政府之间的竞争。彼得森（Peterson）和保罗（Paul）敏锐地捕捉到了这一变化。他们指出经济限制决定了地方的政治模式。[②] 机制理论认为复杂性是其中心，无论是组织还是个人都被卷入到了复杂的关系网之中。[③] 加之社会的分裂特性，使得权力本身必须要做出回应，通过对各种利益的协调和结合来创造出“公共的有意义的结果”，这是机制得以产生的根源。机制理论正是建立在这一系列假设基础之上。这一理论也被用来做跨国研究。塞勒斯（Sellers）运用这一理论对德国、法国和美国的11个城市进行了对比，他发现虽然有些城市有稳定的机制，但另一些城市则没有，在德国和法国这一现象更加明显。[④] 不过，该研究存在的明显缺陷是过度强调商业和经济的作用，对美国的一些新问题并不存在很强的解释力，跨国适用性更是饱受质疑。

其三，城市治理理论。它占据了当前主流的话语体系，但却缺乏统一的概念理论框架。在这一理论流派中，最具代表性的是：大都市政府学派、公共选择学派和新区域主义学派。大都市政府学派，又称为“旧区域主义”。该学派将城市政府界定为大都市政府，寻求将中心城市作为大都市城市，以中心城市来控制城市的边缘地区。[⑤] 这一学派在20世纪初至20世纪50年代一直处于城市政治学的领导地位。公共选择学派则是继大都市政府学派后兴起的。在他们看来，在大都市圈内，除了大都市政府外，不但存在着其他城市政府之间的竞争，而且存在着其他如企业、

---

① Stone C.，“Systemic Power in Community Decision Making：a Restatement of Stratification Theory”，*American Political Science Review*，Vol. 74，No. 4. 1980.

② Peterson，Paul，*City Limits*，Chicago IL：University Of Chicago Press，1981，p. 210.

③ Stone C.，“Power and Social Complexity”，*Community power：Directions for Future Research*，1986.

④ Sellers，Jeffrey M.，*Governing from Below：Urban Regions and the Global Economy*，Cambridge：Cambridge University Press，2002，p. 369 – 370.

⑤ Luther Halsey Gulick，*The Metropolitan Problem and American Ideas*，New York：Alfred A. Knopf，1962，p. 83.

公民等治理主体，因此需要广泛的协议与合作。代表人物之一文森特·奥斯特罗姆（Vincent Ostrom）及其同事在论著《美国地方政府》中运用公共选择理论系统阐述了他们的地方政府理论。[①] 新区域主义学派是1990年之后产生的。鉴于上述两个学派的问题，这一理论更为关注公正问题。它的发展得益于对城市和郊区依存关系的认识。[②] 它试图通过排除政府，以更精细化的治理安排来实现大都市问题的解决。尺度重组理论（再地域化理论）是新区域主义的最新发展。它主张对地方进行重构甚至重铸国家的地域层次，其中涉及边界、任务、功能、资源以及政府与私人机构、非政府活动者关系的调整。[③] 由于本书将运用这一理论，因此在下文的理论支持部分中将做进一步的介绍。

其四，对非西方世界城市问题的研究。与西方发达国家不同，非西方世界正在经历快速的、范围广泛的城市化进程，这深刻影响了这些国家的政治生态。西方学者对这一领域开展研究，往往具有国际视野。他们关注于世界城市问题的两个重要趋势：国际移民和大都市城市圈的出现。他们按照一定标准对世界范围内的城市进行分类。较有代表性的是约翰·弗里德曼（John Friedmann）的“世界城市”[④]、萨斯基亚·萨森（Saskia Sassen）的“全球城市”[⑤] 和詹姆斯·罗宾逊（Jennifer Robinson）的“一般城市”[⑥]。但在这一视角中，与市制真正有交集的是关于城市碎片化的探讨。这一问题在发展中国家的学术圈并没有引起足够的重视。但实际上，发展中国家城市的碎片化甚至比西方国家还要复杂和严重。正如马塞洛·巴尔博（Marcello Balbo）所言：“第三世界的城市都是一个城市的片段，它们的城市化采取了跨越式发展方式，并创造了一个连续

---

① ［美］文森特·奥斯特罗姆、罗伯特·比什、埃莉诺·奥斯特罗姆：《美国地方政府》，井敏、陈幽泓译，北京大学出版社2004年版。

② H. V. Savitch, David Collins, Daniel Sanders and John Markham, “Ties that bind: Central Cities, Suburbs, And the New Metropolitan Region”, *Economic Development Quarterly*, Vol. 7, No. 4, 1993.

③ Brenner, Neil, *New State Spaces: Urban Governance and the Rescaling Of Statehood*, Oxford: Oxford University Press, 2004.

④ Friedmann, John, “The World City Hypothesis”, *Development and Change*, Vol. 17, No. 1, 1986.

⑤ Sassen, Saskia, *The Global City*, Princeton: Princeton University Press, 1991.

⑥ Robinson, Jennifer, *Ordinary Cities. Between Modernity and Development*, London: Routledge, 2006.

性间断模式。”① 他所描述的还仅仅是城市基础设施的碎片化，在发展中国家中经济和社会的碎片化问题更为严峻。贫富差距使得社会族群在城市中走向了隔离。一个城市，把穷人和边缘化的人从根本上排除在外。②

总体来看，西方城市政治学理论流派紧跟西方城市政治的现实变化而调整，意图更好的解释和指导政治实践。这些理论流派在争论和碰撞中助推着整个学科向前发展。

（二）大都市区政府及其改革研究

大都市区在典型发达国家普遍存在，其中尤以英国、日本、美国最为典型。伦敦是世界上最早形成大都市区的城市，随着公共事务治理的日益复杂化，城市治理者不断尝试对其行政管理体制进行改革。一百多年来，在经过了早期实践、郡议会、大伦敦会议、多头分散治理等阶段后，目前确立了大伦敦市政府模式。③ 日本的大都市区规划与西方工业国家有着明显不同，他们总在试图建立一个国家大都市区政策来遏制大城市的增长。但其人口增长速度却并没有降下来。学者推测 21 世纪之后的人口增长将主要发生在东京、大阪、名古屋三大都市区。④ 而在美国，农村让位于城市发生在 19 世纪中期，而城市让位于大都市区则发生在 20 世纪中期。⑤ 其大都市区的典型特征就是“巴尔干化”，城市政府与地方政府混杂，数量繁多，相互交叉。针对这些问题，美国也产生了许多治理方案，上文所梳理的城市治理理论就是这些经验的结晶。

现就美国借助大都市区改革，所试图解决的城市问题做一举例。例如，其一，中心城区与郊区的矛盾。在高收入者聚居的郊区和低收入者聚居的中心城区之间存在着内在紧张，亨利·迈尔（Henry W. Maier）分

---

① Marcello Balbo, “Urban Planning and the Fragmented City of Developing Countries”, *Third Planning Review*, Vol. 15, No. 1, 1993.

② Caldeira, Teresa, *City of Walls*: *Crime*, *Segregation*, *and Citizenship in Sao Paulo*, Berkeley: University Of California Press, 2000.

③ 高秉雄、姜流：《伦敦大都市区治理体制变迁及其启示》，《江汉论坛》2013 年第 7 期。

④ Jeremy D. Alden, “Metropolitan planning in Japan”, *The Town Planning Review*, Vol. 55, No. 1, 1984.

⑤ John Landis, “The Changing Shape of Metropolitan America”, *The Annals of the American Academy of Political and Social Science*, Vol. 626, No. 1, 2009.

析了二者之间的冲突和相应的改革。[①] 其二，种族隔离问题。查尔斯·T. 克洛费尔特（Charles T. Clotfelter）重点关注大都市区公立学校的隔离问题，他发现在大都市区内，大部分的种族隔离是由于区际差异而不是区内分离造成的。[②] 其三，由边界诱发的问题。理查德·布里福（Richard Briffault）指出，地方政府边界对于确定大都市区的地方选举、税收基础、管理权力和服务责任有着重要作用。但由于边界与地方权力的联合，引发了财政分离、地方冲突等问题。为了解决问题，他提出了一种混合策略（Mixed Strategy），即让小的地方政府依然保有自身单位内的决策权，但大都市区政府则拥有财政和土地使用权。[③] 这些研究表明，美国的社会治理、政府改革也往往与大都市体制有着直接关联。

总体来看，就目前发达国家的共性而言，提供公共服务和提升治理水平成为推动大都市区改革的主因。但各国大都市区在形成和发展过程中，也有着各自的规律，难有统一的科学定式。把握这些规律并因时、因地采取相应举措是应然之举。在这方面，上述国家的社会科学界给予了有力的支持。

（三）关于城市政府结构的经验性研究

城市政府结构（urban government structure）指的是城市政府之间及其内部权力主体之间的关系。虽然也能够发现不少美国以外国家（地区）的学者围绕城市政府结构所开展的富有地方特色的研究，但不可否认的是，他们的理论来源和借鉴对象通常都是美国。在这一方面，美国学界的研究更为细致，因此本部分对美国的相关研究做了重点梳理。

1. 关于美国城市政府结构的描述性分析

美国地方政府结构与政治生态关系密切。其地方行政单位可以分为城市、郡、镇、特区、学区等。但由于美国的城市化水平很高，城市集中了大部分的人口，因此，既有的研究主要集中在对城市政府以及城市府际关系的研究上。在美国，有不少部门和机构为城市政府研究提供信

---

① Henry W. Maier, "Conflict in Metropolitan Areas", *The Annals of the American Academy of Political and Social Science*, Vol. 416, No. 1, 1974.

② Charles T. Clotfelter, "Public School Segregation in Metropolitan Areas", *Land Economics*, Vol. 75, No. 4, 1999.

③ Richard Briffault, "The Local Government Boundary Problem in Metropolitan Areas", *Stanford Law Review*, Vol. 48, No. 5, 1996.

息和服务。奥斯本·埃尔文（Osbin L. Ervin）就特别强调，要理解美国地方政府必须重视发挥人口普查局和政府间关系咨询委员会的作用。①

通过文献梳理，可以看到这些文献中所探讨的城市政府结构指的是：政府内部三个基本政治要素（包括：市长、议会和经理人）之间的关系问题。根据美国地方政府的实践，大致可以分为以下两种主要类型：市长—议会制政府（弱市长—议会制，强市长—议会制）、议会—经理制政府。在市长—议会制政府中，代表行政权的政府和代表立法权的议会成为权力的两级，二者之间的权力呈现出此消彼长的态势，根据市长权力的大小和独立程度，区分为弱市长—议会制和强市长—议会制。随着专业化的发展，部分城市政府聘请全职的、受过良好训练的职业经理人进行管理，他对市议会负责，因此称为议会—经理制政府。② 现有文献中，很多都是沿着这一框架来设置假设。另外，亦有学者在这方面进行了个案研究。例如，维克多·S. 德桑蒂斯（Victor S. DeSantis）和塔里奥·伦纳（Tari Renner）以加利福尼亚州为个案，尝试对城市政府结构进行了分类。③

2. 关于美国城市政府结构改革及其关联要素的研究

其一，城市政府结构与政府支出之间的关系。城市政府结构与财政之间的关系问题是学界关注的焦点。城市理事的规模被多项研究证实与政府支出之间存在正相关关系。例如，查尔斯·布拉德伯（Charles Bradbury）和弗兰克·史蒂芬森（E. Frank Stephenson）就用乔治郡的样本验证了郡理事规模与郡支出之间相关联。④ 埃德温·本顿（J. Edwin Benton）也得出了类似结论。⑤ 但琳恩·麦克多纳（Lynn MacDonal）认为一旦采用固定效用估计法（fixed effects estimation），城市理事规模与政府支出之

① Osbin L. Ervin, "Understanding American Local Government: Recent Census Bureau and ACIR Contributions", *American Society for Public Administration*, Vol. 55, No. 2, 1995.

② ［美］戴维·R. 摩根、罗伯特·E. 英格兰、约翰·P. 佩利塞罗：《城市管理学：美国视角》，杨宏善、陈建国译，中国人民大学出版社 2011 年版，第 64—68 页。

③ Victor S. DeSantis, Tari Renner, "City Government Structures: an Attempt at Clarification", *State & Local Government Review*, Vol. 34, No. 2, 2002.

④ John Charles Bradbury and E. Frank Stephenson, "Local Government Structure and Public Expenditures", *Public Choice*, Vol. 115, No. 1, 2003.

⑤ J. Edwin Benton, "County Service Delivery Does Government Structure Matter", *Public Administration Review*, Vol. 62, No. 4, 2002.

间的正相关关系就消失了。[①] 另外，史蒂芬·卡拉布莱斯（Stephen Calabrese），格伦·卡西迪（Glenn Cassidy）研究了都市合并后对地方政府财政结构的影响。[②] 这项研究突出了以下两点的重要性：一是决定地方政府财政结构的竞争性力量；二是支持或反对地方政府合并所造成的对财政结构的冲击力。

其二，城市政府结构与治理。此类研究中，定量分析方法最为常见。以地方政府结构为自变量而提出的相关性假设有：地方政府结构和少数族裔地区发展质量相关，[③] 城市政府结构和制度供给相关。[④] 前者探讨改革的政治制度如何影响少数族裔。后者运用佛罗里达州的数据证明：在市长—议会制和议会—经理人制的城市政府并没有出现制度供给不足。以城市政府结构为因变量提出的假设有：政府的财政行为与城市政府结构变化相关。他们对 11 个城市 25 年间的情况进行分析后，得出结论：政府的财政行为实际上没有受到城市政府结构变化的影响。[⑤]

其三，权力下放后的城市政府结构。20 世纪 80 年代后期和 90 年代初期新公共管理运动兴起，权力逐步下放并引入了社会、市场的力量参与到政府管理中。权力下放成了美国当时很多城市政府重要的改革内容之一。然而，改革的效果却并不尽如人意。例如，迈克尔·A. 纳尔逊（Michael A. Nelson）研究了美国大都市区的地方政府结构后发现，权力下放后，政府之间的合作并没有相应的增加，而是表现为一种碎片化的形式。[⑥] 可见，美国城市政府的碎片化（在大都市区更为严重）在公共服

---

① Lynn MacDonald, "The Impact of Government Structure on Local Public Expenditures", *Public Choice*, Vol. 136, No. 3, 2008.

② Stephen Calabrese, Glenn Cassidy, "Local Government Fiscal Structure and Metropolitan Consolidation", *Brookings-Wharton Papers on Urban Affairs*, Vol. 19, No. 24, 2002.

③ Keith R. Ihlanfeld, "Local Government Structure and the Quality of Minority Neighborhoods", *Public Choice*, Vol. 147, No. 1, 2011.

④ William M. Doerner, Keith R. Ihlanfeld, "City Government Structure are some Institutions Undersupplied", *Public Choice*, Vol. 149, No. 1, 2011.

⑤ David R. Morgan and John P. Pelissero, "Urban Policy Does Political Structure Matter", *The American Political Science Review*, Vol. 74, No. 4, 1980.

⑥ Michael A. Nelson, "Decentralization of the Subnational Public Sector an Empirical Analysis of the Determinants of Local Government Structure in Metropolitan Areas in the U. S", *Southern Economic Journal*, Vol. 57, No. 2, 1990.

务跨区域供给需求日益增长的情况下正变得日益严峻。

从以上的文献梳理中能发现：美国的城市政府结构与联邦政府、州政府结构有着很大的差异。在这个层面，学者更愿意运用定量分析方法对政府结构问题加以剖析。除了以上所列出的三大模块，还有学者研究分析了政府结构的持久性①和特别区政府②等问题，但这些研究较为零散且没有形成广泛的影响力，故在此不做详细介绍。

三 进一步研究的空间

国外的市制研究比较早，研究领域较为广阔。这些研究系统阐述了西方国家（地区）市制的外部特征和内在架构，不但为国内研究提供了可贵的理论视角，还为认识中国城市政府间的权力架构及市制改革问题提供了很强的方法论意义。但不可否认，国外特别是主要发达国家（地区）的政府层级较少，城市建制之间并不存在或存在着较为淡化的级别差异，这使得其相关研究中几乎不会涉及“级”的问题。这决定了国外研究更多的与城市管理体制有关，而对市制问题则缺少系统的关注。在国内研究方面，也有一大批学者做了扎实的基础工作。这些工作提供了：第一，大量的相关原始资料；第二，一些较有解释力的理论工具；第三，市制改革实际操作层面的经验和改革构想。然而，在转型期，城市及其相关要素已经发生或正在发生着剧烈变化。在这种情况下，市制的内在运行规律是怎样的，如何依据这些规律进行调整，理论界尚未作出及时、深入的回应。具体表现在以下三个方面：

其一，对市制的内涵和外延缺少清晰的认知。市制概念在应用上存在着混乱：有时用它指代行政建制，有时又用它指代与城市体制相关的事务。虽然，有的学者做了市制内涵的广义和狭义的区分。但一个有生命力的概念不能停留在外延的宽窄设定上，而应找到与现实问题的理论契合点，否则将逐渐丧失对特定现象的解释力。

---

① Paul G. Lewis, “The Durability of Local Government Structure: Evidence from California”, *State & Local Government Review*, Vol. 32, No. 1, 2000.

② Jered B. Carr, “Local Government Autonomy and State Reliance on Special District Governments: A Reassessment”, *Political Research Quarterly*, Vol. 59, No. 3, 2006.

其二，对市制与中国政治架构之间的关系缺乏清晰的认识。目前，国内研究多少都会点到市制与政治之间有紧密联系这一层面，然而，可能是由于处在学科的交叉地带，政治学、行政学将它纳入地方政府范畴，地理学将它纳入行政区划领域，城市规划学、城市管理学将它纳入城市问题研究，却并没有形成关于市制的独立的政治学解释框架。同时，这也在客观上制造了学科之间的藩篱，限制了市制研究的深入与拓展。因此，在其他学科现有研究成果的基础上，跨越学科界限，对市制与政治机构的关系进行专门审视或许会有可喜的收获。

其三，对中国市制改革的内驱动力和体制因素仅停留在宏观层面，缺乏深入的行为分析和要素分析。市制改革是中国政府现阶段的重要任务之一，影响范围大，社会关注度高。因此，将研究工作做细，为现实改革提供多维视角成为理论界的责任之一。可是，现有研究很少深入到市制的内部影响因素之中。出于学科的相对优势，这应由政治学和行政学的理论工作者承接起来。

基于以上论述，计划在以下四个方面做进一步的探索：

首先，对市制概念做系统梳理。在城市建制、市政体制两个要素的基础上，总结提炼市制内涵中的第三个要素：城市间权力体系。城市建制侧重于制度、静态层面，市政体制侧重于内部的职能、管理层面，而城市间权力体系则侧重于外部、动态层面。这一划分将为研究市制问题奠定基础。

其次，归纳市制运行的政治逻辑。拟从城市政府间职责配置、机构设置、行政层级体系和运行过程等环节入手，对市制运行的内在要素和构成环节进行分析。在此基础上，提炼出一个新的概念来概括市制运行的规律，并在此基础上进行理论延伸。

再次，对市制改革过程中的参与主体和利益相关方做微观分析。中央政府、地域型政区政府、城市政府围绕市制改革命题有着不同的利益取向和博弈策略。同时，政府官员、市场力量对市制走向也发挥着不容忽视的影响。深入分析这些问题，能够打通从微观到宏观的界限。

最后，探索市制改革的可能模式。现有研究中，普遍认为回归自治市是市制改革的最终目标。但是，任何一项改革都要对改革对象和改革条件有充分的了解。从实践来看，回归自治市的现实可操作性并不强。

不过，究竟改革的突破口和方向在哪，这需要综合市制运行规律和市制功能等多重因素加以作答。

第三节　研究框架

一　基本设定

由于历史积淀和改革强化，中国的城市政府之间除了存在着行政层级划分，还存在着政治地位、行政级别、职责权限等方面的差异。这些差异客观上使部分城市对另一部分城市产生了复合型的强力作用。这些强力作用在某种程度上决定了优势资源在城市间的分配。使得资源朝部分城市单向流通，阻止了价值优化和城市整合发展。

二　基本概念

（一）城市

城市的产生先于市制并且是市制得以存在的基础。因此，欲厘清市制首先要明晰城市的内涵。“城”原指一个地区的政治中心，为了保卫政治中心的安全而筑起城墙，所以称为“城”。“市”本意为交易，也指一种计量单位，后演变成为一种交易场所。在《周易·系辞下》中有记载：“日中为市，致天下之民，聚天下之货，交易而退，各得其所。”可见，在人类文明早期，“城”和“市”是分离的。据考古发现，古代中国往往是先有“城”后有“市”，“城”先是作为政治中心，然后因为消费聚集等原因，“城”中开始设“市”；同样，为了加强对“市”的保卫和管理，也开始为“市”设“城”，“城”和“市”得以合二为一。“城”和“市”的结合，在人类发展史上具有里程碑意义。[①] 然而，城市的发展并非依循如此简单的路径。在漫长的人类发展史上，城市发展异彩纷呈。这使得城市内涵在不同地域、不同时期、不同观念下产生了明显的分异。

---

① 关于城市的起源还有很多假说，例如，防御说、社会分工说、私有制说、阶级说、宗教说等。参见李其荣《对立与统一——城市发展历史逻辑新论》，东南大学出版社2000年版，第1—7页。

就中国的城市发展而言，在古代，城市并没有被单独设为一类行政建制，而只是实体层面的“郡县治所城市”和自发性的“市镇”。[①] 因此，这时的城市还不是一类正式的行政区。到了近代，中国才出现拥有行政建制的城市，城市的行政地位得到了法律、法规等权威文件的确认。此时的城市建制以西方的自治市为蓝本，强调给予城市足够的自主空间。

然而，在马克思主义经典作家看来，城市在某种意义上是肮脏的代名词。因此，社会主义国家对城市往往有着完全不同的理解。中华人民共和国成立后，逐步将原有的消费型城市改造成了生产型城市，生产生活都要严格服从计划安排，要服务于国家工业化的需要。改革开放后，城市被逐步赋予了部分自主发展权限，广域型城市开始大范围出现。对城市的定位也开始从实体城市、行政城市向实现某些特定功能的城市转变。这样，对城市的理解就形成了三种观点：

其一，统计意义上的城市，只要达到了某些客观标准，例如，人口密度、昼夜人口比、生产总值等，无须经过特别批准就可以称之为“城市”，这是西方国家比较常见的一种做法；其二，行政区划意义上的城市，也就是权威机构通过合法程序确认某一区域为“城市”，并设立专门的政府机构加以管辖；其三，功能意义上的城市，将在一定区域内发挥特定功能的居民聚居区等地域也划入“城市”之列。改革实践中，出于特殊政策的需要也会按照这种方法来界定。例如，在《全国资源型城市可持续发展规划（2013—2020 年)》中，就将部分自治州、地区、县等也归入了资源型城市之列。[②]

同时，城市通名制度的不健全，也加剧了城市内涵的模糊。由于早期市制的自治底蕴，在中国，“城”被有意无意地忽略了，“市”则成为主要的城市建制通名。然而除了市之外，镇、街道、市辖区等是否属于

---

① 在宋辽金元时期曾经出现过专门负责城市部分管理职能的机构。例如，宋代的“都厢”，辽代的“警巡院”，金代的“警巡院、录事司、司候司”。这些机构还不能构成完整意义上的城市政府，但又确实体现出了近现代城市政府的某些特征。另外，在明清时期的双屿港和澳门由于受葡萄牙的殖民统治而形成了“自治市”的特例。在下文的历史梳理部分将做更为详细的论述。

② 参见《全国资源型城市可持续发展规划（2013—2020 年)》，2013 年 12 月，中国政府网（http：//www. gov. cn/zwgk/2013 - 12/03/content_2540070. htm）。

城市建制的通名尚有争议。[①] 对于建制镇，中国的《城市规划法》第三条规定：本法所称城市，是指国家按行政建制设立的直辖市、市、镇。[②] 可见，从法律层面来看，镇应该属于城市范畴。但是在设市环节及其他政策环节，镇则被排除在了城市之外。对于街道，虽然只是一级派出机关，但不少是由县（市）政府驻地镇或区政府驻地镇直接改制而成的。在改制初期，往往还具有较完整的镇级政府建制，因此，这些街道是否可以等同于镇呢？如果等同于镇，那么也会遇到上述建制镇的问题。对于市辖区，它是城市的行政分治区，只应作为城市的一部分，不算独立的城市。但是，那些远离中心城市的县（县级市）在改区后仍有较强的独立性，将其从城市序列剔除显然有违客观事实。另外，由于宪法的限制，直辖市的辖县（市）只能改为市辖区。从实体上来看，这些远郊市辖区本应属于一个独立的城市。上述争议和疑问表面看来是由不规范的通名制度所引起，实质上是由市制内部结构混乱所致。

（二）市制

1. 概念

目前学术界对市制概念的界定大体可以分为广义和狭义两类。广义的市制指的是市政管理体制，包括城市的行政组织结构、职能结构、管理方式和运行机制。[③] 它强调的是城市内部的管理问题，在这中间，城市政府发挥着关键作用。其中也会涉及城市间的关系，但更倾向于从公共管理和公共服务范畴来做具体阐释。而狭义的市制则专指城市的行政建制。城市行政建制指：在以城市生活方式为主的大型居民点或以该居民点为中心的共同生活圈的地理区域建立的行使统治、管理、服务等职能的机构总和及其形成的系统。狭义市制有两个核心要素，即规定性和地理性。因此，持此类观点的学者着重于围绕设市及其相关环节展开研究。

---

① 华林甫：《中国政区通名改革研究》，博士后报告，华东师范大学，2002 年。

② 《中华人民共和国城市规划法》由中华人民共和国第七届全国人民代表大会常务委员会第十一次会议于 1989 年 12 月 26 日通过，自 1990 年 4 月 1 日起施行。参见中国政府网（http://www.gov.cn/flfg/2007-10/28/content_788494.htm）。

③ 熊竞：《国外市制模式的经验借鉴——兼论我国的设市制度》《江汉论坛》2014 年第 3 期。

从市制的历史演变中可以发现，其原初意义特指城市建制[①]，是行政区划的重要组成部分，是对某一类特殊行政区的称谓。从这个层面来理解，市与省、县、乡的属性是相同的，现有的研究也多是从这个角度出发的。但是，随着城市的发展和城市内涵的丰富，市制内涵也应随之进行新的拓展。因此，无论是广义还是狭义都难以涵括市制上的最新变化：其一，市所辖区域的特殊性。在广域型城市辖区内，既有农村又有城市，如果仅将市制理解为城市管理体制，那么辖区内的农村管理就很难解释。其二，市分列在多个政府层级。从省级、地级到县级都有市，而且还可根据行政级别、政治地位做进一步细分。不同层级的城市有着明显的职权落差。其三，围绕市所进行的政府职责配置存在差异化。遑论不同层级，即使是相同级别、区位条件相似地区的城市政府，所具有的职责权限也可能存在明显的不同。上述三个方面的问题从城市管理、城市建制的角度是难以给出合理解释的。当然，部分学者已对上述问题做出了回应，但尚未形成体系化的认识。

因此，在前人研究的基础上，应该在城市建制、市政体制两个内涵之外引申出市制的第三类内涵——城市间权力体系。它具体指的是：因权力因素的影响，部分城市对另一部分城市形成了强力作用，当强力作用日益蔓延甚至制度化之后，城市之间所构成的权力网络。通过研究这一权力网络，挖掘权力因素在政府层级间隙发挥作用的规律，能够对城市间资源分配、城市竞争、城市经营、“行政建制壁垒”等现象有更为深入的理解。当然，在现实中很难将以上三个层次严格区分开来。研究城市间的权力体系不能割裂与城市建制和市政体制两个层面的联系。因此，下文在使用市制这个概念时，特别是在对市制的模式、特征进行梳理和描述时仍难免会涵括城市建制和市政体制这两层含义。

2. 市制的类型

对市制进行类型划分必须要依据一定的标准。目前学术界使用较为普遍的分类方式有两种：

其一，根据辖区内农村区域和建成区的关系将城市区分为适域型、

---

① 部分学者也称为市建制，但这一概念却排除了其他城市内的行政建制类型，如市辖区、街道等。这并不利于研究的展开，因此不予采用。

窄域型和广域型。适域型指城市辖区与城市建成区基本相同，农业用地或闲置土地相对较小且作为城市未来发展的后备空间。中国改革开放前的“切块设市”即属于这种类型。从市制的历史演变脉络来看，适域型在中国也有些“水土不服”，如改革开放后的快速城市化正急剧消耗着后备土地空间。窄域型是指将城市建成区分割为若干部分，城市辖区只是其中之一，有些类似于中国大城市中心城区的市辖区。这种类型在发达国家中较为常见。广域型即在城市辖区内，农村区域广大，建成区则相对较小。中国现有大部分城市都属于这种类型。这一分类方法简便易行，对城市的类型归属从直观上就能大致做出判断。但是实践中，城市建成区的界定也不是件容易的事，下文将做具体论述。

其二，在综合地方政府是否分为城市和农村，基层政府是否理论上覆盖全国以及市政府的组织形态三个标准后，将不同国家（地区）的市制划分为：大陆型、拉丁型和海洋型。① 大陆型市制具有清晰的行政区划层级体系，每一级中，都对城市地区和农村地区进行了区分，有代表性的国家是德国、俄罗斯等。而大部分使用拉丁语的国家都属于拉丁型。这些国家普遍实行“大区—省—市（镇）”三级制或“省—市（镇）”两级制。但无论是三级制还是两级制都不区分城市地区和农村地区。也就是没有与中国相类似的县、乡等基层政府形式。海洋型市制模式在以英国为代表的海洋法系国家较为常见。在这里，市与原有的行政区划体系并没有融合，而是成为一类独立的地方自治政府。例如，在美国、澳大利亚均有区域是被州或县所直接管辖的，跟市所管辖的区域没有关系。总之，这一划分方式的实施对象是一个国家的市制架构。将不同国家的市制进行归类似乎过于牵强。例如，东亚各国的市制的确有很多相似性，但若归为一类未免简单化了。

类型学方面的不足制约了中国市制的精细化水平。以至于出现了用“级”来区分不同城市的尴尬局面。为了解决中国市制实践中的模糊性，可尝试考虑按照贴合中国实际的标准来进行类型划分和名称界定。例如，依据经济地位对副省级市和地级市加以区别；依据特定功能，定位特殊类型市；给予行政区划层级间的过渡型市以新的名称，而不是以“某某

① 曹启挺：《世界各国市制比较研究》，中央编译出版社 2012 年版，第 11—13 页。

级”市代称，等等。这些思考都将在下文中做进一步的阐释。

3. 相关概念辨析

市制是具有特定内涵的概念，并非某些其他概念的简称。在学术界和舆论界常常出现错用。为了避免在行文中给读者带来类似的误解，故在此做一概念辨析。

（1）市制与城市制度

城市制度指的是权威部门所制定的与城市相关的所有法律、法规及部门规章的总称。虽然城市制度涵盖的范围很广，但又不能简单地认为城市制度包含市制。因为，城市制度的根本特点是：规定性。也就是有相关法律、法规或部门规章的明文规定。而市制不但包括城市建制的规定层面，还包括实际的运行状态。这是二者最大的不同。本书的重点恰恰是从政府过程的研究方法出发，对规定之外的市制运行规律进行探索。

（2）市制与城市体制

城市体制这一概念较为宽泛，它指的是：在政治、经济、社会等层面中，通过城市不同主体相互作用而形成的正式关系以及对关系进行确认和规范的制度与规则。目前比较常用的概念——“城市管理体制”只是作为城市体制中的一部分。可见，城市体制的外延明显大于市制，将二者等同就好比在市制头顶盖了一顶“大帽子”，并不利于研究的深入。

（3）市制与城市建制

在上文对市制概念的界定中，已指出了二者的不同。城市建制只是狭义的市制。但在很多学界同仁的研究中，二者几乎是可以等同的，这就为文献引用带来的一定的麻烦。所以，在下文的论述中，为了避免产生混淆，在用到城市建制概念时尽可能地使用全称（引述他人著作的原文除外）。

（4）市制与市政体制

上文在进行文献梳理的过程中，也已经介绍了市政体制的内涵。二者存在一定的交叉关系。它们最大的不同在于：后者侧重于对单个城市政府的内部机构、部门间权责关系、运行逻辑的研究，而前者侧重于对不同城市政府之间运行规范和运行规律的研究。

（5）市制与城镇型政区

将市制概念与“城镇型政区”进行通用也是不恰当的。首先，市制比城镇型政区的外延要大，它既涉及已是城市建制的区域，也涵括具备转为城市条件但仍非城市建制的区域；其次，城镇型政区仅是经济地理层面的概念，而市制则还包括法律规定、政府运行等层面的内涵；最后，城镇型政区包括静态意义上的“镇”，而市制则并不包括，它只将那些有可能转变为城市的“建制镇”纳入研究范畴。

（三）城市化

虽然城市化在学界引起的争议很大，但是仍然能够找到其共性认识。他们对城市化的宏观判断基本上都能归结为“化为城市的过程”。城市化与城市变化有着本质差异，后者指一个城市在景观、布局、人口规模等显性层面的改变，一般不涉及引起城市变化的行政改革、经济结构、文化变迁等隐性层面。而城市化则是一个跨学科的，具有多层次、多属性的概念，其内涵必须要放在特定情境中才能讲清楚。

因此，结合上文对城市的分析，可将城市化区分为三个维度：实体城市化、行政城市化和人的城市化。所谓实体城市化指：达到权威部门规定的城市客观标准（如建成区面积、人口规模、人口密度、经济发展水平等）的进程。行政城市化则指：转变为城市建制的过程。其现实表现是：设市、城市升级或围绕城市化而出现的政府职权变化。而人的城市化则更偏向于文化层面，有后现代主义的意味，即指辖区内居民的观念达到现代化水平，城市成为人自我实现的平台。这三个维度的城市化恰恰对应了中国同时面临着双重现代化的问题。① 实体城市化与行政城市化分别是为了完成现代化任务的目的和手段，人的城市化则是后现代的任务。由于人的城市化往往是从文化角度开展的分析，因此，研究重点应放在实体城市化和行政城市化二者之间的关系上。范今朝认为：在现阶段，行政城市化能够推进实体城市化的发展。② 但是，不能简单地将这种推进作用归结为行政力量。故此，可从行政城市化中析出政治城市化这一分析维度。之所以提出它是因为在思考中国政区体系与城市体系的互动关系过程中发现，行政建制的变化只是这一互动关系的表层。它还指涉了一个深层涵义：以政治资源的差异化来助推城市化的发展。政治

---

① 朱光磊：《“两化叠加”：中国治理面临的大难题》，《中国经贸导刊》2016 年第 31 期。

② 范今朝：《仁政必自经界始——中国现当代城市化进程中的行政区划改革若干问题研究》，浙江大学出版社 2011 年版，第 103—105 页。

资源对地方政府的激励作用远远大于行政资源和经济资源。这一逻辑有以下两个特点：其一，获取一定的政治资源就能够打破既有的行政、制度藩篱，更有利于城市化的强制变迁；其二，在城市政府获得过多政治资源后，中央政府的政治控制将减弱，很多中央下达的政策难以得到城市政府的有效配合，如房地产调控政策。除此之外，政治城市化还体现在城市内的权力平衡、空间重置、权利保护与正义供给等方面。[①] 由于并非关注重点，故在此不多赘述。

（四）城市政府

由于中国城市建制的复杂性以及政府概念的广狭之分，对城市政府的内涵界定和主体认知也变得困难起来。将城市政府理解为某一城市建制（如市、市辖区等）的政府有一定的道理，但这容易造成概念泛化，不利于对问题进行细分。那么，城市政府的主体到底指哪些呢？

从市制角度分析，中国城市有不同的类型[②]：其一，适域型的市，市政府的精力主要集中在城市管理事务上。因此，这时的辖区政府与城市政府基本是同一的。其二，广域型的市，这类城市的政府既要应对城市管理问题，又要承担很大一部分的涉农事务。因此，只能将扮演城市角色的这类政府称为城市政府。

从市政管理角度来看，在设区的市，城市分为若干个市辖区，那么城市中心区的政府也可以称为城市政府。市辖区下辖街道和镇，街道作为区政府的派出机关，可以代表城市政府但又不是完全意义上的城市政府。而镇政府就要具体问题具体分析了。例如，天津市津南区咸水沽镇是区政府驻地，镇域内城市化水平很高但并没有改为街道。显然，该镇政府实际上也应归属于城市政府。但津南区的北闸口镇因远离区中心，城市化水平不高，其政府就不能归入城市政府之列了。

另外，狭义的政府指行政型的政府，广义的政府既包括行政部门还涵盖政党、人大等城市权力系统主体以及政协、人民团体等非权力系统主体。因此，从广义上理解，城市政府的内部结构还要复杂得多，这自然而然也会影响到市制。这也是下文设有专门章节探讨市政体制的原因

---

① 姚尚建：《城市政治：正义的供给与权利的捍卫》，北京大学出版社 2015 年版，第 1 页。

② 上文在论述城市建制类型时已对广域市和适域市做了详细解释，故在此不多赘述。

所在。

（五）城市建成区

2014年11月21日，在国务院出台的《关于调整城市规模划分标准的通知》中规定，城区是指："在市辖区和不设区的市，区、市政府驻地的实际建设连接到的居民委员会所辖区域和其他区域。"[①] 这是关于城区的官方界定，它将城区的内涵扩展到了行政领域，不但包含了地理空间要素，还涵括了行政区划要素。城市建成区在个别文件中也被简称为"城区"。虽然城区和城市建成区有相同的一面，但是又不能完全等同。因为城区的行政色彩更浓，在改革开放前，城区与郊区相对应，专门指代工商业集中的区域。而城市建成区则单纯以城市建设水平为基本评判标准。理论界认为，城市建成区通常指城市行政区内实际已成片开发建设、市政公共设施和公共设施基本具备的区域。[②] 这一概念较其他概念更容易量化和标准化，是研究市制不可或缺的概念之一。理由是：其一，能客观反映一个地区的物理景观建设水平，结合常住人口数量可以形成人口密度指标，结合人口流动状况可得出人口昼夜比等指标；其二，显示了城市规模，是进行空间规划、政策供给、机构调整的重要依据；其三，是开展城市规划，加强市政管理，调整市辖区、街道管理职责范围的重要依据；其四，建成区的扩张可以直接影响到市制调整。例如，一些切块设市的城市，城区面积狭小，在快速城市化之下，城市建成区很快就突破了城区的界线，为了获得更大的发展空间急欲将周边郊县划入。

但是，在概念运用中还要注意以下模糊地带：一方面，"成片"难以准确界定。建成区内部被建筑包围的大片非建设用地是否属于城市建成区呢？由分散的点状建成区组成的离散型城市可否归并为建成区？比如卫星城与主城区并不连接，但是由于快速交通的存在使其与主城区有着紧密的联系。另外，由于地形的原因，城市建成区被山脉、河流等分割，以至于不同部分之间空间距离较大，那是否可认为是成片呢？另一方面，城市建成区的类型多样。城市建成区可以根据分布特点划分为以下三种

---

① 参见《国务院关于调整城市规模划分标准的通知》（国发〔2014〕51号），2014年11月，中国政府网（http://www.gov.cn/zhengce/content/2014-11/20/content_9225.htm）。

② 钟国辉、郭忠兴：《城市建成区扩张的驱动因素分析》，《统计与决策》2014年第12期。

类型：其一，集中型。以政府驻地为中心，建成区向外做几何式延展。其二，碎片型。在城市辖区范围内，由多个建成区的闭合区域组成，区域之间没有实际连接。如部分县级市内就分布有多个镇区，它们呈现为一种碎片化特征。其三，伴生型。指跨行政区的城市化现象，如河北省三河市燕郊镇的大片建成区就是北京城市化的伴生产物。只有回应上述概念的模糊性并做出恰当的类型区分才能为市制改革提供可靠依据。

（六）市辖区

市辖区这一专属名称出现在市制产生之后。它是由市政府设置在城市辖区范围内的行政区划类型。因此，市辖区问题也可归入市制研究范畴。

在中国古代的城市中，也产生过分区而治的现象，可以理解为市辖区的早期萌芽。古代城市的分区治理是依据功能差异展开的。例如，西周之后的“闾里”设置，“闾里在功能上属于居住区，在各朝代都有官员负责管理，由于一城之中往往会被划成多个闾里，因此会有多个官员进行分区管理”①。在近代中国，市制初创期也便有了市辖区设置，但当时的市辖区还只是市级部门设在各个分区里的分支机构。但中华人民共和国成立后，市辖区逐渐演变为一级政权，许多地级市开始增设市辖区，目前未设市辖区的地级市仅有 5 个。②

虽然也是一级正式的行政区，但与省、市、县等不同的是，市辖区是城市型政区的有机组成部分。这决定了其既是市级政府的下属行政层级，又是实体城市的区域分治单元。该双重属性构成了市域空间治理的矛盾性特征。城市的功能具有鲜明的整体性，这客观要求城市的很多功能不能一一分配给各市辖区。③ 出于整体性治理的需要，在市级政府与市辖区政府之间如何进行职权划分便成为市辖区改革的关键。现阶段，市辖区体制调整是市制改革的热点之一。当前的调整主要有两种方式：市辖区合并和县（市）改区。20 世纪末以来，这一改革进程逐步加快但也

---

① 胡乐伟、吴宏岐：《论中国市辖区形成的历史过程》，《陕西师范大学学报》（哲学社会科学版）2013 年第 5 期。

② 分别是广东省中山市、东莞市，海南省儋州市、三沙市，甘肃省嘉峪关市，俗称“直筒子市”。

③ 参见朱光磊《当代中国政府过程》，天津人民出版社 2008 年第 3 版，第 314 页。

带来了很多问题：市辖区合并使得分区而治的原初功能丧失，使其不再能够发挥辅助市级政府工作的作用，县改区则造成了上文提到的“假性城市化”等问题。总体而言，现有的市辖区调整主要是出于经济发展的考虑。但是，正如部分学者所言：“市辖区政府作为城市的基层政府，其施政本身就具有突出的服务色彩。”① 市辖区体制与城市政府的服务职责配置之间有着直接关联。因此，在市辖区调整上应该更为慎重，偏向经济的调整方案不可避免会削弱城市公共服务的供给，这可能为城市治理埋下隐患。

三　研究方法

（一）文献综述法

文献研究法属于质性研究的一种。它不仅包括对前人研究的分析和总结，还包括对所收集原始资料的阅读和整理，最终结合研究目的对资料进行意义解释。② 在前人研究方面，主要借助各期刊数据库和图书馆资源。中文文献设定的关键词主要是：市制、城市建制、建制市、设市、市政，等等。另外，由于市制与行政区划的紧密联系，因此文献的搜集范围还会扩大到行政区划改革中与市制相关联的部分，例如，镇改市（撤镇改市）、县改市（区）、省直管县（市）、直辖市、县级市等。国外文献搜集的关键词有：local government structure、urban government structure、urban fragmentation、metropolitan area 等。在其他资料的获取方面，首先，长期关注中国行政区划网（http：//www. xzqh. org. cn/）和行政区划网（http：//www. xzqh. org/html/），以此为信息源运用滚雪球法扩大搜索范围。其次，参与相关课题，通过到政府部门调研获取一手资料。再次，从权威媒体中获取线索，将此作为基点来扩大搜索范围，然后，通过对比鉴别选取更为可信的资料。搜集信息只是第一步，接下来就要将信息系统化、条理化。最后运用相关理论进行分析整理和论点匹配，使资料与论证过程实现良好的契合。

① 赵聚军：《职能导向论：市辖区建制调整的逻辑导向研究》，《行政论坛》2012 年第 6 期。

② 陈向明：《质的研究方法与社会科学研究》，教育科学出版社 2000 年版，第 269 页。

（二）比较研究法

比较不一定是将所有对象放到一个或几个标准下进行衡量。在同一研究目的之下，对不同对象分别展开细致描述也是比较的一种形式。这将是本书运用比较研究法的一个特色。具体而言，对比包括以下三项内容：

首先，中外对比。限于本人语言能力，在域外市制的研究上，对以英语为第一官方语言国家（地区）的资料关注较多，市制信息的获取也较为丰富，而对非英语国家（地区）市制的了解主要是借助国内的二手资料。其次，时间对比。先从城市功能角度将近代城市与古代城市进行对比，然后对近代以来不同时期、不同阶段的市制状况进行对比。最后，地域对比。由于中国各地的国土空间结构、经济社会发展水平存在着巨大差异，不同地域之间的城市化呈现出完全不同的特征，其内在主导的逻辑也可能泾渭分明。例如，沿海发达地区的城市化可能面临的更多的是行政城市化落后于实体城市化的问题，而中西部落后地区则可能恰恰相反。当然，在具体的操作过程中，一项对比中可能同时出现或交叉运用上述三种对比方式。

（三）历史分析方法

中国现在的市制结构是历史演变的结果。一方面，市制作为“舶来品”，经历了一百余年的发展；另一方面，市制的重要构成要素——“城市”在中国已经存在了几千年。借助历史分析，通过对不同历史时期城市和市制发展轨迹的梳理，总结影响市制演变的文化、制度因素，既是为现阶段市制改革中的问题找到历史根源，又是为提炼中国市制变化的政治逻辑提供时间视角，最终能为当前的市制改革提供建议。另外，国外市制也是在历史中形成的。梳理不同国家市制的历史脉络，找到它们在改革关节点上的经验与教训，同样能够作为中国改革的镜鉴。

（四）案例法

案例研究能够以更为直观和细致的方式将一些抽象问题具体化。在案例资料的来源方面：第一，通过参与课题，如天津市社科联课题《深入推进天津行政体制改革与治理能力提升研究》和天津市审改办委托课题《构建行政审批局——相对集中行政许可权改革的“天津样本”》，对天津市河西区、河东区、和平区、津南区、蓟州区、滨海新区（含自贸区）等市辖区、功能区进行了调研，从中既搜集了城市政府行政体制改革方面的相关信息，也获得了对城市政府运行的感性认识；第二，进行实地调研，将国内在市制领域具有典范意义的部分城市（如成都市、北京市、杭州市等）作为案例城市，来进一步搜集一手资料；第三，借助网络、社会资源获取二手资料；第四，经过对上述信息进行筛选、对比、整合，开展案例的撰写工作，以支撑相应的论证。

四　研究思路和技术路线

（一）研究思路

尝试将市制作为研究对象，通过探索市制的运行规律，为当前的市制改革提供新的理论视角。在开展论述之前提出了基本设定：由于存在着势能差距，中国各级城市政府之间形成了一种相对稳固的政治结构形式。之后，对这一基本设定进行验证。首先，对中国市制演变的历史脉络做了梳理，发现政治属性的不断增强是中国市制发展的基本特征。其次，对域外的市制模式和调整经验进行了总结，认识到自治、法治和公共服务是其市制模式的核心元素。再次，利用职能、机构、体制和过程这一现代政府理论的四维分析框架，对市制的相关环节和构成要素进行了描述，以全面展现市制运行的现状。然后，在上述历史分析、对比分析和现实分析的基础上，将中国市制运行的基本规律提炼为“城市政治势差结构”，并进一步探讨了这一结构的支撑要素、现实成因和所带来的衍生影响。最后，为破除势差结构，针对市制运行中所存在的问题，提出了“平衡—伙伴—协调”的改革思路，并阐发了对策建议和保障机制。详见结构流程图0—1。

（二）技术路线

首先确定大致的选题方向，在文献梳理和理论准备的过程中，不断对选题进行修正。在此基础上，提出了基本的研究假设。这为研究思路和分析框架的确定奠定了基础。随后，对中国市制的发展进行了历史归因，同时对比借鉴了典型国家和地区市制的经验。经过现实分析，提炼出对中国市制运行规律的理论概括。其中，在央地关系论域中，对政治势差结构理论进行了拓展和丰富。在上述分析过程中，不断对基本假设进行验证。最后，针对所得出的基本结论，提出相应的改革思路和具体建议。见技术路线图0—2。

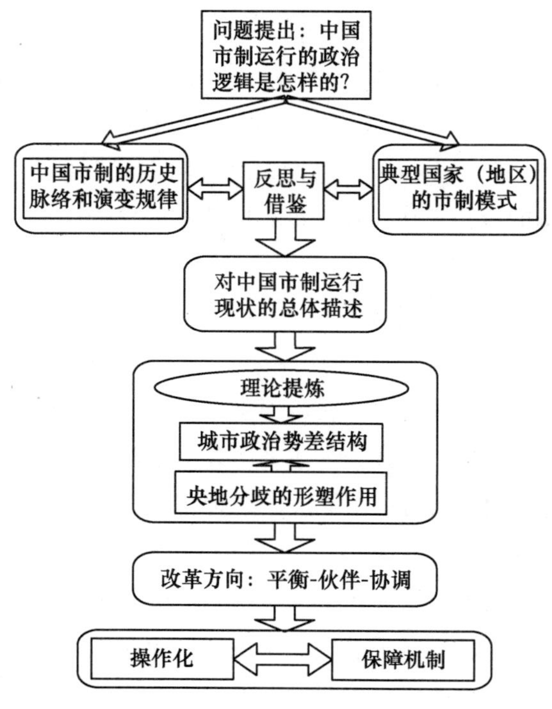

图 0—1　研究思路

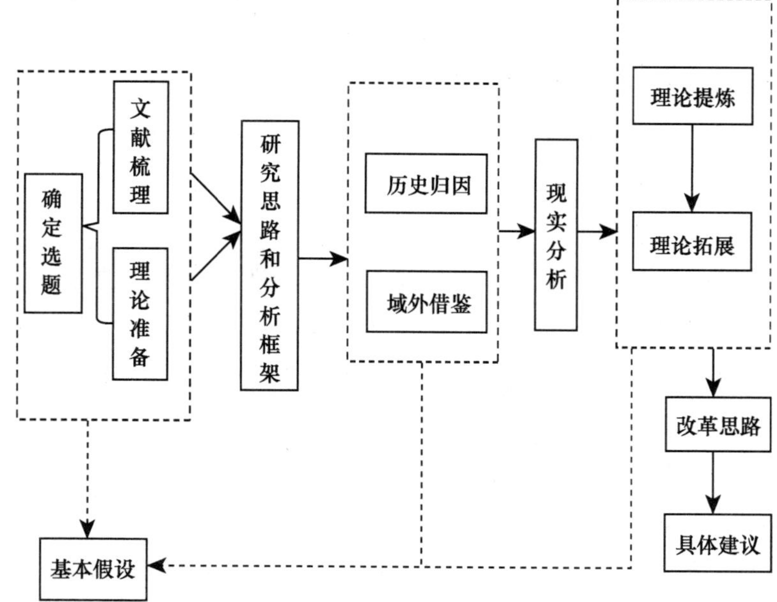

图 0—2　技术路线图

第四节　理论支持

一　与政府过程相关的系列理论

政府过程是一套受行为主义影响深远的理论方法。亚瑟·本特利（Arthur Bentley）最早正式提出了政府过程的概念和相关理论。政府过程有下列方法论特征："政府过程"中的政府是"大政府"、"政府过程"中的政府是"现实的政府"、"政府过程"中的"过程"是指政府的实际运作活动、"政府过程"实际上就是"政治过程"。① 将这一学说引入中国并对其适用性开展深入研究的是朱光磊教授，他在专著《当代中国政府过程》一书中对研究成果做了系统性阐述和中国化改造。

在本书中，首先借鉴了该理论研究框架所强调的一对基本关系：党政关系。中国市制中同样渗透着政党因素，党政关系对中华人民共和国成立以来的市制变迁产生了重要影响。然而，国内现有研究却普遍忽视了这点（与学科的局限性有关）。同时，执政党在执政过程中往往会从国家视角来思考问题，因此，拟从中央控制逻辑进行切入，结合党政关系规范化理论来为市制运行规律的完善提供理论支持。其次，在论及地方因素时，拟对官员群体、市场主体、社会利益群体差异化的行为动机进行分析。其中，亦有对官员群体的决策与执行、公众的意见表达等环节的探讨。这是将政府过程方法应用于中国市制实践研究的一次尝试。最后，在对中国市制构成要素进行总体描述的写作中，将主要以朱光磊教授提出的现代政府理论的四维分析框架为总体论证范式。四维分析框架是借助职能、机构、体制、过程四个基本概念对政府现象及与政府有关的社会关系进行分析的一个理论框架。职能所解决的是政府该做什么和不该做什么的问题。职能由机构来承担，机构之间的关系确定下来，就形成了体制，体制运转起来就形成了政府过程。② 将这一理论框架用于市制研究是出于以下三方面原因：其一，四维分析框架涵盖了政府研究的

---

① 朱光磊：《当代中国政府过程》，天津人民出版社 2008 年第 3 版，第 10—15 页。

② 参见朱光磊主编《现代政府理论》，高等教育出版社 2006 年版，第 10—16 页。

四个重要方面，从它们入手能对市制的现状有较为全面的认知。其二，四维分析是一套体系化的分析工具。职能、机构、体制、过程之间有着内在的逻辑关联，四者既前后相继又相互补充。其三，市制也属于一种政府现象，把握这一现象需要一个贴合中国实际的理论工具，四维分析框架正是这类理论的一个典型代表。当然，鉴于研究对象特征的考虑，书中也没有完全套用这一分析框架，而是在个别环节进行了拓展。例如，在体制环节，并没有将重点放在城市政府内部各机构之间的关系上，而是放在了城市间的行政层级上，然后再引申出不同城市机构间的关系问题。

二 委托—代理理论

委托—代理理论是制度经济学契约理论的主要内容之一。最早是以数学模型的方式来解释股东和经理人之间关系的。① 委托—代理关系是因“专业化”的存在与发展而产生的。这一理论认为，城市政府已不再仅仅是管理城市日常事务的政府，而是变得越来越具有冒险性。由于市政管理的复杂性和专业化，城市政府拥有了更多的自由裁量空间并试图摆脱代理者角色。这一理论在产生早期主要应用于经济、商业领域，目的是解决在利益冲突和信息不对称的情况下如何更好地激励代理者。但很快就被应用到了政治学领域。应用是基于如下假设：在单一制国家里，出于节约行政成本和激发地方发展活力的需要，中央政府将权力委托给地方政府来进行地方治理。目前已有不少学界同仁将该理论运用于中国政治问题研究。例如，美国政治学者戴慕珍（Jean Oi）在著作《乡村中国的腾飞》中运用委托—代理理论探索了中国农村地区在改革开放之后实现飞速发展的政治制度原因。② 王金秀也曾尝试构建用于分析政府的政府式委托—代理模型。③

本书拟将这一理论应用于市制研究是基于这样的发现：城市化作为

① Ross S.，“The Economic Theory of Agency：The Principal's Problem”，*The American Economic Review*，No. 5，1973；Spence M.，R. Zeckhauser，“Insurance，Information and Individual Action”，*The American Economic Review*，Vol. 61，No. 2，1978.

② Jean C. Oi，*Rural China Takes Off：Institutional Foundations of Economic Reform*，Berkeley：University Of California Press，1999.

③ 王金秀：《“政府式”委托代理理论模型的构建》，《管理世界》2002 年第 1 期。

国家战略，是中央政府赋予地方政府的一项任务，因此委托给了地方政府相应的权限。地方政府作为代理者，在行使委托权的过程中，形成了自己的一套行事逻辑：一方面，借助多种方式来经营城市以扩大自身的管辖权益；另一方面，以专业化为依托谋求市制改革，进而向中央政府争取到更大的委托权。相应的，中央政府也有自己的考虑：既想通过市制改革增进对地方的政治控制，又想让地方政府按照中央的制度安排推动国家其他目标的实现。

三　政府间纵向关系理论

政府间纵向关系是府际关系的一个重要方面。改革开放初期的相关研究，以央地关系为主，这里的“地方”也主要指省级政府。但是，中国的地方政府包含：省级、地级、县级、乡级等正式层级和副省级、副地级等非正式层级，还包括各类开发区等准行政区。政府间纵向关系的复杂性就在于：地方政府的多层级、虚实结合的体系划分。因此，对央地关系做更细致的研究，需要一种新的更具有中国特色的理论范式，这样政府间纵向关系理论便产生了。从某一层面来讲，它是央地关系理论和政府层级理论相结合的产物。①

之所以运用这一理论来观察研究市制是因为：其一，随着市制改革的推进，城市建制已不再是嵌入到政府层级中的独立单元，而是在相互之间形成了复杂的嵌套结构甚至直接隶属关系。例如，地级市代管县级市，副省级市代管县级市等。政府间纵向关系理论能够为理解城市政府的上述关系提供理论支持。其二，政府间纵向关系视角内含有“伙伴观念”的元素。将这一观念运用到行政领域就是要在公私之间建立起“伙伴关系”，并力图“建构多元政府间超越层级和突破条块的合作网络”②。这与市制改革的目标是一致的。其三，由于“两级政府，三级管理”的存在，城市内的府际关系也可以从纵向角度加以审视。这对于深入理解市制改革中的县改区等现象同样大有裨益。

---

① 在这方面以张志红为代表。张志红：《当代中国政府纵向间关系研究》，天津人民出版社 2005 年版。

② 蔡英辉：《政府间伙伴关系：合作治理之路》，《经济体制改革》2013 年第 5 期。

基于上述分析，一方面将在现实分析部分运用该理论，将中国的各类、各级城市政府放在纵向维度进行细致描述；另一方面将在理论提炼部分进一步呈现其复杂的纵向关系特征——政治势差。

四　尺度重组理论

尺度重组理论（rescaling）又称为再地域化理论。粗略来讲，尺度重组就是指权力在不同尺度之间的变动。[①] 在行政区划研究中，凸显地理因素是其主要特色。史密斯（Smith）认为："特定的地理尺度可以理解为特定社会活动的平台，……由个人、家庭和社区到地方、区域、国家和全球，大致构成了一个地理尺度体系。"[②] 那么，就可以在地理尺度上对这一权利体系进行恰当重组来解决现实中的治理问题。这一理论产生的背景是：西方国家围绕行政区域调整进行了一系列政府改革。这些改革基于去国家化、去政府化和全球化展开，从而导致了法规、准则和机构向上或向下的尺度重构。[③] 然而，虽然中国自 1978 年之后也对纵横两个方向上的政府间权力架构进行了调整，但却不能与西方国家的尺度重构相等同。因此，在借鉴西方理论时不能照搬照抄，可以学习其切入视角和分析框架，而在细微环节上则要从中国视野加以审视。

尺度重组理论包含三方面内容：政府尺度、城市化尺度、城市空间尺度。第一，政府尺度就是围绕再地域化而实施的对地方政府职责的重新配置。在中国当前的市制改革中，具体表现为：其一，中央政府与地方政府的职权配置；其二，地方政府各层级间的权限划分；其三，同一区域内，各城市型政区之间管辖权限的差异化分配。第二，城市化尺度，指的是在国家主导的城市化与自发性城市化之间的张力问题，在中国则表现为双轨城市化[④]，即二者同时存在，各自沿特定逻辑发展和演变。这

---

① Shen J. Scale, "State and the City: Urban Transformation in Post Reform China", *HabitatInternational*, Vol. 31, No. 3, 2007.

② Smith N. "Scale", *The Dictionary of Human Geography*, 2000, p. 724 – 727.

③ MacLeod G, Goodwin M. Space, "Scale and State Strategy: Rethinking Urban and Regional Governance", *Progress in Human Geography*, Vol. 23, No. 4, 1999.

④ Shen J, Wong K Y, Feng Z, "State Sponserd and Spontaneous Urbanization in the Pearl Riber Delta of South China1980 – 1998", *Urban Geography*, Vol. 23, No. 7, 2002.

一尺度是解释“假性城市化”和“城市化不足”并存问题的重要抓手。第三，城市空间尺度则是对城市的辖区范围进行重新勘定，以有利于城市管理与区域发展。这一过程既可以在水平地域上进行，对城市辖区范围进行缩放或调整；又可以在垂直方向上进行，调整城市的级别或增设新的城市建制。例如，重庆市设为直辖市后，就将原属四川省的涪陵市、万县市和潜江地区纳入管辖范围。这对西南地区的省级地域空间布局造成了较大影响。总之，尺度重组理论的三类尺度分别构成了认识市制问题的三个重要视角，但它们各自也都存在着局限性。基于上述分析，将在慎重取舍的基础上做出综合借鉴。

第一章

回顾与反思:中国市制的历史脉络和演变趋势

在时间维度之下，任何一项制度都很难保证一成不变。通过回顾中国市制在不同历史时期的基本形态和运行状况，可以进一步得出其在更长时间跨度下演变的总体趋势。在此基础上，进行深层次的分析归纳后会发现，这些变化背后是不断强化的政治属性在发挥着作用。

第一节　中国市制的历史脉络

对中国而言，纵然市制是一个“舶来品”，但市制的构成单元——城市却是在相对独立中发展变化的。因此，考察市制的历史脉络不能忽略了古代城市。几千年的孕育和成长为中国城市奠定了深厚的制度和文化土壤。及至近代，市制才被引进并植入到了这一土壤之上。之后，随着国家对市制介入的逐渐增强，为了满足时代需要，它更是以一种迥异于西方典型国家（地区）的方式在演进着。梳理这一进程，将在历史纵深上呈现市制的基本面貌。

一　中国古代的城市演变

中国是最早出现城市的国家之一。不过在古代，虽然出现了实体层面的城市，但并没有出现单独设为行政建制的城市[1]，更与西方典型国家的以自治为基本内核的城市相去甚远。以此为契机，明确市制与城市的区别对于当前的城市政府职能转变有着重要的意义。

（一）实体城市的出现和演变

探究城市的起源，要从对城市的内涵界定开始谈起。在西方的城市起源研究中，有着较大影响的是英国学者戈登·柴尔德（Gordon V. Childe）。他曾提出了判别城市的十项标准。概括来讲，这些标准所共同表达的是：由技术进步和贸易发展而导致的社会内部从事生产和非生产活动群体的分化。[2] 然而，这些凸显技术和贸易因素的标准并不能准确概括中国城市的产生缘由。正如美籍华裔人类学、考古学家张光直在结合夏商周三代资料和当代考古发现后所指出的那样，中国古代城市与西方古代城市有着本质差异，前者是作为获取和巩固政治权力的工具出现的。[3] 可见，从源头上就会发现中国古代城市的独特性。在此根基上做进一步梳理才不至于跌入西方的城市话语体系。目前，国内多数学者认为中国城市出现于龙山时代（距今约3950—4350年）甚至更早的时期。在龙山时代，社会阶层发生了明显分化，精英阶层从大众中分离出来并形成新的聚落。这促使聚落之间出现了复杂化的现象，那些最大的部落承担起了军事保卫和政治控制的功能。有学者将这一现象称之为聚落级差，聚落级差是由聚落在规模和发展水平上的差异造成的，正是这种差异导致了城市的出现。[4] 不过，总体来看，早期城市的发展较为缓慢，这是由当时落后的社会生产力决定的。

直到商周时期，早期城市才有了质的飞跃，这一阶段奠定了中国古代城市的基本特色。商朝，城市文明发展到了较高水平，显示出复杂的

---

① 关于这一点，有一些学者持不同意见。韩光辉等人认为，宋代的都厢和辽代的警巡院就是古代的建制城市，数量虽然不多，但标志着在古代建制城市已经出现。这一结论未免有失严谨，对以上观点的回应，将在下文中做进一步展开。参见韩光辉、林玉军、王长松《宋辽金元建制城市的出现与城市体系的形成》，《历史研究》2007年第4期。

② G. V. Childe, "The Urban Revolution", *The Town Planing Review*, Vol. 21, No. 1, 1950.

③ 张光直：《关于中国初期"城市"这个概念》，《文物》1985年第2期。

④ 王银平：《长江中游新石器时代晚期的聚落级差及城市萌芽》，《中国历史文物》2008年第2期。

聚落大小、等级及功能体系。[①] 另外，这些城市之间也开始出现分工协作。商代的城市一般会直接控制周边一定的区域，通过城市的设立来加强对周边区域的政治统治，资源汲取也变得更为普遍。[②] 可见，此时城市的功能已开始由治安保卫向其他政治领域拓展。与商朝相比，西周的城市发展对后代城市的影响更为深远。一方面，礼乐思想、宗法制、等级制等因素渗透到了城市规划、城市布局之中；另一方面，确定城市等级的依据由人口规模、城市功能拓展到礼乐典籍规定和城市内的统治者在宗法体系中所处的位置等方面。这些都不同程度地为之后历代所继承和模仿。

从上述分析中可以看出，中国早期的城市主要是用于："落实封建帝王按照中国的传统世界观来组织及推行他的政令和管治。"[③] 城市作为统治工具的角色定位，使其内含的政治属性得到了大力彰显。当然，在城市内部，也开始出现了用于交易的场所，也就是"市"的雏形。但由于当时商品经济的落后，"市"显然并未成为此时城市特征的主要方面。

（二）宋辽金元时期专门市政机构的产生

宋辽金元时期虽然是一个政权林立、国家分裂的时代，但是这一时期特别是宋朝的工商业发展水平却较前代有着明显的提高。宋朝 23 个路的路治均已发展为区域中心城市。[④] 经济的繁荣促使城乡分离现象萌生。大批农民进入城市，城市内工商、娱乐、文化活动不断丰富，与农业地区形成了明显差异。以上变化不但突破了唐朝以来封闭的"坊市制"，而且还使得传统的行政型城市聚集了商业文明下的诸多元素。城市的繁荣加上城市布局、居民构成、城市功能的变化，要求设立专门从事城市地区管理工作的机构来与之相适应。这个时候，在北宋的东京（现在的开封市）便率先出现了都厢制度。之后，南宋的临安（现在的杭州市）进

① 薛凤旋：《中国城市及其文明的演变》，世界图书出版公司 2014 年版，第 91 页。

② 陈朝云：《商代城市的择立要素及其社会功能的多元一体》，《江汉论坛》2004 年第 11 期。

③ 薛凤旋：《中国城市及其文明的演变》，世界图书出版公司 2014 年版，第 105 页。

④ 行政地位与经济地位之间如此紧密的关系，说明在中古时期城市等级已经对城市发展产生了决定性影响。路是宋朝地方最高一级行政区划，在公元 1074 年，全国增至 23 路。参见包伟民《宋代城市研究》，中华书局 2014 年版，第 69—70 页。

行了沿袭和完善。厢主要承担刑事和民事职责，是介于市级管理部门和坊区之间的管理层级。[①] 职责范畴尚显单一，可是其开创和示范意义不容忽视。

在工商业发达程度方面，辽、金、元并不如宋，但是由于时代的交叉和频繁的往来，宋朝的制度经验大量为这些少数民族政权所接纳吸收。辽代的警巡院就受到了宋代都厢制度的影响。都厢和警巡院都是设在都城的机构，其与县平级，但品秩要高于县。[②] 金朝则进一步出现了设于不同等级城市的专门管理机构，在六京设警巡院，在诸府节镇治所城市设录事司，在防御州、刺史州治所城市设司候司。在设置之初，三个机构所发挥的职能主要与治安相关。但随着时间的推移，其职能扩大到"赋役、盐钞、劝农垦田、榷茶、举荐人才、入粟、救灾、市易等方面"[③]。然而，即便如此，这三个机构所管辖的区域仍没有获得正式的行政区划地位，具体表现就是：未能载入《金史·地理志》中。不过，从市政机构的设置特点来看，金代已经形成了城市行政体系的雏形。元承金制，元政府在城市内设立的录事司获得了正式的行政地位。然而，元代城市的整体发展却跌入了黑暗时代，不但城市数量较少，而且城市内的人口数量也较宋金时期大为下降。市政机构行政地位的确立却伴随着城市发展的萎靡，这种形式意义上的机构到底发挥了多大功效就值得怀疑了。

由上述分析便可引申出关于这一时期是否已经产生市制的争论。前文已指出，韩光辉等人认为，在宋辽金元时期，中国就已经出现了建制城市。他们是基于这样的理由：按照以下标准，"城市行政建制，以城市拥有明确的行政界线、市域范围和职能完善的城市行政管理机构为标志"[④]，既然宋辽金元各朝均已出现了类似现象，那么也就形成了市制。但是，本书认为，古代的市政机构与近现代意义上的城市建制存在着本质差异。原因是：其一，虽然市政机构是对城市事务进行专门管理的政府机构，是行政型城市出现的前提条件，但是古代的市政机构往往缺乏

---

① 包伟民：《宋代城市研究》，中华书局 2014 年版，第 133、153 页。

② 六京包括：中都、上京、东京、南京、西京和北京。

③ 李昌宪：《金代行政区划史》，上海古籍出版社 2015 年版，第 111 页。

④ 韩光辉、何峰：《宋辽金元城市建制与区域行政区划体系的演变》，《北京大学学报》（哲学社会科学版）2008 年第 2 期。

系统性和完备性。功能单一、结构简单，一般是承袭性设置，对城市需要的回应力十分有限。其二，市政机构和城市政府存在本质不同。古代市政机构基本上是在一般行政区的官方治所所在城市设立。这些市政机构的独立性并不强，多数可理解为官方治所的一类派出机构，即便有些机构在实践中不断壮大，但也没能获得制度的正式认可。可见，它与行政区划体制并未出现分离。其三，城市与乡村还没有形成明显分化。城市区域与农村区域的功能仍然混杂在一起。这决定了机构设置纵然显示出了某些职能专属特性，但还不足以构成一项稳固的制度。这是得出中国古代并未出现市制这一结论的最重要的依据。三点均说明，中国古代城市体系距离近代意义上的市制还有较大差距，而将这一时期的上述城市理解为带有市政管理色彩的准行政城市则更为恰当。

（三）市制的输入型萌芽：明朝的双屿港和澳门议事会

虽然整体而言，中国古代不存在近代意义的市制，但是有一些特例不得不提及。随着明朝以来西方国家的殖民入侵，殖民者在沿海地区设立了一些西式的市政机构。这些机构独立性强，对特定区域实施了近代化的市政管理。从某种程度上说，它们是在中国的领土范围内建立的西方式的自治城市，其中较有代表性的就是双屿港和澳门。

双屿港一般指位于今舟山市六横岛和佛渡岛所夹之处。① 这一港口是在明朝政府实施严厉海禁政策的背景下兴建和走向繁荣的，它主要从事的是非法的海外贸易。从这一点来看，它被明政府覆灭是迟早的事情。然而，虽然“双屿港作为葡萄牙人的贸易据点时间不到十年，但意义重大”②。据文献记载，在双屿港的市政机构内设有“城防司令、王室大法官、法官、市政议员、死者及孤儿总管、度量衡及市场物价检察官、书记官、巡夜官、收税官等”③。可见，双屿港的市政机构不但有着明确的职务分工，而且这些职务还与当时的城市管理相匹配。有学者认为，双

① 关于双屿港的具体位置仍然存在着很大的争议，在此不做具体介绍。具体可参考施存龙《葡人私据浙东沿海 Liampo——双屿港古今地望考实》，《中国边疆史地研究》2001 年第 2 期；方普儿、翁圣：《双屿港古今地望考证》，《浙江社会科学》2010 年第 6 期。

② 张继军：《双屿港与十六世纪全球贸易圈的关系研究》，《浙江学刊》2012 年第 4 期。

③ ［葡］费尔南·门德斯·平托：《远游记》，金国平译，葡萄牙航海大发现事业纪念澳门委员会，澳门基金会，澳门文化署，东方葡萄牙学会 1999 年版，第 408 页。

屿港的命运昭示着在东西方文明之间产生了明显分野，对市制的不同态度成为中国近代日益走向衰落的根源。①

双屿港覆灭后，利益的诱惑使得葡萄牙人依然在中国的沿海地区开展活动。他们又选择了澳门作为新的落脚点。但是，这次采取了更为审慎的行动。例如，为了避免再次激怒明朝政府而主动向地方政府纳税，为沿海居民提供贸易机会等。这使其获得了居留权，并能够长期在澳门从事贸易活动。经过长期的经营和建设，其在澳门成立了议事会。议事会的成立从现实角度来看是迫于自我管理、服务贸易的需要，从历史角度来看则与葡萄牙的传统有关。澳门议事会具有如下三个特点：其一，双重效忠。也就是既忠于中国政府也忠于葡萄牙政府，而且更倾向于忠于中国政府。② 其二，实施中世纪的市政模式，而并未采用当时葡萄牙本土的行政模式。这体现了居澳商人想建立理想共和国的夙愿。③ 其三，较强的人治色彩。议事会在决议过程中，往往缺乏法律支撑，却更多地依赖于临时决议。由此而出现的腐败和专权也屡见不鲜。这说明澳门议事会的运行并非无可指摘，它并不是什么理想的市制样板。在这方面，要充分尊重史实。

总体来看，双屿港和澳门议事会存在的时间和影响范围都较为有限，而且游离在中央政府的管辖意志之外。因此，不能将这两个独特的个案作为中国市制发展的一个阶段，更不能作为市制产生的标志。当然，通过描述这些个案则有助于展现市制发展的曲折性。

二　清末民初的市制初创和民国时期的市制发展

清朝末年，清政府被迫开展新政。其中，学习西方的市制模式便是

---

① 三颖、冯定雄：《双屿港命运与东西方历史的分野》，《浙江学刊》2012 年第 3 期。

② 这一观点是吴志良在著作《生存之道：论澳门政治制度与政治发展》中阐发的。对于这个论断有很多学者持不同意见。张海鹏就认为双重效忠并不成立，葡萄牙人一直在试图蚕食澳门的治权和主权。不过，以实际行动来判断，吴志良的双重效忠说更为可取。张海鹏的观点更似对动机的臆测，且混淆了鸦片战争前后的情况。具体参见吴志良《生存之道：论澳门政治制度与政治发展》，澳门成人教育学会 1998 年版；张海鹏：《居澳葡人“双重效忠”说平议》，《近代史研究》1999 年第 6 期。

③ 宁岭晏：《澳门市政制度的演变与前瞻》，《华南师范大学学报》（社会科学版）1999 年第 4 期。

新政中的重要一环。在经过一系列考察之后，清政府于 1909 年颁布了《城镇乡地方自治章程》和《城镇乡地方自治选举章程》两部重要法律。这是中国近代市制最早的法律规定。它们赋予了城市学务、卫生、道路工程、农工商务、善举、公共营业、财政等市权。章程中还有关于城镇管理机构的条款，涵括：设置条件、机构级别、机构设置及职能、区域界线，等等。从章程的论述倾向来看，它以模仿西方自治市为基调，决定让城市地区实行自治。章程颁布后，各地方政府积极响应，其中以湖北、四川为代表。但是，章程颁布后三年，清朝便覆亡了。市制的发展从中央推行转向了地方探索。

（一）上海租界——近代市制的诞生地

上海租界最早是在 1845 年由英国驻沪领事与上海道达成协议——《上海土地章程》后设立的，美租界、法租界也随之相继设立。[①] 上海工部局并不是在租界开设之初就有的，而是在 1853 年小刀会攻占上海县城的大背景下出现的。这一事件使当时的中国政权失去了对租界的控制。1854 年，英、法、美等列强便成立了独立的行政机构——工部局，从而将租界真正变成了不受中国政府管辖的“国中之国”。1862 年，法国从工部局分离出去成立了类似机构“公董局”，其性质和功能与工部局类似，因此不做单独论述。

公共租界工部局承担治安、市政建设、税收等功能，由董事会、各委员会及各行政部门组成，俨然一个完整的政府体系。它在中国也最早实施了公务员制度，制定了专业化的市政管理规章制度，并着力于发挥各委员会的作用。[②] 这一管理模式（参见图 1—1）：一方面在当时的中国产生了溢出效应，上海市其他城市地区的绅商在得到批准后也模仿着设立了自己的市政机构。如 1900 年成立的“闸北工程总局”“上海城厢内外总工程局”等，国内其他城市的市政管理也不同程度的参考了上海的经验。[③] 另一方面，这一市制模式是一种畸形的产物。上海市同时存在着

---

① 1863 年英租界和美租界合并为公共租界，成为近代中国最大的一块租界。使当时的上海出现了公共租界和法租界两大租界并立的局面。

② 陆文雪：《上海工部局公务员制度考察》，《史林》1997 年第 4 期。

③ 靳润成、郁晓航：《中国城市化之路》，学林出版社 1999 年版，第 76 页。

公共租界、法租界和华界，相互之间缺乏沟通协调机制。“将三个区域作为一个整体来看，则显得混乱无序，布局不合理处较多”①。这种分割管理的模式较类似于现代西方部分国家的窄域市，但不同的是，它是殖民政治的产物而非行政区碎片化的结果。

客观来看，工部局对于引入西方较为先进的城市规划和城市管理理念和方法确实发挥了一定的积极作用。上海租界内的市政管理在融合中西特色的基础上，为中国市制的发展提供了有益启发。但鉴于其殖民色彩，它显然无法作为描述中国近代市制的一般样本。

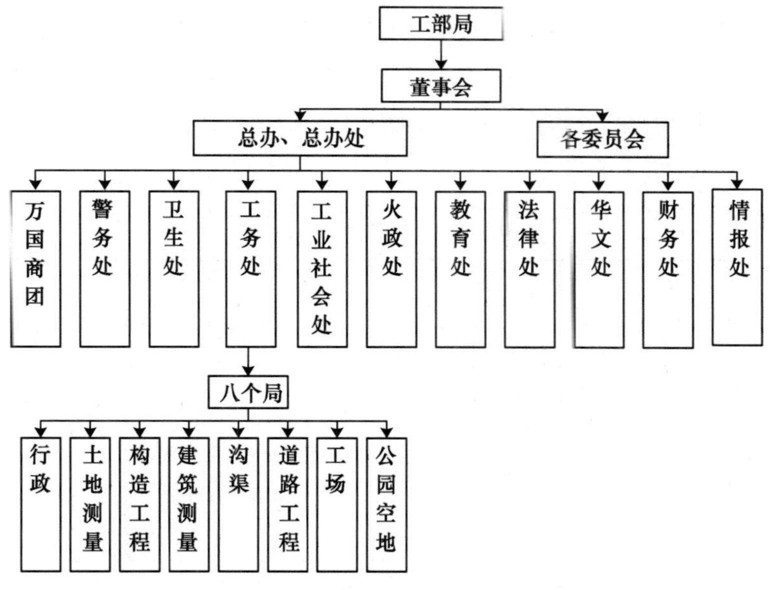

图 1—1　上海工部局组织结构示意图

资料来源：胡晓鸣、刘丹、翁芳玲：《上海租界百年对城市发展的启示》，《城市规划》2008 年第 10 期。

（二）民国初年各地的市制实践

本部分的民国初年具体指的是 1911—1927 年这段时间。随着清政府的覆灭，地方并没有停下市制实践的步伐（参见表 1—1）。其中，以江

① 熊月之、罗苏文、周武：《略论近代上海市政》，《学术月刊》1999 年第 6 期。

苏、广东为代表的经济发达区域表现得尤为突出。《江苏省暂行市乡制》规定县政府所在地和5万人口以上的市镇村庄屯集为市。截至1924年，江苏省共设市306个。广东省广州市则在市政制度创设方面独树一帜。1921年，广东省政府颁布《广州市暂行条例》后宣告广州市正式设立，广州市政厅随之成立，市政厅内设行政委员会、参议会和审计处。广州市制章程由孙科牵头的法治编撰委员会起草而成，主要借鉴美国的市委员会制。不过，这一体制并没有完全照搬美国的市委员会制，而是注入了许多地方特色，表现在：其一，市长等关键岗位由省长任命而非由选举产生；其二，较美制增设了参议会和审计处；其三，实际运行中，参议会和审计处所发挥的代议和监督功能有限，而行政机关的权力较大。上述制度的创设与实践标志着广州市成为中国第一个建制市。它与县平级，由省政府直辖，但拥有着相对独立的市制管理权限，受到上级的干涉较少。

表1—1　　民国初年颁布的市制法律法规

颁布时间	颁布方	法律规章名称	主要内容及意义
1912年	江苏省临时议会	《江苏省暂行市乡制》	继承了清廷的市制精神，延续了市制的自治传统，开启了民国时期的市制发展
1921年	广东省政府	《广州市暂行条例》	中国市制实践正式开始，广州市是中国近代行政区划建制意义上的第一个市，直接隶属于省政府。并第一次将市与县分开，实行市县平级
1921年	北洋政府	《市自治制》	将市分为特别市和普通市两种。特别市由内务部呈请中央政府确定，普通市隶属于县，受县知事的直接监督

资料来源：朱光磊、何李：《从竞争到伙伴：中国市制改革的政治逻辑》，《南开学报》（哲学社会科学版）2017年第1期。

与此同时，北洋政府也开启了中央政府引导市制发展的先河。1921年颁布《市自治制》，这是中国明确为市制领域颁布的最早的正式文件。1922年设立京都特别市（也就是直辖市，即今北京）。随后爆发的国内战争并未切断设市进程。在广州国民政府领导的北伐军1926年攻克汉口后，设立了第一个辖县的市——汉口市。汉口市制是模仿广州市而立。孙科也认为："汉口市政委员会的组织大体和广州市差不多。"① 然而，此时国民党的力量日渐介入日常的市政管理。造成市制运行逐渐向中央集权倾斜，而地方自治色彩则相应示弱。这成为了下一时期市制变革的前奏。

总体来看，这一时期的市制主要还是模仿西方样板实施城市自治。但是从各地的实践中可以看出：中国传统的治理文化已开始渗入其中。特别是在市制运转过程中，体现得更为明显。中央政权正迫不及待的试图扩大自己对市制的影响力。

（三）南京国民政府进行的市制调整

南京国民政府成立后，为了解决各地市制不一、运行混乱的局面，于1928年颁布了《特别市组织法》和《普通市组织法》。这两部法律将建制市分为特别市和普通市，两类建制市都需要中央批准才能成立。获得批准后，前者由中央政府管辖，后者由省政府管辖。两年后，这两部法律被废止，随之又颁布了《市组织法》。该法则将建制市分为院辖市和省辖市，同时也提高了设市标准。较前两部法律，这部法律既有继承又有发展，相关规定也更为细致。1943年和1947年分别对《市组织法》进行了修订（参见表1—2）。两次修订都是为了解决当时市制运行中出现的问题。

表1—2　　南京国民政府时期所颁布的市制相关法律法规

颁布时间	颁布方	法律规章名称	主要内容及意义
1930年	南京国民政府	《市组织法》	将市分为行政院辖市与省辖市两种
1943年和1947年		对《市组织法》进行修订	市仍为自治单位； 设市标准有所降低，只要人口超过20万，即可设市； 将市政府职权分为两类：一为"办理市自治事项"，二为"执行上级政府委办事项"

资料来源：朱光磊、何李：《从竞争到伙伴：中国市制改革的政治逻辑》，《南开学报》（哲学社会科学版）2017年第1期。

① 参见武汉地方志编纂委员会办公室《武汉国民政府史料》，武汉出版社2005年版，第357页。

这一时期的市制有这样三个特点：第一，在市的基层实行保甲制，这从内部蚕食了城市的自治空间；第二，根据隶属关系确立市的地位，如 1947 年将市分为院辖市、省辖市和县辖市；第三，城市自治仍作为大力宣传的改革方向，但实际上市制中的政治因素却越来越强。在城市规划、市政建设等方面，政治势力日益插手其中。董佳等人在考察当时南京“中央政务区”选址方案后发现，“从最终地点和设计方案的产生经过看，城市设计并不以技术性、艺术性、法制性和民主性等原则为据，而是以实力较量和权谋运用为依归”①。可以说，在这一时期，中国的市制已在实质层面完成了从自治属性向行政属性的转变，并夹杂了零散的政治属性。

（四）边区和解放区的市制初探

在抗日战争和解放战争时期，由中国共产党所直接领导的根据地、解放区虽然以农村区域为主，但也管辖着一些中小城市。在战争背景下，中国共产党也进行了一些市制方面的探索。虽然现有研究对这一时期的市制发展鲜有论述，但是，鉴于这一时期的市制探索与中华人民共和国成立后的市制改革有着紧密的关联，因此，还是有必要尝试着从可获取的资料中总结出这一时期的市制特点。

首先，党中央进行了小范围的设市尝试。最有标志性的是延安市的设立。1937 年，边区政府发出《成立延安市政府》的命令：由于延安市是边区政府的所在地，该地区的市政、公安、防空、消防、卫生、建设等各项工作极为重要，根据广大市民的要求组织成立延安市政府，受边区政府直接领导。② 这主要还是巩固边区的需要，除此之外党中央的设市尝试就较为少见了。其次，各根据地党委往往拥有设市自主权，随意性较强。如 1945 年 10 月，冀鲁豫边区党委决定设立濮阳市，1946 年 6 月，又决定撤销其市的建制。再次，市制大体可概括为三层。分别指：边区

---

① 董佳、刘素林：《民国政治与城市规划的地方互动：南京“中央政治区”选址的变更进程》，《中国历史地理论丛》2014 年第 4 期。

② 参见陕西省档案馆、陕西省社会科学院《陕甘宁边区政府文件选编》（第一辑），档案出版社 1986 年版，第 28 页。

辖市（相当于省辖市）、专署（行署）辖市、县辖市。[①] 边区辖市如晋察冀边区的张家口市。专署（行署）辖市如晋冀鲁豫边区太行行署的邢台市、焦作市、长治市，冀南行署的大名市、临清市，等等。县辖市如陕甘宁边区及华中各根据地在县以下所设的乡一级市制。[②] 1941 年，颁布实施的《陕甘宁边区各乡市政府组织暂行条例》规定，乡市制采用议行合一的委员会制。[③] 最后，在市县关系上，市县平级且分治，二者虽可能有管辖主体的差异，但相互之间并没有直接隶属关系。这样不但保证了效率，还为中华人民共和国成立前后，党的城市管理工作提供了一定的借鉴。

总体来看，这一时期的城市数量有限，市制结构单一，市制改革主要为巩固政权和打赢战争服务。到了解放战争后期，随着大中城市的逐步解放，原先分散的各解放区连成一片，中央遂成立了大区政府[④]，此时大区内所辖的市也越来越多。原边区、解放区的市制模式与原国统区的市制模式杂糅在一起，已很难明确提炼出一个统一的市制模式。这种混乱的市制摆在了新生政权面前，如何取舍和规范成为一大难题。这也为中华人民共和国成立初期市制的频繁变动埋下了隐患。

三　1949—1978 年的市制探索

这一时期的市制探索开始走向一条完全不同于西方城市自治传统的路径，市制改革的参照系也由欧美国家转向了苏联。这与当时中国所处的政治环境不无关系。虽然学习苏联模式成为主旋律，但是新生政权并未亦步亦趋，而是在尝试摸索着贴合自身实际的市制道路。

---

① 专属（行署）辖市相当于地区辖市，这些城市成为后来县级市的雏形。县辖市数量不多，并且废立较为随意。

② 这些县辖市只是由县所辖的一些小城镇，只相当于现在的建制镇。严格意义上来说，它们不能归入市制序列。参见贺曲夫《县下辖市与推进自治：我国县辖政区的发展与改革研究》，中国经济出版社 2012 年版，第 110、122 页。

③ 参见甘肃省社会科学院历史研究室《陕甘宁革命根据地史料选集》（第一辑），甘肃人民出版社 1981 年版，第 134 页。

④ 在中华人民共和国成立前，先后成立了陕甘宁边区政府、华北人民政府、东北人民政府、中原临时人民政府和华中行政办事处。参见李金龙《中国共产党领导的地方政权行政制度研究》，博士学位论文，湖南师范大学，2003 年，第 129 页。

（一）市制与国家计划的紧密扭结

中华人民共和国成立初期，各地分别延续了前解放区和前国统区相对独立的市制形式。除了剔除了城市自治因素并加大了政治控制以外，新生政权对市制架构并未做较大调整。城市的撤销、增设、更名也缺少严格的程序，市制调整相对随意。不过，随着“一五计划”的开始，市制被纳入到国家计划之中，“按计划来发展和兴建城市成为社会主义国家城市化的重要特点之一”①。首先，相关标准、制度开始出台。1955 年颁布施行《国务院关于设置市、镇建制的决定》（确立了“五五体制”），这份文件规定了明确的设市条件和立废程序。从总体的设市实践来看，这一时期还是较为谨慎的。其次，城市布局与计划经济相匹配。城市分布上，由原先布局在沿海、沿江等交通便利地区，改为布局在毗邻能源、原材料产地的内陆地区。此时设立的城市中，以包头、兰州、大同为代表。这样，一大批的资源型城市得以设立，并直接为国家的工业化服务。此时的新设城市通常不是确认现有居民密集区的城市身份，而是在荒无人烟的区域完全新建。例如，克拉玛依市、攀枝花市、大庆市，等等。再次，对城市采取专门化管理，城乡之间形成了清晰的、固化的、严格的行政空间界线。城市重点发展工业，农村重点发展农业，城乡分治由此得以正式形成。最后，城市空间的拓展由国家完全主导。严格控制大城市的发展规模，并在大城市周边有计划的设立卫星城。这些均是在国家有关部门的计划指令下开始并完成的。相对而言，此时的地方政府在市制领域的自主权就要小很多了。

从上文的分析中可以判断，完成由国家主导的工业化目标是当时最为重要的政治任务之一。在国家计划的指引下，市制成为达成这一政治任务的关键手段之一。随着城市功能将经济和政治的共存作为基本立足点②，市制也变换为以计划为外壳，以政治为内核的特殊功能体。

（二）城市改造：从消费型城市到生产型城市

设立城市，确定级别仅是改革的表象，而对城市功能进行改造才是这一时期进行市制调整的落脚点。“韦伯将城市分为商人城市、生产型城市和消费型城市。商人城市中消费者的购买力主要来自国内和海外商品

---

① 高珮义：《中外城市化比较研究》，南开大学出版社 1991 年版，第 79 页。

② 薛凤旋：《中国城市及其文明的演变》，世界图书出版公司 2014 年版，第 270 页。

贸易之间的差价；生产型城市的消费能力取决于当地的工厂、制造业和家庭工厂的发达程度；消费型城市主要依赖于消费者的购买力”①。从这一标准来看，中华人民共和国成立初期，大部分的城市还是消费型城市，城市内所从事的工业生产并不多，城市的繁荣主要依赖于众多不从事生产活动的群体的消费能力。党的七届二中全会决议指出：“城市中的其他工作，都必须紧紧围绕着生产建设这个中心工作并为这个中心工作服务……只有将城市的生产建设工作恢复和发展起来了，将消费城市变成生产城市了，并使工人和一般人民的生活有所改善，我们的政权才能够巩固。”② 从这段话可以看出，当时进行城市改造的主要目的还是为了更好地巩固新生政权，而不是为了满足城市自身的发展需要。这一理念的提出固然有着不容忽视的时代需要，但不可否认它确实在一定程度上忽略了城市的客观发展规律。它在市制领域的反映具体体现在以下四个方面：

首先，市政体制的全面政治化，城市内的经济活动逐渐由执政党领导下的城市政府所全面掌控。“城市的政治权力核心是共产党的市委，尤其是市委常委。城市的发展规划、市非党权力机关的人事任免，必须经过市委常委通过，然后才能提交国家权力机关讨论通过”③。在城市政府的实际运作过程中，党政关系不规范，党的工作部门往往承担着具体事务，在特殊时期，甚至完全取代了行政部门的工作。

其次，城市功能畸形。人为压缩城市的部分功能并按照国家整体计划来确定不同城市之间的分工。这使得资源进一步向高层级城市集中，从而固化了因权力层级不同而形成的经济地位落差。“重工业集中在省会城市，地区及副省级城市多发展较全配套的城市经济和服务功能，而县级市集中了‘五小工业’，即为农业提供农具、化肥、排灌和防洪设备等服务农村的制造业”④。这点在北京市身上体现得最为明显。作为一个民国时期典型的消费城市，在资源匮乏且缺乏港口便利的情况下，经过中华人民共

① Stephen Kalberg, “Max Weber's Prefactory Remarks to Collected Essays in the Sociology of Religion (1920)”, *The Protestant Ethic and the Spirit of Capitalism. Third Roxbury Edition*, 2002, p. 149 - 164.

② 《毛泽东选集》第四卷，人民出版社 1991 年版，第 1428 页。

③ 尹艳华：《现代城市政府与城市管理》，上海大学出版社 2003 年版，第 87 页。

④ 薛凤旋：《中国城市及其文明的演变》，世界图书出版公司 2014 年版，第 284—285 页。

和国20余年的改造，竟然一跃成为工业门类最为齐全的北方工业中心。

再次，从城乡分治到城乡二元体制的变异与僵化。城乡分治自古有之，但这仅仅是一种城乡二元结构，是经济分工的自然结果，老百姓在城乡之间的流动一般是不受限制的。而城乡二元体制则是在20世纪50年代以后才逐步建立起来的。[①] 它通过严格的户籍管理制度和粮食的统购统销政策，人为切断城市与农村之间的自然纽带。农村生产要素进入城市也要严格按照计划经济体制所开辟的路径，这严重阻碍了城乡之间的优势互补。

最后，造成了城市内部的区划分割和结构失衡。一方面，在城市辖区范围内，功能区块分明而未交叉布局，引起了城市辖区范围内行政区划的分割，各区域之间无法形成一个有机的整体；另一方面，由于工业体系的不完整和轻重比例的失调，很多工业城市出现了严重的男女比例失调、同质化居住、棚户区集中等社会空间现象。其所带来的问题和隐患在部分城市至今依然没有得到有效解决。这给城市内部的区划调整带来了诸多麻烦。

（三）城市化的回潮与城乡分治的松动

在1949—1978年这段时间里，城市数量由1949年的132个增加到1978年的193个，从绝对数量来看增加的并不多。但从图1—2中可以发现，在30年的时间跨度上，城市数量经历了多次较为剧烈的波动，城市建制的撤销尤为频繁，这与改革开放后的情况形成了鲜明对比。例如，1959—1961年，受“大跃进”运动影响，城市数量陡增。但随着新问题的显现，政策调整也随之跟进，户籍制度改革和对城市必需品的限量供应要求城市人口和数量必须进行压缩，这使得1962年城市数量又出现了断崖式的下滑。从撤销频次上来看，30年间共撤销地级、县级城市建制116个（其中，1966—1978年期间仅撤销3个）。还出现了城市级别调整反复的现象，其中最为典型的就是天津市[②]。在计划经济时代，撤销建制

① 厉以宁：《论城乡二元体制改革》，《北京大学学报》（哲学社会科学版）2008年第2期。

② 天津市于1949年11月新中国成立伊始即升格为中央直辖市，1958年却被降为河北省省辖市，1967年又恢复为中央直辖市。参见刘君德、马祖琦、熊竞《中央直辖市政区空间组织与制度模式探析——理论架构、比较分析及实证研究》，东南大学出版社2012年版，第129—132页；刘君德、范今朝：《中国市制的历史演变与当代改革》，东南大学出版社2015年版，第118—128页。

通常还意味着在人员编制、补贴标准、居民人口等指标上进行大幅削减。这不但会进一步制约该地区的发展，还会使已经出现的城市化迅速回潮，使已经取得的城市发展成果逐步丧失。如此频繁的撤市运动造成了城市数量明显不足，1978 年后不得不进行城市建制的补偿式增设。

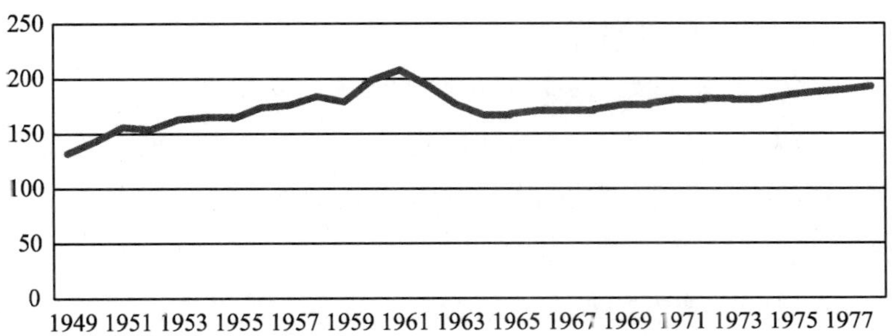

图 1—2　1949—1978 年中国城市建制数量的变化

市管县体制也在这一时期得以萌生。市管县体制在中华人民共和国成立初期就已出现，最早可以追溯到旅大行署辖金县、长山等县。但该体制得到重视和推广还要向后推迟。为了满足工业发展需要，保障大城市的蔬菜、副食品供应，中央正式决定中心城市可以代管周边的县。1959 年通过的《关于直辖市和较大的市可以领导县、自治县的决定》以文件形式确认了这一体制。1960 年领导县的市增加到 48 个。[①] 但是由于“大跃进”等运动的影响，市管县体制在实行过程中经历了多次波折。1967 年领导县的市降到 23 个，1977 年又恢复为 45 个。改革开放后，这一体制才得以在更大范围内推广。“到 1981 年，全国有 57 个市领导 147 个县，分别占全国地级市以上的 51.4% 和县的 6.9%，平均每市领导 2 县”[②]。与此同时，这一时期在城市内部的分区管理上，则形成了城区和郊区的两圈层划分方式。郊区的存在除了为城区提供后备发展空间外，还承担着蔬菜、副食品供应，卫星城建设，市区功能外移等任务。为了完成这些任务，城市郊区不得不逐步扩张。此时的郊区还只是一种功能单一的城

① 叶敏：《增长驱动、城市化战略与市管县体制变迁》，《公共管理学报》2012 年第 2 期。

② 孙学玉、伍开昌：《构建省直接管理县市的公共行政体制——一项关于市管县体制改革的实证研究》，《政治学研究》2004 年第 1 期。

市行政区①，具有严格的职责范围，与城区有着显著差异。城市郊区扩张是对城乡二元体制的一种应对方案。市管县体制和城市郊区扩大为“城乡合治”模式的开启提供了体制保证。这说明城乡合治在中国的存在和发展有其必然性的一面。

四　1978 年后的市制调整

（一）指导理念的变化：以市制改革促进地方发展

改革开放后，中央对城市的功能定位发生了较大改变，这也影响到了市制改革的指导理念。如果说 1978 年前市制改革更多的是为巩固政权服务的话，那么这之后的改革目标则更多是为了促进地方发展。不过，促进地方发展的方式方法却在不断翻新：改革开放初期，主要还是在农业领域支持城市建设；随着市场经济的发展，则通过赋予城市相关经济权限来实现；进入 21 世纪，侧重点则变为了以农村的土地资源来支援城市空间扩张。

这些变化一方面可以从相关政策文件中窥见一斑，如设市标准中经济类指标在增多，且越来越细化和系统化（参见表 1—3）；另一方面，可以从地方政府的设市动机和所获得的实际收益中看出来。通过从周边地区汲取发展资源，来支持城市自身的发展。在经济落后时，是以农支工，优先保证城市对农产品的需求；经济发展后，则是以发展要素（如税收、矿产、水源、人力等）支持城市繁荣；房地产兴起后，则是以土地扩充城市空间，以此来支撑地方政府的土地财政。

表 1—3　　改革开放以来有关设市标准的主要文件

时间	法律、法规及相关文件	主要指标	特点
1986 年	国务院批转《民政部关于调整设市标准和市领导县条件的报告》	常住人口、非农业人口、年国民生产总值	增加了经济类指标

① 这里的郊区是一种正式的行政建制，不是一般认为的“市区外围的地理空间”。截至 2015 年 12 月 31 日，全国尚有铜陵市、阳泉市、长治市、佳木斯市保留着郊区。参见中华人民共和国民政部《中华人民共和国行政区划简册 2016》，中国地图出版社 2016 年版，第 199—216 页。

续表

时间	法律、法规及相关文件	主要指标	特点
1993 年	国务院批转《民政部关于调整设市标准的报告》	人口密度、从事非农产业的人口、工业产值、国内生产总值、第三产业比重、地方财政收入等	形成了较为系统的指标体系，但未体现分类指导的原则
1999 年	《民政部关于调整地区建制有关问题的通知》	人口密度、从事非农产业的人口、国内生产总值、第三产业比重、财政总收入等	针对“地区改市”设置的指标架构

资料来源：朱光磊、何李：《从竞争到伙伴：中国市制改革的政治逻辑》，《南开学报》（哲学社会科学版）2017 年第 1 期。

华东师范大学的范今朝将这一指导理念概括为：城市发展与政区演变的互动模式。这一模式在操作中，运用行政区划手段使城市建制设置超前于实体城市化水平，通过行政方式将城市基础设施尚不完善、经济发展潜力较大但管辖大片农村的行政区提升到城市建制序列，通过行政上的提升，来获取优惠政策和发展资源，以此来引领中国的城市化进程。这虽然与国外主流的市制模式相悖并在实践中导致了诸多问题，但是“在中国权力配置没有根本改变的情况下，……通过城市型政区设置……可以使城市管理体制更快的传播，城市的各种理念、制度更快的普及于农村。进而推动城市本身管理体制（进而国家政治体制）的变革”①。

然而，这种错位发展理念只是对改革结果的一种“事后诠释”，其在实践中能否发挥作用仍存疑虑。因为，在这一指导理念之中潜藏着两个风险：其一，它仍然认为市制调整是解决当前所遇到问题的主要手段。也就是说，以前可以用它来发展重工业，现在可以用其来发展市场经济。可是，实践表明：“在日趋成熟的市场经济条件下，区域经济发展遭遇行政界限阻碍的问题，并不能够通过反复的区划调整和层级改革得到彻底解决。”② 市制调整自身有着明显的方法局限性，执着于此将可能陷入恶

① 刘君德、范今朝：《中国市制的历史演变与当代改革》，东南大学出版社 2015 年版，第 32 页。
② 王雪丽：《中国“省直管县”体制改革研究》，天津人民出版社 2013 年版，第 183 页。

性循环。其二，任何错位式发展都面临“度”的把握问题。当市制调整严重偏离实体城市化水平时，其所带来的负面影响可能要大于积极作用。改革开放以来的设市实践也印证了上述疑虑。“城市化不足”与“假性城市化”同时存在，在应该设立城市建制的地方始终没有大的改革动作，而那些过早设市的地区却没有实现与其行政建制相称的发展成果。

（二）设市模式的延伸：从单一到多元

改革开放以前，中国大部分城市的空间结构还是以适域型为主，也就是将城市建成区和少量的预备土地划为城市辖区，由特定的政府机构进行专门管理。虽然在个别城市出现了“郊区扩大”和“市管县”等现象，但是其所牵涉的范围并不大，因此也就没有撼动当时适域型的总体特征。改革开放以后，随着计划管控的逐步放松，为了照顾地方特色和激发地方活力，则尝试采用了多种设市模式（参见表1—4）。这些模式各有优劣，随着现实需要的变化，对模式的偏好也在发生着变化。“切块设市”模式在20世纪80年代较为流行。它受计划经济的影响较深，“尽管切块设置的市地域较小，由于区域经济系统以纵向运动为主，城市发展缓慢，其发展仍有一定余地”①。但这一模式往往将经济发达镇从原来的辖县中剥离出去，这直接造成了县政府的财政困难。鉴于这一问题，“整县改市”模式和“区县合并为地级市”模式更为受到地方政府的青睐。可是，普遍的数据造假使中央对假性城市化的担忧陡增，遂于1997年叫停了整县改市模式，而此时区县合并却已基本完成。之后，以县改区为表现形式的“多中心组团”设市模式则流行起来。这虽未增加城市数量，但是却将非城市建制划入了城市建制之中。因此，也应归属于一类设市模式，只是形式比较隐蔽而已。

后三种模式都是将广域型空间结构作为发展目标的设市模式。也就是设市后，城市辖区内不但有着大片的农村地区，而且农村地区的面积大大超过城市建成区。从适域型到广域型的目标转变，不能简单认定为政策随机选择的结果。通过对几十年市制实践的观察，发现地方政府总是青睐于广域型，哪怕中央三令五申也难以遏制这种势头。这说明在这些设市模式背后，有着复杂利益格局的支撑。对这些规律的分析将在下

---

① 浦善新：《中国行政区划改革研究》，商务印书馆2006年版，第99页。

文中做进一步展开。

表 1—4　　改革开放以来的设市模式

设市模式	特点	代表性案例	影响和问题
切块设市	将经济发达的镇切分出来成立县级市	福建省石狮市于 1987 年由晋江县析置	造成了与原所在县政府之间的矛盾
整县改市	将单个县改为县级市或地级市	吉林省大安市 1988 年撤县设市，2014 年仍是国家级贫困县	地方数据有虚报成分，这导致了虚假城市化
地区、县合并为地级市	通过同时撤销一个地区（盟）和一个县级市（或者县、自治县）来设立一个地级市	河南省驻马店市在 2000 年由原驻马店地区和县级驻马店市合并而成，现辖 1 区 9 县，属典型的“小马拉大车”	是设立地级市的主要形式，造成了市县矛盾
多中心组团设市	几个区域性的经济中心（镇、县）合并为一个城市。县（市）改区可归入此类	天津市所辖的蓟州区、宝坻区等区与市中心并不相连，实则为区域的经济中心	城市建成区不集中，呈碎片化特征

资料来源：朱光磊、何李：《从竞争到伙伴：中国市制改革的政治逻辑》，《南开学报》（哲学社会科学版）2017 年第 1 期。

（三）城市行政层级的进一步拓展

在中国，自市制产生以来，城市建制根据统辖关系划分主要有三个层次：中央辖市、省辖市、地辖市（中华人民共和国成立前还在局部区域出现过县辖市，成立后不久即被废除）。从城市分属的层次中可以看出其相应的政治地位。但在 1978 年后，在这三个层次之外，又出于特殊需要，衍生出两个以行政级别为依托的城市建制类型——副省级市和副地级市，从而进一步丰富了城市行政层级体系。

副省级市的前身是计划单列市（全称为国家社会与经济发展计划单列市）。所谓计划单列，也就是打破原有的行政隶属关系，赋予地级市省一级的经济社会管理权限，在生产、消费、分配等环节给予倾斜。从字面意义来看，这类城市是计划经济体制下的产物。实际上，早在 20 世纪

50年代就曾实施过部分城市的计划单列。然而，在20世纪80年代的计划单列中则增加了推动城市体制改革的使命。到了20世纪90年代，中央针对计划单列中出现的问题，同时为了维护省级政府权威和地方平衡，决定取消其中省会的计划单列资格，但将这些城市确定为副省级。① 副省级城市内部的机构设置、职务层次都以副省级作为参照。市委书记、市长、人大常委会主任、政协主席列入《中共中央管理的干部职务名称表》，并由省委报请中央审批。与副省级市不同，副地级市这一称谓并未在党中央、国务院的正式文件中出现过，但是在中央部门和地方文件中则多次出现。② 它主要是为那些扩权的县级市和省直管县级市准备的。在副地级市中，从干部任免到机构级别都还没有形成统一且系统的规定，各地表现也不一致。一般而言，此类城市的市委书记、市长的行政级别高配为副地级。在经济管理方面对省政府负责，这可以理解为副省级市的翻版。总之，虽然副省级市和副地级市在运行过程中，展现出了一些政府层级的特性，但是二者却都没有获得正式的行政区划层级地位。

与此同时，个别地方也已经开始尝试设立“镇级市”的试点。其中，以浙江省温州市最为典型。他们主要是将部分县级的经济发展权限下放给县域内的经济强镇，并直接将其命名为“镇级市”。另有部分地区虽然没有更改超级大镇的名称，但是将其行政级别提升为“副县级”，借此从实质上将其变为一类准城市级别。例如，安徽省巢湖市将桐炀、柘皋、黄麓、槐林等镇设为副县级镇。上述改革举动或多或少都在促使城市行政层级的膨胀，从精简政府层级角度来看是格外令人忧虑的。

第二节　中国市制演变的总体趋势

上一节以时间为主轴，重点描述了在不同历史阶段中市制所呈现出

---

① 参见中央机构编制委员会印发《关于副省级市若干问题的意见》的通知（中编发［1995］5号）。其中明确将16个城市确定为副省级市（重庆市于1997年升格为直辖市）。

② 例如，《最高人民检察院关于设立潮州市人民检察院的批复》中有这样的表述：“鉴于广东省潮州市行政区划已作调整，原潮州市由副地级市升格为地级市。”1990年3月，中国知网（http：//mall. cnki. net/magazine/Article/ZGRJ199002017. htm）。

来的形态与特征。然而，叙述每个历史阶段的变化可能会陷入“只见树木，不见森林”的认识误区。因此，为了增进对市制的系统性认识，有必要将市制演变史作为一个整体来加以综合审视，并据此提炼出市制发展所形成的总体趋势。

一 行政区市制化：行政区划调整的主体走向

“所谓行政区市制化就是将地域型政区、民族型政区和特殊型政区的行政建制调整为城市型政区的过程”①。自近代市制产生之日起，虽然在革命战争年代和计划经济时期，“行政区市制化”进程有所反复，但是从总的趋势来看，它仍是市制调整的主体走向。对于一个国家而言，“行政区市制化”的速度理应与城市化水平保持基本一致，这是城市上层建筑与经济基础相适应的具体要求。

（一）城市建制数量总体呈上升趋势

从 1921 年第一个建制市——广州市诞生之日起，发展到 2013 年底的 658 个建制市，897 个市辖区，7566 个街道。城市建制数量的变化是“行政区市制化”最为显著的标志。不过，在 90 余年的时间里，数量的变化路径并不是一条平滑的递增曲线，而是呈现出以下 3 个方面的特征（参见表 1—5）：

表 1—5　　新中国成立以来各类城市建制数量的变化②

行政区类型	1953	1963	1973	1983	1993	2003	2013
市建制	163	177	181	289	570	660	658
直辖市	14	2	3	3	3	4	4
地级市	75	78	83	144	196	282	286
县级市	74	97	95	142	371	374	368

① 何李：《市制回调：行政区划改革的弹性因素》，《理论与现代化》2016 年第 2 期。

② 1921—1949 各年准确的城市数据不详。主要是因为这期间，除了国民政府所提出的设市标准外，地方政府、革命根据地也有各自的设市标准。很多小市镇都被称为“市”，使得此时的城市数量很难准确的统计。因此，对城市数量变化趋势的考察应主要以中华人民共和国成立后的数据为准。

续表

行政区类型	1953	1963	1973	1983	1993	2003	2013
市辖区	467	321	360	552	669	845	866
街道办事处	—	—	—	5304	5470	5751	7566

根据历年《中华人民共和国行政区划简册》和中国行政区划网（www. xzqh. org. cn）所提供的数据整理而成。

注：（1）街道办事处是派出结关，不属于正式的城市建制。但考虑到其较强的城市属性，将其列出是为了与正式建制进行对比分析。（2）空白表格中的“—”表示由于当年的街道办与改革开放后的街道办差异显著，不具有可比性，故做缺省处理。

第一，从时间尺度来看，中国城市建制数量在不断增加。与此相对应的是非城市建制数量在持续减少。这是剔除了个别波动之后得出的判断。这一总体趋势与城市化方向相一致，反而是计划经济时代限制市制发展的策略带来了城市发展缓慢的后果。第二，城市建制数量的分布在不同层级存在着较大差异，而且表现出迥异的发展走向。在省级政区，城市建制长期维持在较低水平。在地级政区，除了边疆等个别地区还存在着少量非城市建制外，其余基本上都转变为了城市建制。在县级政区，作为目前“行政区市制化”的重点区域，县制正在逐渐消失，取而代之的是县级市和市辖区。第三，从稳定性角度来看，中国城市建制数量的变化“动中有稳”。所谓“动”就是自中华人民共和国成立以来受运动式调整策略的影响较大。表现为：标准不精细、程序不透明，受政治形势影响大。地方政府对符合自身发展需求的市制改革往往表现出极大的热情，而中央政府对符合城市化战略的市制改革往往也容易放宽标准。当发现问题后，又采用“一刀切”的方式全面叫停，使调整进程骤然遇冷。所谓“稳”表现在：中华人民共和国成立后较成立前，市制改革有了明确而统一的方针；改革开放后较开放前，不再进行大规模撤市，这保证了存量城市建制的基本稳定。

（二）“行政区市制化”的手段多样

在操作过程中，能够对“行政区市制化”产生影响的除了中央政府之外，还有各级地方政府。当然，由于所能凭借的法律依据和职责权限存在差异，不同层级政府能够采用的手段往往也是不同的。实际上，中央政府的手段仍较单一，反而是地方政府的手段更为多样。下面将重点通过对三种市制化手段的论述，来阐明央地之间在手段选取与运用上的差异。

其一，将非城市建制转变为市建制。这是中央政府推进市制化的主要手段，这种手段为中央政府独享，市建制的设立必须经由国务院及民政部门批准。可是，地方政府在这方面也并非完全无法作为。他们一方面可以通过政策迂回、数据造假、规划包装等方式来说服中央政府接受自己的方案；另一方面各级政府间可以达成互惠协议，通过“利益交换”来推进调整。这点在上文已经进行了较为详细的论述，在此不再展开。其二，将非城市建制转变为城市下辖的一级政府或派出机关。具体表现就是“县改区”“镇（乡）改街”和“村改居”。“县改区”将在下文做专门论述。而“镇改街”和“村改居”属于县以下的行政区划调整。根据规定，这一权限属于省级政府。这使得很多地级或县级政区将此作为跳板，先将乡镇改为街道、将行政村改为居委会，使辖区数据达到设市标准，再进行设市改区的申报工作。这个手段是地方政府比较擅长的。其三，将非城市建制设为功能区。功能区是在正式的城市型政区（市、市辖区、街道等）之外，各地为了优先提升某个领域（如高新技术、进出口等）的发展而设立的。它“是指出于对经济、政治、社会等领域的发展需要，经过国务院或省级人民政府批准划定四至范围，以上级党委、政府派出机构党工委和管委会作为管理主体，实施特殊的经济社会政策和管理运行机制，吸引资源、信息、人员、技术等要素聚集进行改革试验的区域”[①]。功能区既可能超越行政区划的界线，也可能超越行政层级的界限。随着功能区的发展，部分功能区已经从简单的承担某项任务向承载多种职能方向转变。功能区职能的增加与复杂化，使其成为一种准城市建制，在条件具备之后就可以转化为正式的行政区，这在近年来不乏案例。而功能区的审批相对要宽松许多，地方政府采用这一手段可以迂回实现市制化的目标。当然，中央政府也有意借此手段来实现自身目标。但是，很多功能区的运行超越了中央的目标范畴却也是不争的事实。

---

① 邹宗根：《中国功能区研究》，江西人民出版社 2016 年版，第 57 页。

（三）市制回调的明显滞后

市制回调就是："为实现特定功能，将广义的城市建制（市、市辖区、街道）调整为非城市建制，或者减少其城市要素（如级别、名称、城市职责等）的改革举措。"① 市制的回调与主体走向之间并不存在矛盾。它们有着共同的目标：使市制符合经济社会发展的需要。然而，从实践来看，市制回调已经明显滞后于现实的需要了。

这一滞后性主要体现在两个层面：其一，缺少实践运用。改革开放之后，撤销或降格城市建制的案例就很少出现了，目前出现的逆向调整案例主要发生在县以下层级。针对较高层级的城市建制，虽有文件规定："已批准设市的地方，如发现虚报情况，则要撤销市的建制。"② 但遍查文件发出之后20余年的实践历程，并没有出现一个与上述情况相符的撤市案例。其二，缺少系统完备的回调程序。在计划经济时代，"运动式"的撤市决策较为普遍。撤市决议一般不会经过严格的审定而只被作为国家计划部门的普通决策。改革开放后，针对较低层级（街道、居委会）的回调也多是各地方政府受发展形势驱动而不得不采取的应急手段。在回调实施前并未经过系统完备的论证。

市制回调的明显滞后造成了诸多危害：首先，使一些市制领域的决策失误无法得到及时纠正。如地方的数据虚报造成了虚假城市化。而虚假城市化的长期存在，将会削弱该政区原有地域职能的发挥。其次，丧失了对地方政府的激励功效。激励分为奖励和惩罚，市制回调可以作为对部分地方政府虚报数据的一种惩罚。如果不能切实运用，不但会削弱中央的权威，而且会助长地方政府的机会主义行为。最后，不能有效展现出市制调整的调试功能。市制调整通常意味着管理体制的变化，部分地方政府未必能够适应这种变化。在经过一段时间的实践后，给政策调试留有余地，市制回调便能发挥这项功能。可是，目前来看市制调整变得不可逆，这严重挤压了政策调试的回转空间。

---

① 何李：《市制回调：行政区划改革的弹性因素》，《理论与现代化》2016年第2期。

② 《民政部办公厅关于办理设市工作的几点要求的通知》（民办函［1993］159号），2006年5月，中国行政区划网（http://www.xzqh.org.cn/index.php/article-detail-id-4418.html）。

二 城市直辖区域的快速扩张

由于市管县（市）体制的存在，城市管辖范围可以分为：直辖区域和非直辖区域两类。前者主要指辖区内的市辖区、城关镇等；后者则指的是辖区内的县（县级市）、乡（镇）等。为了保障城市的整体性，市辖区内理应实行统一的城市规划、产业布局、公共产品供给，而非直辖区域则可以具有较强的发展独立性。城市直辖区域的拓展在改革开放前就已经出现，不过改革开放后其扩张速度迅速加快。目前，扩张主要是在市制调整这一行政手段的支持下完成的。

（一）从设置“飞地”到郊区扩大

中华人民共和国成立前，扩展城市直辖区域一般是为了突破旧有城市形态，使城市空间适应人口增加和工商业发展的需要。例如，民国时期的广州市在旧城之外，划定了“权宜区域”和“拟定区域”作为城市空间的梯队储备。[①] 而中华人民共和国成立初期，城市规划则重点围绕重工业展开，当然也会为城市未来的发展预留一部分土地作为工业拓展的储备用地。然而，由于受苏联僵化的城市规划理念影响，这一“预留”举措的预见性并不强。很多缺失的城市功能和发展资源无法依靠这些预留地得到及时有效的弥补。于是城市政府不得不寻求设置“飞地”和扩大郊区两种方式来应对。

在计划经济时代，许多大城市将煤、铁为原料的重工业作为经济支柱，而煤矿、铁矿又往往远离市区。这样，为了保障原料的供应并解决大型矿区职工生产生活等方面的需要，便在这些资源产地设立了“飞地”。[②] 例如，石家庄市的井陉矿区、徐州市的贾汪矿区（现为贾汪区）、邯郸市的峰峰矿区、天津市河东区天津铁厂街道（位于河北涉县），等等。还有一些“飞地”承担着城市的另外一些功能。如位于黑龙江省齐齐哈尔市甘南县附近的双河农场就是北京的一块“飞地”，它隶属于北京市劳动教育管理局（现在是北京市教育矫治局），早期主要承担劳教功能，目前为绿色产品生产基地。

① 参见许瑞生《清末民初广州市市政制度的实践与启示》，《城市规划》2009 年第 5 期。

② 参见郭声波《飞地行政区的历史回顾与现实实践的探讨》，《江汉论坛》2016 年第 1 期。

设置飞地是在僵化计划体制下的无奈选择，但是“远水难解近渴”，“飞地”模式对于解决当时城市所面临的其他紧迫问题仍显无力。因此，谋求向城市周边区域拓展空间便成为地方政府化解城市问题的另一着力点。扩大郊区起初是为了满足城市扩建和改建的需要，但是在这一过程中却出现了许多不合理的现象。有的为了提高级别、扩大编制，有的为了多年之后的城市规划，有的为了治安管理需要，而将与市区并没有太大关联的农村地区纳入郊区。就此类问题，中央曾于 1954 年发文予以制止。[①] 可是，由于随之而来的经济困难，城市在农产品、副食品供应上出现严重短缺。通过扩大郊区来缓解市区供应问题又被地方拿来作为“救命稻草”。这使得郊区扩大趋势并未得到有效遏制。于是 1963 年中央再次发文要求各地缩小郊区范围，并规定郊区变动要报国务院批准。[②] 此时的郊区是一种完全不同于市区的建制类型，从名称上来看是市辖区，但是所实行的却是农村的管理体制。它是特殊政治经济形势下的应急产物。在当时的制度框架下，虽然城市政府有着扩大郊区的普遍诉求，但是中央政府则认为这是违背以农业为基础，以工业为主导这一国民经济发展总方针的。就当时状况来看，央地之间围绕郊区扩大产生的矛盾始终无法得到有效解决。

（二）将周边行政区整建制并入市区

改革开放后，将周边行政区整建制并入市区成为城市直辖区域扩张的新方式。粗略来看，绝大多数的此类事例属于城市内部的行政区划调整。这是因为设区的市的辖区范围呈现为三层次的空间架构：城市管辖区域、市辖区和建成区。这从《中国城市统计年鉴》的统计口径中也能看出来。上文已经论述，城市管辖区域还包括城市所代管的县（市）。而一个城市在法律规定意义上，真正的直辖区域仅包括市辖区。但由于市

---

① 《内务部关于调整市郊区行政区划应行注意事项的通知》（内户［54］字第 201 号 1954 年 5 月 4 日）指出：“今后扩大市郊，必须从当前几年内的城市建设的实际需要出发，范围应限于在政治、经济、文化和国防事业发展上与市区有密切联系的区域，并应采取随着建设的需要逐步扩充的办法，避免一开始就任意扩大，以致造成郊区过大，领导不便的困难。”参见中国行政区划网（http：//www. xzqh. org. cn/index. php/article-detail-id –4395. html）。

② 参见《中共中央、国务院关于调整市镇建制、缩小城市郊区的指示》（1963 年 12 月 7 日），2006 年 5 月，中国行政区划网（http：//www. xzqh. org. cn/index. php/article-detail-id –4405. html）。

辖区内部结构依然复杂，真正进行城市化管理的又只剩城市建成区了。从表1—6可以看出，近20年来，无论是市辖区占行政区域面积比重还是建成区占市辖区面积比重都是较低的。

表1—6　　中国城市行政区域面积、辖区面积、建成区面积对比

类型 年份	行政区域土地面积（平方公里）		市辖区占行政区域面积比重（%）	市辖区的建成区面积（平方公里）	占市辖区面积比重（%）
	全市	市辖区			
2013	4779788	673123	14.08%	36450	5.42%
2003	4403702	544840	12.37%	19844	3.64%
1993	3005880	451035	15.01%	17416	3.86%

资料来源：《中国城市统计年鉴》（1994、2004、2014）。

推进三层次城市架构之间的转换是市制调整的一项重要内容，这在城市化进程逐渐加快的过程中表现得尤为明显。各地的实践表明：行政区域和市辖区面积都呈扩张趋势，并且其速度明显快于城市建成区的形成速度。目前，行政区域的扩张已经基本完成①，而市辖区的扩张则方兴未艾。市辖区扩张形式主要有两种：撤县（市）改区和区界重组。

在撤县改区方面，首先，普通县和县级市被撤的概率交替变化。高琳在对1995年—2006年撤县（市）改区样本进行研究后发现："被撤时是县的为58个（37.91%），被撤时是县级市的为95个（62.09%），这的确比较明显地表明了县级市更有可能被调整为区。"② 不过，当进一步对2007—2014年的样本进行分析后发现，这一特点却发生了显著变化。这期间共撤销县级市10个，普通县37个。其中，2007年和2008年没有一个县（市）改区的个案发生。说明正是在这个时间节点前后，设区的

---

① 目前，在全国范围内，在设区的市（或"直筒子"市）管辖之外的区域已不多。而这些区域通常是由自治州或地区管辖的。

② 高琳：《快速城市化进程中的"撤县设区"：主动适应与被动调整》，《经济地理》2011年第4期。

选择倾向发生了根本转换，由县级市变为了普通县。其次，市辖区面积大幅增加。“1978—2013 年间的 120 次撤县设区共使 69 个城市增加市辖区面积 157604 平方千米”①。下文，将以河北省的 7 个地级市为案例就这一问题做具体论证。最后，在一些大城市内部，出现了市辖区的梯次分化。如天津市就形成了城六区、环城四区、远郊五区和滨海新区的分类格局。五类市辖区的建成区并未相连，各自的经济社会发展程度也存在较大差异。除城六区外，甚至可以将其余各市辖区分别看作一个独立的中小型城市。这种梯次分布格局的形成与过快的县改区有关。它对市级政府在整个辖区范围内实施统一规划和管理提出了挑战。

在区界重组方面，地方政府的作为空间更大。区界重组就是对县级以下的行政区进行切分重组，重新划分市辖区界线，从而在小范围内实现市区面积扩张的过程。由于这一过程无需上报国务院及其相关部门审批，因此，地方政府有着更大的自主权。一方面，将代管县（市）的乡镇甚至村庄纳入市辖区范畴。再经过培育，将乡镇和行政村转变为街道办事处和居民委员会。这样就隐性实现了直管区域的扩大。这种情况在区县合并为地级市的过程中经常被采用。例如，河南省原驻马店地区为了改为地级市，将原确山县的部分乡镇划入驻马店市（县级市），这样该县级市的人口就达到了设市标准，随即县级驻马店市改为驿城区，原驻马店地区则成为地级驻马店市。另一方面，将开发区转变为市辖区。各地的开发区类型多样，开发区设立往往不沿用原有的行政区边界，很多开发区的范围跨越县界甚至市界。这样就可以将非市辖区内的农村地区划入其中。当开发区设为市辖区后，这些区域也就成了城市直辖区域。例如，宁夏回族自治区就是先将红寺堡镇、太阳山镇、大河乡、南川乡划出并成立扶贫开发区，随后再转变为吴忠市的一个市辖区——红寺堡区。

表面来看，城市直辖区域的扩大为城市提供了较大的后备空间。但是从其所占比重可以看出，这好似一个“拼图游戏”。在城市建成区面积一定的情况下，借助城市内部的区划调整，逐步扩大市级政府直辖范围，

① 左言山、陈秀山：《城市辖区行政区划调整的时空格局研究》，《学习与实践》2014 年第 9 期。

无非是为了扩大其自身的权力空间。从代管关系转变为直辖关系，市级政府在财税、城市规划、土地等方面都会获得更大的利好。在管理体制没有得到改进的前提下，整建制的将周边行政区并入市区，是无法起到打破行政藩篱的效果的。反而可能因操作粗糙、机械，缺乏配套举措削弱县制的稳定器作用，破坏城市基层政区的平衡。

（三）案例：河北省地级市的县改区实践

表1—7所反映的是2011至2016年，河北省保定市、石家庄市、唐山市、秦皇岛市、张家口市、衡水市、邯郸市的县改区情况。从中不难发现，这些城市的辖区面积都实现了成倍增长。其中，保定市甚至增加了7倍。

表1—7　河北省各地级市2012—2016年撤县（县级市）设区情况

地级市				兼并的县（县级市）			
城市名称	兼并前市辖区面积（平方公里）	兼并后市辖区面积（平方公里）	市辖区建成区面积（2013年）	辖县（市）名称	面积（平方公里）	常住人口（万人）	兼并时间
唐山市	1232	3175	249	唐海县	1943	26.80	2012年7月
石家庄市	428	2187	217	藁城市	836	77.50	2014年9月
				鹿泉市	603	43.30	
				栾城县	320	35.60	
保定市	312	2531	144	满城县	629	40.70	2015年4月
				清苑县	867	63.20	
				徐水县	723	56.30	
秦皇岛市	503	2149	97	抚宁县	1646	47.40	2015年7月
张家口市	869	6378	86	宣化县	2146	28.80	2016年1月
				万全县	1161	22.00	
				崇礼县	2336	12.60	
衡水市	591	1509	46	冀州市	918	36.20	2016年6月

续表

地级市				兼并的县（县级市）			
城市名称	兼并前市辖区面积（平方公里）	兼并后市辖区面积（平方公里）	市辖区建成区面积（2013年）	辖县（市）名称	面积（平方公里）	常住人口（万人）	兼并时间
邯郸市	656	2662	121	肥乡县	503	35.20	2016年9月
				永年县	771	94.40	
				邯郸县	346	46.20	
				磁县[A]	386	30.20	

根据《中国统计年鉴2015》①《中国城市统计年鉴2014》②《河北省2010年人口普查资料》③（以2010年11月1日零点为标准时点）和民政部区划地名司在中国行政区划网（www. xzqh. org. cn）所发布的信息整理而成。其中人口数据均为2010年人口普查的结果。

A 磁县未被撤销，但其下辖的高臾镇、光禄镇、辛庄营乡、花官营乡、台城乡、林坛镇、南城乡等七个乡镇划归复兴区、丛台区等市辖区。由于统计口径不同，这些乡镇的人口数据之和是根据新华网公布数据估算而成的。参见刘剑英、赵建《邯郸市部分行政区划调整获国务院批复》，2016年10月，新华网（http://www. he. xinhuanet. com/sToutiao/20161001/3469502_c. html）。

根据利益分析，这样做一方面对地级市经济、财政上有较大利好。从媒体的报道中能够看出一些端倪："藁城经济技术开发区、鹿泉的绿岛经济开发区、栾城的装备制造基地等，近年来发展都很迅速。这些园区一旦都并入主城区发展，主城区的经济实力将有明显的增强，财政收入势必会增加。"④ 可见，增加地级市政府的财政实力是动力源之一。另一方面，可以规避体制改革的风险。近年来，河北省先后两批次试点省直

① 参见中华人民共和国国家统计局编《中国统计年鉴2015》，中国社会科学出版社2015年版。

② 参见国家统计局城市社会经济调查司编《中国城市统计年鉴2014》，中国社会科学出版社2014年版。

③ 参见河北省人口普查办公室编《河北省2010年人口普查资料》，中国统计出版社2012年版。

④ 岳金宏：《聚焦石市部分行政区划调整：以市带县以城带乡》，《石家庄日报》2014年9月28日第1版。

管县（县级市）改革。第一批次为上文提到的定州市和辛集市，第二批次为迁安市、宁晋县、涿州市、怀来县、平泉县、任丘市、景县、魏县共8个县（市）。虽然第二批次试点后来被取消了，但是财政上的省直管县改革却依然在稳步推进之中。财政上的省直管，对地级市政府财政的削弱是显而易见的，因此采取措施变县为区便可规避这一风险。另外，部分县政府也认为：省直管县改革“在保证县基本财力的同时，却疏远了地级市与县之间的关系，使前者在项目安排等问题上不再考虑该县”①。因此，它们也愿意改为市辖区。当然，这不等于地方政府能够完全左右此类改革，而是还需借助改革形势的转变。恰恰此时，中央政府提出了扩大城市直辖空间来加速推进城市化的战略构想。将地方利益“包装”成国家目标，便顺理成章的借上了“改革东风”。

河北省的实践只是这一时期全国大规模县改区现象的缩影。城市直辖区域如此超常规的扩张，对城市的发展是否如地方政府所宣扬的那样有利呢？关于这一问题，将在下文做进一步论述。

三　中央控制与城市自治的此消彼长

集权与分权的反复是历代行政区划调整的主基调，这点同样适用于市制范畴。不过，集权与分权在市制领域有着新的表现形式，那就是中央控制和城市自治。在展开论述之前，有一点需要提前说明：这里的城市自治并不是指城市独立抑或西方典型意义上的城市存在模式，而指的是城市自主发展空间。

首先，在中国市制产生早期，虽然意图模仿西方自治模式，但中央权力很快就开始渗入了。从城市规划、产业布局到意识形态都看到了中央控制的影子。不过这一时期，中央控制的广度和深度都还不大。之所以中央权力急于渗入，是因为中国市制本就不是自然而然生长起来的，而是由中央政府引入来挽救民族危亡的。这使中国的市制从一开始就肩负着政治使命。因此，不可能像西方国家的城市那样获得完全的自治地位且中央政府不会施加任何影响。中华人民共和国成立后，虽然中国共

① 于瀚尧、王乔：《深化财政“省直管县”改革的路径选择》，《当代财经》2014年第5期。

产党是通过“农村包围城市”战略取得政权的，但它对城市的重要地位认识的很清楚。那就是：只有进一步加强对城市的控制，压缩城市自治空间，并借助城市的力量才能巩固政权。正如七届二中全会报告所言：“党和军队的工作重心必须放在城市，必须用极大的努力去学会管理城市和建设城市。”① 于是经过城市改造，在1956年前后，市制的中央控制逻辑几乎完全取代了自治逻辑。

然而，这并不等于城市的自主发展空间完全消弭了。因为：一方面，自主空间对开展城市管理工作有着不可替代性，这构成了自治存在的基础；另一方面，自治是地方政府同中央政府博弈，市场和社会同权力博弈的手段，只要有博弈存在，自治就不会消失。中国单一制的特点决定了地方政府虽不是自治组织，但随着其自身经济实力的增强，会向中央政府提出下放城市发展权限的诉求。与此同时，市场、社会也会要求政府放松行政管制。这些都构成了削弱中央控制的力量。基于上述原因，可以发现：即使是在计划经济执行的比较好的时期，城市政府在市制调整过程中，也会采用一些“反控制”手段，以扩大自主发展空间。改革开放后，这种“反控制”现象就更为普遍了。当然，这与中央的“抓大放小”，主动下放权限的策略不无关系。中央意图借助对地方自主空间的默认来摸索市制创新之路。

在可以预见的将来，中央控制和城市自治的此消彼长还会继续存在下去。一方面，随着城市问题的日益复杂和城市事务的日渐丰富，对城市管理与服务专业性的要求必然相应提高。而这些专业能力是从事具体城市工作的城市政府所更容易具备的。专业化在扩大中央政府干涉难度的同时，也为城市提供了越来越大的自治发展空间。另一方面，中央对城市的“小算盘”和“乱作为”始终心存忌惮。城市政府权力的增大，又往往会促使部分城市为追求自身利益而漠视甚至背离中央的目标。例如，城市空间的无节制扩张、市内行政区划界线的随意变更，等等。这又迫使中央政府不得不加强对城市的控制，中央控制的范围在特定领域也可能会逐步扩大。可见，集权与分权的循环往复同样成为了市制领域的基本形态。这一循环的存在固然与盘根错节的行政体制因素有关，但

① 《毛泽东选集》第四卷，人民出版社1991年版，第1427页。

是如果在注重科学性、专业性的市制领域都无法跳出这一窠臼，那么实现长远的城市化战略目标也就更无从谈起了。

四　市制与政府层级的参照、渗入与契合

中国市制的发展脉络表明：市制与政府层级之间并不是两条毫不相干的平行线。相反，城市分级制度以政府层级体系为基础并与之相契合；与此同时，政府层级也受到了市制一定程度的影响。二者从彼此之间的参照—渗入关系发展到相互契合关系，以至于很多人将二者看成了一个整体。

（一）市制参照政府层级而演进

在市制产生之初，即按照隶属关系确定了城市的级别。然而，此时的城市级别还是较为淡化的，它所指代的仅仅是该城市的主管政府。民国时期的院辖市、省辖市即是典型代表。它们分别代表着中央和各省对市制的不同尝试，两类城市之间并没有什么直接关系。虽然中央直辖市的政治地位可与省等同，但是非中央直辖市在现有地方政府体系中的地位就很难说是明确的了。因为省级政府以下尚有多个政府层级，非中央直辖的市同它们之间的关系是什么呢？这在中国的等级制传统下，显然是需要厘清的。这也就促成了市制参照政府层级而演进的滥觞。

这一参照关系在实践中具体表现在以下三个方面：第一，行政层级参照。地级市、县级市参照同层级的其他建制（地区、县）而设立。地级市有“与地区同级之意”，县级市亦可照此类推。副省级市、副地级市虽然没有同级政府层级相对应，但从名称上就能看出它们与政府层级也有参照关系。第二，政治地位参照。建制市参照其所在的区划层级确立自身政治地位。虽然级别相同，但是城市政府往往比同层级的地域型政区政府在政治地位上要稍微高一些。第三，文化心理参照。区划层级的历史底蕴熏染了市制改革的思维形态。无论是政府官员还是普通公众，对市制现象的不满、主张、改革往往都会回归到政府层级领域，而没有将市制作为一个全新的命题来看待。

综上所述，用一个不太恰当的比喻来形容就是：政府层级体系好比是一张网，各级政府就是网线之间的交点。市制并不是重新结网，而是在这些交点上再打个结。等结打多了，发现这些结之间也形成了网状。但实际上，这个网状结构是以原来那张网为基础的。从这个比喻中就不

难理解，为什么中国纵向政府间所存在的“职责同构”现象同样复制到了市制领域。

（二）市制对政府层级的渗入

“行政区市制化”使得城市建制的数量在部分层级已经达到甚至超过其他类型行政区的数量。量的积累达到一定程度后就会引起质的变化，市制的这种超常规发展态势同样对政府层级产生了反作用。

首先，推动政府层级由虚转实。最典型的案例就是将地区行政公署（简称：“行署”）改为地级市后，这一原省（自治区）人民政府的派出机关便成为一级正式的政府层级。行署只是省级政府的派出机关，负责检查和指导县级工作，并没有一级政府完整的职能和机构设置。相较而言，地级市政府却拥有完整的配备，还设有人大、政协等机关。当借由市制调整，多数行政公署转变为地级市政府之后，一个新的政府层级也就形成了。纵然这一层级由虚转实是多重因素作用的结果，但绝不能忽视市制调整在其中所发挥的助推作用。

其次，构成了对同层级或低层级行政建制的激励。例如，普通县努力改为县级市，地级市努力升格为副省级市。① 这一方面源于市比同层级的行政建制拥有更多的管理权限；另一方面源于市具有较高的政治地位，在进行政治排序时，市内官员较县内同级官员更有优势，能直接影响到官员个体的政治前途。两方面因素导致在同一政府层级出现了政区等级差异，这种差异刺激了地方政府谋求有利于自身的市制调整。

最后，使原行政区拥有了一定的升格筹码。随着省直管县（市）改革的推行，副地级市随之出现。升格为副地级市成为许多县级政府的诉求。但是就目前各地的实践来看，升格为副地级市的全都是县级市，而没有普通县。② 那么，也就意味着普通县升格为副地级市只有先改为县级

---

① 2017 年 2 月，由城乡规划设计研究院编制完成的《中国·兰州 2030 城市规划愿景》就提出创造条件使兰州升格为副省级市。参见师向东《兰州着力构建国际化大都市格局 将兰州升格为“副省级”城市》，2017 年 2 月，人民网（http://gs.people.com.cn/n2/2017/0217/c183283－29727904.html）。

② 得出这一判断是基于对现有副地级市市制调整历史的梳理。资料主要来源了民政部所发布的历年行政区划调整公告。公告可从民政部区划与地名司主办网站（http://www.xzqh.org.cn/）获取。

市才行。湖北省仙桃市、河南省济源市都曾经历过先改市后升格的过程。与此相反，非城市建制之间的升格现象则并不常见。这很好理解，普通政区上下级之间是整体和部分的关系，除非对普通政区进行分等，否则任何部分的升格在逻辑上都讲不通。而以省直管市为背景的市制调整却通过隶属关系上的“市县分等”打破了这一常规，它可以让部分政区以建制市的身份脱颖而出实现升格。

（三）从参照—渗入关系发展到契合关系

参照—渗入关系与契合关系的不同之处在于：在前一关系状态下，市制与政府层级分属两个体系；而在后一关系状态下，二者就构成了一个整体。市制产生之初好比是缠绕在政府层级体系之上的一棵藤蔓，在长时间的缠绕之后竟然与层级体系互嵌成为了一体。契合关系的最终形成有三项基本标志：其一，城市政府淹没于地方政府之中。城市政府的独特性日益丧失，城市政府与普通政府之间的差别已不大明显。其二，市政体制依层级设置。一个城市内的市政体制不是根据辖区特点设置，而是依据城市所处的政府层级。这样市政体制的差异便集中在了层级差异而非其他因素上。其三，市制问题趋于非典型性。典型的市制问题应该集中于城市公共领域。然而，在契合关系之下，将不得不耗费大量的时间、精力来应对不同级别城市间的矛盾问题，而这些又恰恰本应属于政府层级的范畴。

市制与政府层级从参照—渗入关系发展到契合关系并不是偶然的。推动这种变化的，主要是以下两种力量：其一，官僚体制的规训力。在严密的官僚体系中城市政府处于什么位置，这是自中国近代城市产生之日起就不得不回应的问题。因此，任何城市建制都难以游离于政府层级之外，被深植于政府层级之中的各种制度、规则影响在所难免；其二，大势之下的反作用力。城市在国家的现代化进程中发挥着不可替代的作用，这是任何一种改革力量都不能忽视的角力场。因此，发展市制成为大势所趋，它反作用于政府层级也就不足为奇了。这两种力量都有打破市制和政府层级之间界限的冲动，因为只有这样，体制自身才不会被淘汰甚至获得发展。政府层级不会因市制的出现而被置换，同时又可以搭上改革大势的“便车”；市制也能减少来自政府层级的阻力，同时又可以获得传统力量的支持。

契合关系虽然是市制和政府层级所达成的妥协，但它所产生的后果却是深远的。中国政府层级改革的主要任务是减少层级，但在市制的影响下，完成这项任务的难度变得更大了。而市制更是因政府层级的影响而逐渐背离了其本源内涵。欲克服上述困难必须要破解契合关系，实现市制与政府层级一定程度上的分离，否则二者的改革都会继续受到来自对方的掣肘。

第三节　深层归纳与分析：政治属性的强化及其探源

前文对市制发展趋势进行了描述性分析。可是对趋势的归纳毕竟还是对现象的一个表象化认识，而在这些趋势背后往往还有着更深层次的原因。经过分析发现，政治属性的强化主导了中国市制的演化进路。对这一因素的深入探析有助于找到今日市制形成的源头。

一　市制中的政治属性逐渐增强

市制的基本属性大体归纳为三类：自治属性、行政属性和政治属性。这三类属性分别代表着市制所呈现出的某一类特征。它们也分别指向三个不同的目标。自治属性强调不受外部力量的干涉，以城市共同体的公共福利最大化为目标。行政属性强调在城市行政体系内的效率最优和运转协调。而政治属性则重视国家目标的优先性，将市制作为实现国家目标的支撑要素。从上述历史分析中发现，从自治属性到行政属性再到政治属性大致是中国市制内在属性的变迁进路。

（一）政治属性增强的表现

政治属性的强化是塑造中国当下市制形态的关键性力量。它具体表现在以下四个方面：

第一，市制与国家权力的结合。在以城市自治为底色的西方国家（地区），市制对城市地位的确认一般只具有统计意义。不但设市标准很低，而且地方政府往往拥有着设市的主动权。国家权力与市制之间并不存在或存在着较少联系，但是中国则不然：一方面，国家权力从城市的设立、撤销，到市政机构的设置，再到事权、财权划分，都发挥了重要的作用；另一方面，市制运行中也要依托国家权力，从日常市制管理到配套政策的跟进都能看到它的影子。第二，市制运行与发展要遵循政治原则。如要严格遵循执政党对市制的领导，市制改革理念要贯彻党最新的方针政策。又如中共市委处于市政管理的绝对核心地位。[①] 这样党的组织原则、工作作风、事务惯例也就渗透到了市制的运行与发展之中。第三，市制被赋予越来越多的政治功能，它成为实现政治目标的一个工具。这里的政治目标主要源于中央政府。然而，中央政府的政治目标也不是恒定不变的，而是在不断变动之中。从表 1—8 中可以看出，政治目标的变化左右着市制的发展方向。中央通过掌控市制来推动地方政府更好地为这些目标服务。第四，中国特色的城市政治权力结构逐步形成。城市政治权力结构包括党委、政府、人大、政协等。它们围绕城市的建设与管理构建起来一套严密的权力结构体系。而在城市内部，也存在着纵向上的府际权力划分格局——“市—市辖区（县）—镇（街道）”三级体制。由其所形成的局域性纵向权力网络进一步强化了市制中的政治属性。

表 1—8　　国家政治目标的转变与市制的表现形式[②]

时期	通过市制改革来实现的国家目标	市制的表现形式
清末民初	救亡图存	以城市自治为主
南京国民政府时期	推行党国体制	兼具城市自治和国家统治需要
中华人民共和国成立早期（1949—1978 年）	实现国家工业化，巩固社会主义政权	以高度集中的政治经济体制代替市政体制

① 地方政府的市制调整方案往往要首先经由市委同意。例如，2017 年 2 月 20 日，中共福州市委十一届四次全会经过审议和表决，同意福州市长乐市撤市改区的申报。参见李效翔《福州市委同意申报撤销长乐市，设立福州市长乐区》，2017 年 2 月，福州新闻网（http：//m.thepaper.cn/newsDetail_forward_1623368）。

② 上表是一种理想类型，新时期的开始不等于上一时期的市制特点就彻底消失了。例如，进入 21 世纪，提供公共服务成为新的政治目标，但经济建设仍是重要的政治目标之一。资料来源参见朱光磊、何李《从竞争到伙伴：中国市制改革的政治逻辑》，《南开学报》（哲学社会科学版），2017 年第 1 期。

续表

时期	通过市制改革来实现的国家目标	市制的表现形式
改革开放早期（1978 年—20 世纪末）	实现经济发展	政治经济体制朝行政体制转变，市政体制逐步形成
21 世纪初至今	提供公共服务	市政体制和行政体制进一步融合；市制的政治属性渐趋隐性化

市制政治属性的强化并不是一个直线的过程。不能机械地认为，后一时期的政治属性一定会强于前一时期。在强化与弱化之间波动反而是正常的。但从一个更长的时间尺度来看，在上文所重点关注的四个方面，政治属性确实在经历着一个逐步强化的过程。哪怕将近 30 年纳入其中也能成立。理由是：虽然改革开放后，政治属性在个别领域出现了收缩现象，但是上述四个方面并未获得根本性的改观，甚至局部有强化的趋势。当然，也不能将政治属性强与计划干预强相等同。虽然在计划经济时代，中央政府既严格控制市制审批，又赋予了市制繁重的政治任务。但实际上仅在第三个方面实现了强化而已，而在第一、二、四三个方面上对市制的渗透力仍不强。这也就可以解释改革开放前诸多中央三令五申的事项依然无法有效贯彻的原因了。

（二）政治属性强化的利弊分析

在市制中存在的政治属性，既有有利的一面也有有害的一面，重点是站在什么角度、以什么标准来加以评判。因此，理应将政治属性看作一个客体来审视，而不应一上来就将其看作城市桎梏的原罪。

倘若把握好政治属性，将可能带来下列积极影响：首先，能够集中力量办大事，汇聚区域乃至全国的优势资源来发展重点城市。目前，在国与国之间的竞争中，城市竞争成为愈发重要的一环。而开展国际城市竞争需要构建全球城市，这“对发展中国家以城市作为发展制高点参与全球化与信息化进程无疑具有十分特殊的意义”①。而政治属性恰恰可以

① 要英、邓卓：《全球城市：国际竞争的最新产物——评周振华新著〈崛起中的全球城市〉》，《上海经济研究》2008 年第 3 期。

凭借强力作用，快速推进这一目标的实现。北京、上海等国际性大都市的形成与此不无关系。其次，可以作为挖掘城市禀赋的能动力量，从而跳出发展陷阱并实现城市发展跃迁。城市是一个需要经历生长、繁荣、衰落过程的生命体。在城市走向衰落的时候，政治因素的恰当介入可以有效缩短其从衰落走向复兴的时间。例如，中国的众多资源型城市，倘若缺乏政治因素，其能否实现顺利转型都是值得怀疑的。最后，客观上避免了西方国家大都市治理中的碎片化问题。存在于城市之间和城市之上的政治因素，不但能够成为促成合作的外部力量，而且可以作为协调城市矛盾的润滑剂。这在西方国家是很难想象的。从以上三点的共性来看，它们多是站在更宏观的背景，从整体的视角来审视问题的。

然而，政治属性有着天然的强力色彩，其不可控性恰恰也就构成了隐患产生的源头。首先，以牺牲农村和城市自主发展为代价，忽视城市及其居民自身的发展需求。由于市制中的政治属性来源于高层级政府甚至中央政府，那么，政治属性的目标往往是朝上的，反之，则并不太注重回应基层需求。前文的历史梳理部分已有众多的例证，在此不多赘述。其次，致使城市结构失调，中小城市发展缓慢甚至丧失发展动力。围绕城市化方向是大城市还是中小城市这一话题，一直以来争论不休。暂且抛开这一争论，有一个共识不得不承认：对于中国这样一个人口大国而言，大中小城市任何一个层次的严重缺陷都是不可取的。那么，当政治属性过度蔓延，所造成的很可能是中小城市资源被大城市虹吸殆尽。这对于中国的整体发展显然是不利的。最后，政治力量对城市事务的无节制渗入。西方国家在城市化中也出现了大城市，大城市与中小城市之间同样形成了一定的权力关系。这种权力关系往往是经济权力的自然延伸，其与市场经济有着天然的联系。但是，中国市制的政治属性是和政权紧密相连的，这致使与政权相关的诸多元素散布于城市事务中，可它们与市场经济却难以有效统一起来。这一情形不可避免会诱致市政管理的艰难处境。从上述三点的特点来看，它们更多的站在微观和城市自身的角度来看问题。

可见，一方面，是一个“度”的把握问题，只有将政治属性框定在合理范围内，并着力遏制其不断强化的趋势才能趋利避害；另一方面是宏观与微观、中央与城市的协调问题，只有求得恰当平衡才能使政治因素有所为有所不为，使其运用的恰好适当。

二　政治属性增强的原因探析

探析政治属性增强的原因除了要对历史文化传统和所面临的现实形势做宏观分析以外，还须重点关注中央政府的角色定位、市制的自我强化机制这两个中观因素。从而以宏观—中观的双层次分析架构来做系统挖掘。

（一）长期的“官本位”传统对市制发展的影响

从文化角度来看，“官本位”就是把做官当成是人生价值的一种社会现象。中国有着两千多年宗法等级制度的历史，又有着一千多年科举选士的实践。二者为“官本位”的长期存在提供了文化土壤。表面来看，“官本位”所描述的是个人价值偏好。但实际上，在人治社会里，个人的价值导向同样会影响一项制度的运行与演变。中国市制产生于封建社会末期，创设市制、改革市制的人绝大多数是在中国的文化土壤上生长起来的。后来又经过以苏联斯大林模式为标杆的计划经济时代的强化，自然也不可避免会沿袭“官本位”作风。由“官本位”所产生的文化观念也就传导到了市制的各个具体环节之中。

“官本位”对市制的影响主要体现在：其一，以官阶来确定城市级别。观察发现，城市级别与公务员的行政级别之间存在着一定的对应关系。根据《公务员法》规定，公务员的领导职务层次分为十级：国家级正职、国家级副职、省部级正职、省部级副职、厅局级正职、厅局级副职、县处级正职、县处级副职、乡科级正职、乡科级副职。除了国家级和乡科级，其他层级城市级别都能与之一一对应。[①] 个体与政府之间的这种贯通性，正是受“官本位”的影响。例如，副省级市的市委书记和市长的行政级别被确定为副省级，政府内部的其他机构和人员也照此进行级别设定。其二，唯上观念的深刻嵌入。城市是现代化大生产的集中地，城市政府之间理应是分工与合作的关系。但在市政实践中，唯上观念却体现得非常明显。仿佛每一类城市就是一个官阶，平级之间尚能往来，

① 副县级市并非一种正式的城市级别。但是个别地区则开始了自主试点，试点主要是从官员行政级别和职责方面着手展开的。

跨等级就隔着鸿沟了。县级市较地级市好似矮一头，地级市较直辖市更是如“高山仰止”，这显然是不利于城市政府间的沟通与合作的。其三，“潜规则”的滋生蔓延。“官本位”的内核是权力崇拜，在权力划分与制衡的制度建设尚不到位的前提下，“潜规则”往往会发生作用。除了行政级别之外，一些并未列入正式制度的规则，如官员政治影响力、政府谈判力等，都可能影响到城市政府是否能够获得充分授权。级别相对较低的城市，如若在某些方面获得了上级乃至中央的充分认可，那么也能在城市的政治排序中占据有利地位。

（二）现实考量：特殊的国际国内形势

在市制发展的百余年时间里，从救亡图存到民族振兴无不折射着政府和人民希望国家强大的夙愿。正是基于对国际、国内形势的考量才选择赋予市制政治使命。与此目标相比，是否保持市制的自治色彩则显得并不那么重要了。

从国际形势来看，首先，市制是西方国家强大的标志。近代资本主义萌生于欧洲的自治市，而近代工业也多是在城市中发展起来的。因此，后发国家在赶超西方强国的过程中，理所当然地认为市制会成为振兴祖国的希望。其次，日益频繁的国际贸易和人员往来也需要在本国城市内设有与他国相匹配的市政机构，全球化更是强化了这一需要。最后，国际共产主义运动的传统认为，城市是资本主义罪恶的集中体现。这使得国内的精英人士对市制抱有期盼、利用和忌惮的复杂心态。为了排除这些干扰因素，使市制的发展不至于偏离当初设定的航道，需要政治力量实施控制。

从国内形势来看，首先，在中华人民共和国成立前的地方割据和军阀混战时期，自治市与国家稳定之间产生了矛盾。为了维护国家的统一，避免城市成为游离于中央政府控制之外的一种分离力量便成为国家政权需要完成的任务之一。其次，随着近代以来城市的发展，这些城市逐渐演变为区域的政治、经济、交通和文化中心。欲实现国家政权对全国的掌控，城市又成为无法逾越的节点。最后，中华人民共和国成立后，巩固政权成为首要目标，而工业又是军事的基本支撑。发展现代化的大工业，实施城市改造首当其冲。

最后，需要补充一点，国内外形势并不是孤立存在的，它们之间往往存在着互动关系。在二者的综合作用之下，政治力量对市制的进一步渗入便成为了应然之举。

（三）集权禀赋：中央对资源的强力汇聚需求

关于中央集权，《辞海》给出了这样的解释："地方分权的对称，国家权力集中于中央政府的制度。在该制度下，地方政府统一服从于中央政府，根据中央政府的政策、法令办事，受中央政府的领导和监督。"①中央集权只是一种政治统治方面的现象，与地方分权相比只有是否合适之分，而无高低优劣之别。中国是一个有着中央集权传统的国家，几千年来已经积累了丰富的经验。而提升对地方资源的汲取能力一直是强化中央集权的重要手段之一。当城市中的资源足够多的时候，它自然会成为重要的汲取对象。

古代的城市往往是地域型政府的官方治所所在地，城市中的居民也多是那些围绕权力谋生的人，反倒是农村地区广布着拥有知识和财富的乡绅。此时的城市对周边区域资源的集聚能力并不强。对中央政府而言，最重要的战略资源在农村而不在城市。控制城市主要还是为了占据战略要地、保护权贵利益等目的。然而，中国近代以来，随着产业、贸易、教育等领域在城市中获得了爆炸式发展，城市逐渐成了资源的汇聚之地。它不但汇集了大量的物质财富和生产要素，如资本、技术等，还承载着文化传播、教育培训等功能。这使得城市不但成为经济发展的引擎还成为精神文明的载体。资源是权力的天然猎物。在有着中央集权传统的国家里，中央权力通过控制城市来汲取资源也就顺理成章了。而意图更好的控制城市，市制是很难绕开的领域。

（四）作茧自缚：市制运行过程中的自我强化

市制政治属性的强化不能完全归因于外部因素。从上文的分析中可以感受到，市制在不断的发展演变中已经形成了自我强化的机制，这些是用外部干涉因素所无法解释的。这一自我强化机制表现在：

首先，市制演变的自洽性。例如，改革开放之后，中央决定设立副省级市，实际上就给地方政府传达了一个信号，那就是：既然可以设立副省级市，那么也就可以设立副地级市、副县级市，甚至还有地方政府

① 参见辞海编辑委员会《辞海》，上海辞书出版社 1999 年版，第 3798 页。

荒唐的认为可以设立村级市。[1] 这不能简单理解为是地方政府的利益驱动和盲目憧憬所致。而应该看到，在现有的市制架构内思考，他们的推论是合理的。后来市制的演变，也确实印证了这点：城市级别与行政层级的对应关系更为显著了。

其次，市制内部走向复杂化。在市制改革无法走向跃迁的情况下，即使是采用强制手段限制城市建制的非理性生长，也无法阻挡内部力量（包括省级政府、民政部门、城市政府以及城市内其他相关主体）对市制结构与形态的自我重塑。当学术界甚至实务界还有很多学者呼吁市制走向简单、纯粹的自治市的时候，中国的市制却在朝另外一个方向发展。城市级别不断增多，城市内部结构日趋复杂。城市行政区域内，既有市辖区、县（市）、街道、镇，又有各类功能区。城市政府俨然成了一个微型化的省级政府。这显然不是中央政府事先设计好的结果。

最后，"破窗效应"。市制调整中任何一项"例外"，都可能成为新一轮复杂化的前奏。在当时看来，可能仅仅是为了解决一个紧急问题，之后却可能导致了意想不到的后果。例如，市代管县体制的起因是为了解决城市农产品供应问题，结果地级市逐渐发展为一个政府层级；计划单列市的起因是为了化解省会城市和省政府的矛盾，结果副省级市却出现了。另外，中国地方政府之间既相互竞争，又相互借鉴。一项改革举措在一地获得成功并得到中央认可，那么其他地方就会竞相模仿。中央政府总不能"看人下菜"，完全不顾地方诉求。这就为央地之间的"妥协"创造了条件。中国的很多市制调整行动往往是在这种氛围中开启的。

① 参见张兴军《河南濮阳县西辛庄筹建"村级市"引争议》，2012 年 4 月，新华网（http：//news. xinhuanet. com/politics/2012 -04/15/c_111781704_3. htm）。

第二章

梳理与比较:典型国家和地区的市制

本章重点介绍一些典型国家和地区的市制概况。在进行国家和地区选取时，着重考察了它们的代表性、影响力以及同中国的关联性。因此，虽然每一节主要以单个国家（地区）作为论述对象，但在该节的末尾，一般都会就该国市制模式对他国产生的影响做延伸分析。另外，在本章最后一节，还会系统归纳这些典型国家（地区）市制的异同点。

第一节　英国:英联邦国家的市制样板

英国是近代西方市制的起源国家之一，从自治市萌芽至今已有近千年的发展历史。自治市成为塑造英国自治、法治和地方主义传统的重要因素之一。又由于英国曾是老牌的殖民国家，近代以来的殖民扩张和文化输出，使其市制模式及相关衍生物也随之向外扩散。以前的殖民地在获得独立后，便将宗主国的市制作为样板。因此，选择英国作为重点案例国家是合适的。

英国由英格兰、苏格兰、威尔士和北爱尔兰四个主要区域组成，它们在市制形态上虽有共性但也存在着不小的差异。这些差异是研究中需要特别注意的。

一　市制的形成和1974年后的频繁变动

与其他多数国家（地区）不同，英国市制是在自身制度、文化基础上自然演化的产物。因此，有必要对英国历史上的自治市进行考察，借此还原该国市制形成初期的风貌。

（一）历史中的自治市

严格来讲，英国市制的产生可以追溯到中古罗马时期的城邦自治。但是，英国的自治市却有着更为丰富的内涵。对于自治市产生的确切时间，学术界仍然存在着很大的争议。有观点认为独立司法权是自治市出现最为重要的标志。例如，比利时学者亨利·皮雷纳（Henry Pirena）指出："作为一个独立的司法地区，城市必须得拥有自治的审判权。"[①] 因此，这类观点主张自治市产生于盎格鲁—撒克逊末期的埃德加国王统治期间（公元 959—975 年）。[②] 但是另有观点认为城市法[③]的出现才是自治市得以正式形成的标志，而城市法的源泉即"城市特许状"，"这些城市特许状不仅承认了城市的自治权利，而且还规定了城市的基本制度和市民的基本权利，允许城市拥有自己特别的法律和城市法庭"[④]。从市制内涵的理解来看，后一观点应更为可取。因为前者仅限于司法领域，这个界定过于狭窄。按照这个标准，那些经济活动不活跃的地区都可能属于自治市。因此，与经济发展、行政管理密切相关的财产权、行政权等才是自治市得以形成的最核心要件。

无论如何，在诺曼征服（公元 1066 年）之后英国自治市获得长足发展这一点是没有争议的。这些自治市通过与王权斗争不断获得"城市特权"。"特权"表现在国王为这些自治市颁发特许状。特许状的出现使市民获得了：人身和身份自由、土地所有权和使用权、免除封建租税和其他经济特权。[⑤] 而城市也具有了政治和行政管理权、司法审判等权力。然而，自治市的发展并不是一帆风顺的，随着都铎王朝的建立，为了加强中央集权，城市的各项自治权利逐步被收回。可是，长期的自治市实践

① ［比］亨利·皮雷纳：《中世纪的城市：经济和社会史评论》，陈国樑译，商务印书馆 2006 年版，第 128 页。

② 孙宏伟、谭融：《论英国地方自治体制的发展与变革》，《内蒙古大学学报》（哲学社会科学版）2014 年第 2 期。

③ 城市法最早产生于 9 世纪的意大利，后来才传播到英国。参见李其荣《对立与统一——城市发展历史逻辑新论》，东南大学出版社 2000 年版，第 90 页。

④ 冯正好：《中世纪英国城市法初探》，《人民论坛》2015 年第 14 期。

⑤ 栾爽、刘旺洪：《论英国城市自治与近代宪政制度构建及对我国的启示》，《南京社会科学》2013 年第 4 期。

不但影响了人们的观念，还奠定了一系列制度基础，这些是很难通过强权来一并消除的。因此，随着资本主义时代的到来，自治市焕发了新的生机。特别是18世纪的英美战争和19世纪的英法战争为英国城市的发展提供了强大的推动力。①

（二）1974年后的地方政府改革

自“二战”结束至1973年，英国的地方政府延续的依然是1888年所确立的体制。期间，虽有小范围改革，但大体是比较稳定的。具体来看，英格兰、威尔士和北爱尔兰地方政府采用的是两级制，也就是郡—自治市（乡区、市区）两级。郡级市虽与郡平级，却没有下辖行政区（参见图2—1）。苏格兰则只有郡，没有郡级市。

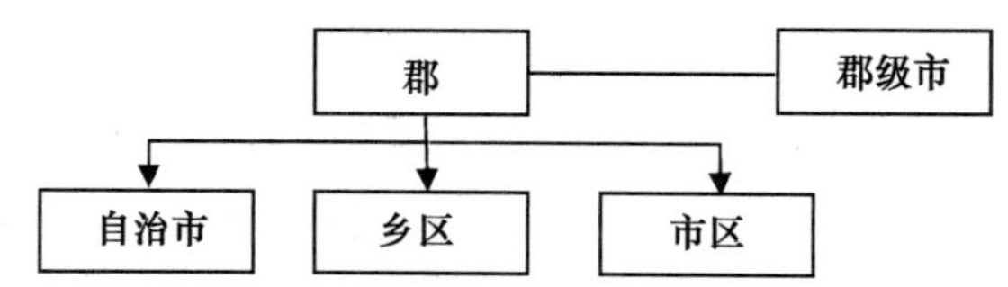

图2—1　英格兰、威尔士和北爱尔兰1974年前的地方政府体制

英国是单一制国家，“中央政府有权分配公共资金和基金，地方政府能得到什么，由中央政府决定”②。由于这一特点，英国的中央政府在市制改革中扮演了重要角色，而中央政府的决策则打上了政党轮替的烙印。

1974年，新上台的工党政府，为加强大都市区统一管理，着手推行地方政府合并。在英格兰和威尔士进行“郡—区”体制改革，废除了原来的郡级市并整合为都市郡。而在北爱尔兰则改变了两级体制，将地方政府合并为26个单一管理区（unitary authority），这些管理区之间的政府形态有差异，其中城市类政府形态有特许市议会和自治市议会。苏格兰则是将郡合并为行政区和地区，在此之下设区。然而，在19世纪80年代保守党上台执政后，“出于（削弱工党在地方政府中的势力的）政党政治目的，保守党政府致力于削减地方政府的权力，并加强自上至下控制地

---

① James Walvin, *English Urban Life 1776 - 1851*, London: Hutchinson&Co. Ltd, 1984, p. 12.

② Seitz R., *Over Here*, London: Phoenix, 1998, p. 270.

方政府的力度"①。提出在都会地区废除最高层级的地方当局，将职权下沉到下一级区议会，从而强化地方民主。② 因此，于1986年取消了都市郡和大伦敦议会。除此之外，保守党政府的改革动作不大。1997年，工党的布莱尔（Blair）担任首相。他一方面恢复了70年代执政时期的改革成果，如恢复都市郡；另一方面，减少政府层级，在英格兰、苏格兰和威尔士推动了类似于北爱尔兰的"单一管理区"体制改革，这将在下文做专门论述。在此期间，权力下放成为一个重要的时代背景，标志性事件即苏格兰议会和威尔士国民议会于1997年和1999年相继成立。这固然增加了地方的自治空间，却削弱了中央政府对领地的影响力，为后来的分裂运动埋下了隐患。正如博格达诺（Bogdanor）所言："（权力下放后）许多权限已不再由部长和议员们掌握了。"③

从中可见，1974年后英国政府在市制领域的改革不可谓不大。如此频繁的改革既是为了回应经济社会发展对政府体制的新要求，也与两党轮流执政所产生的负面效果有关。从改革推行过程来看，英国的中央政府经常扮演主导角色。例如，在改革前，中央政府成立调查委员会，分别对英格兰等四地的行政建制运行情况进行调查，然后提出有针对性的改革方案。这一特点与英国单一制的国家结构形式不无关系。另外，在央地关系方面，中央政府也往往处于优势地位。"中央政府与地方政府始终处于'非均衡'的博弈状态"④。但是英国又是有着地方自治传统的单一制国家，相对强势的中央政府并没有形成绝对化的中央集权。具体表现在信息公开、议会讨论、公民参与等方面。这使其能够较为充分的收集地方自治体的意见与建议，舒缓来自于它们的不满情绪。

二 "单一管理区"体制

单一管理区（unitary authority）指的是由中央政府直接管理且不设下

---

① ［德］赫尔穆特·沃尔曼：《四国地方政府改革比较研究》，孙存良、刘爽译，《经济社会体制比较》2007年第1期。

② Department of the Envieonment（DOE），*Streamlining the Cities*. London：Hmso，1983.

③ Bogdanor V.，"Constitutional Reform" *the Blair Effort*：*the Blair Government* 1997－2001，2001，p. 139－156.

④ 宋雄伟：《英国地方政府治理：中央集权主义的分析视角》，《北京行政学院学报》2013年第5期。

级政府的一级地方政区体制。单一管理区并没有城市形态与乡村形态的区分。不过，由于实施的是议行合一制，“英国的各级行政地区受本地议会管理，各地设立的议会就是各级地方政府，具有独立的法人资格”①，因此，那些设有自治市议会或者特许市议会的单一管理区就应归为城市型政区，反之未设立的即为地域型政区。前文已提到，北爱尔兰早在1974年就实施了这种体制。20世纪90年代，这一体制在英格兰、威尔士和苏格兰三个地区推广，其推行的深度较北爱尔兰要大得多。实施这项改革的目的是取消郡这一层级，从而使基层政府能够获得更多的管理权限，最终实现地方政府层级由两级制到一级制的转变。单一管理区改革的推行与新公共管理运动不无关系。这场运动要求降低政府运行成本，增进公共服务供给效率，推动治理主体的多元化。单一管理区以管理和服务为导向，对城市的多个维度进行综合协调。因此，从某种程度上可以称之为“合作共建政府”②。

在具体实施中，主要采用将郡辖区升格为单一管理区的方式，也有部分单一管理区由郡直接转变而来，而郡曾经下属的区③则被撤销。这一般是为了减少基层政区数量，满足更大空间范围内整体性治理的需要。这实际上也达到了城市型政区和地域型政区合并的效果，与中国的广域型政区颇有相似之处。在3个地区中，最早升格为单一管理区的是英格兰的怀特岛④，这主要与其相对独立的地理位置有关。然而，普遍而言，单一管理区体制改革的推进速度并不理想。因为它受到了来自地方，特别是郡议会的抵制，郡辖区的升格将直接削弱郡一级的财政来源。直到2010年底，单一管理区只有125个，而郡辖区却有201个。可见，英国地方政府体系中两级制和一级制并存的局面还会长期持续下去。

从实践效果来看，这确实缓解了政府整体的财政负担，却增强了中央政府对地方自治的干预，“中央对地方财政开支的控制大大超过了以

① 张钢、里廷：《英国地方政府管理》，科学出版社2015年版，第14页。

② Perri Six etc. , *Governing in the Round*, London: Demos, 1999.

③ 这里的区并不一定是城市建成区。判断它的政区类型要看其内部的政府类型。

④ 怀特岛是位于英国南部的一个岛屿，它是一个独立的郡级行政单位。

往，不仅规定了开支限额，而且超过者或征税不力者都将受罚”①。总之，地方分权并没有收到预期的效果。截至目前，这项改革依然在进行之中，到底最后能够呈现出何种市制架构还有待进一步的观察。

三　伦敦大都市区和特许市

英国有两个市制类型有必要进行专门论述：一个是伦敦大都市区，它的管理体制与其他市制类型存在较大差异，且遵循的是相对独立的改革路线；另一个则是特许市（city），它的存在承袭了英国的文化传统，同时彰显了仪式化因素在市制中的独特价值。

（一）伦敦大都市区治理体制的演变

由于率先开启了工业革命和城市化浪潮，伦敦成为世界上最早形成的大都市区，同时也是欧洲目前最大的都市区。它在行政区划上包括伦敦城和32个自治市。其中靠近伦敦城的12个被称为“内伦敦”，其余20个被称为“外伦敦”。正如有位英国学者的认识那样：“像伦敦这样有800万人口的一个包含卫星城的城市，应该作为一个单位来管理。”② 特别是当大都市的发展使得城市居民跨行政区的公共服务需求不断增加，而行政区的分割又使得这类公共产品和服务供给变得困难的时候。但是，在伦敦构建统一管理体制的道路上，却经历了许多反复。可将这些反复大体归结为四个阶段：

其一，单一职能机构的成立。这些职能机构能够为大都市地区提供某些特定的公共服务。例如，大都市区警务局（1829）、都市下水道管理委员会（1848）等。然而，由于有着来自于各自治体的干扰，统一的大都市区管理并没有实现。其二，郡议会的成立。《1888年地方政府法案》颁布后，伦敦行政郡成立，管辖范围相当于现在的内伦敦，并不包括伦敦城。行政郡成立郡议会，具体负责辖区范围内的公共事务处理和协调。其三，大伦敦议会的设立。它是根据《1963年伦敦政府法案》于1965年设立的，其目的是应对大伦敦地区更大范围的协调治理问题。其四，大

---

① 宋雄伟：《论英国“新公共管理运动”目标与实施的鸿沟》，《国家行政学院学报》2016年第1期。

② Elcock H., *Local Government*, London: Methuen, 1991, p. 28.

伦敦议会废除后的分散治理。1986年大伦敦议会废除，相关治理除了依靠原先的自治市议会、伦敦城法团之外，一些新设立的专业性委员会也担负了部分任务，“都市区的警察、消防和公共交通都曾经由这些机构进行管理”①。而大都市整体的协调治理则不得不交予中央政府的相关部门负责。另外，在这一阶段还引入了私营部门、社会组织等参与其中。其五，建立大伦敦市政府。它是根据1999年颁布的《1999年大伦敦市政府法案》设立的。大伦敦市政府所覆盖的范围包括整个大伦敦地区，实行“大伦敦市政府—自治市议会”的双层管理体制。“大伦敦市政府主要负责交通、治安、消防和应急计划、经济发展、计划等方面的战略规划指导”②。从实践来看，这一双层体制确实提高了治理绩效。但这并不是改革的终结，一些未化解的矛盾和客观形势的变化，仍在促使改革主体不断酝酿新的尝试。

综合来看，英国中央政府在伦敦大都市区治理体制的变革中始终发挥着重要的作用。在体制改革过程中，一方面是为了回应大都市区不断变化的公共服务需求；另一方面也是为了顺应当时政治形势的需要。由于工党和保守党的执政理念不同，他们对大都市治理体制的认识也就不同，上述治理体制的变迁往往是以新的执政党上台为标志。另外，随着空间结构和人口结构的变化，大都市区域内的政治形势也在发生着变化。在中央和地方能够达成一致的情况下，改革往往会比较顺畅，反之则阻力重重。

（二）特许市

自治市的英文为：borough，而特许市在英语中则被称为：city。它指代的是由王室授予“城市特许状”的城市。然而，当代的特许市与中世纪时期的特许市相比已发生了巨大变化。当代获得特许市称号的城市将不会增加任何权限，它更类似于一种荣誉称号。近年来，只是在英国女王登基逢10周年纪念和2000年庆祝千禧年等特殊时期，才举办特许市授予活动。特许市荣誉的获得并没有明确的标准，但一般多授予那些人口

---

① ［英］戴维·威尔逊、克里斯·盖姆：《英国地方政府》，张勇、胡建奇等译，北京大学出版社2009年第3版，第87页。

② 同上书，第86页。

规模较大的城市。[①] 截至2012年5月，共有69个城市获得这一称号，其中英格兰51个，威尔士6个，苏格兰7个，北爱尔兰5个。[②] 需要特别指出的是，在当前，特许市仍被许多英联邦国家效仿。

特许市这种市制类型在英国的保留和延续能够提供很多启发：首先，“市”虽是一种称谓但也是一种荣誉。而这种荣誉功能是可以独立出来的，不一定非要赋予其某些权限。这对于地方政府而言也是一种彰显自身历史文化的重要资源。其次，这种称谓能够申明：城市的“特权”不是中央政府赋予的，而是自己从国王那里争取到的自治空间，中央政府无权拿走。这为城市争取自身权限提供了合法性依据。最后，形式感和仪式化的运用对于推动城市自身坚持自治和法治传统有着重要价值，它能在潜移默化中增进内部成员对自身体制的坚持力。以此来反思中国城市的政治地位问题，实现政治地位由实转虚或许可以参考英国的这一做法。

四　对英联邦国家市制的影响

英联邦是由53个主权国家[③]所组成的松散国际组织。英联邦成员中除英国外，其余国家主要是原英国的殖民地或保护国。由于这些国家（地区）曾经长期受到英国的殖民统治，因此学习、参考宗主国——英国的市制模式便顺理成章。一方面，它们大多认同英国市制中的自治理念，而且往往以法律的形式来对城市的自治地位予以确认，例如，印度1888年制定的《孟买法》就曾奠定了其城市自治的基础。另一方面，在具体的市制环节，试图参考英国的市制形式。如马来西亚、肯尼亚、乌干达、坦桑尼亚等国也保留着特许市。除了以上两点，被借鉴最多的还是扁平化的市制体系。也就是，城市建制一般只分布在两个政府层级，彼此之间不存在隶属关系。较高层级的城市建制通常也是基层政区，其下不再设立下级政府。然而，由于英联邦国家众多，经济社会发展程度不一，加之历史传统、政治形势的差异，它们对英国市制的借鉴程度也存在着

① 1888年以前，一般授予那些拥有主教座堂的城镇。

② 曹启挺：《世界各国市制比较研究》，中央编译出版社2012年版，第214页。

③ 数据截至2016年12月底。2016年10月13日，马尔代夫宣布脱离英联邦，是最近的一个脱离英联邦的国家。

很大不同。这些不同具体表现在：

第一，形式类似，但是执行中偏差很大。这在一些非洲国家表现得尤为明显。例如，肯尼亚名义上实行城市自治并建立了一套与英国类似的市制，如地方行政系统分两级，城市行政区由都市政务会（municipal or city councils）管理。[①] 然而，实际上中央政府对地方政府的管制色彩很重，由此地方政府的自治权十分有限。[②] 这些国家的经济往往较为落后，城市化还处在起步阶段。但是这些国家又缺乏探索自身市制的意识和能力，照搬原宗主国的模式成为最便捷的途径。这样，在执行中出现严重偏差也就在所难免了。第二，对英国市制的理解和选取存在差异。英国市制发展历史漫长，近现代以来，英国政府更是对市制进行了力度颇大的调整。这表明，英国并没有一个恒定的、一贯的市制模式。其他国家也只能根据本国的偏好来有选择性的借鉴。其中，借鉴最多的是英国的1889年体制和1974年体制。1889年体制实行的时间较长，也较为成熟稳定，但目前已被英国舍弃。1974年体制是英国现行的市制，顺应了现代化发展的需要，其中具有城乡合一特色的区制更是受到了不少国家的青睐。第三，较为发达的国家在借鉴基础上形成了自己的市制模式。例如，新西兰、南非，还有下文将要提到的澳大利亚和加拿大。这些国家为了回应本国发展中遇到的治理需要，不断对市制进行调整，在长期的积累中形成了自己的特色。反之，那些独立时间并不长的前殖民地国家则更倾向于模仿原宗主国，对本国城市发展需要的回应力尚显不足。第四，部分国家根据自身的情况，创设了一些新的市制类型或准市制类型。例如，印度的通报区（notified area）。它设立于新兴城市周边，是规划中将要开发的区域，通报区设有委员会，其职权与市议会大体相同，但不同的是它仅为一个派出机构。[③]

可见，英国市制模式对英联邦国家的影响是参差不齐的。从中得到的启示是：一方面，由于制度和文化的联系，英国未来的市制调整和地

---

① George E. Delury ed., *World Encyclopedia of Political Systems and Parties*, New York: Facts on File, Inc. 1983, p. 581.

② 参见高晋元《肯尼亚》，社会科学文献出版社2004年版，第131—133页。

③ 参见易晓峰《地方政府的职责和作用：澳大利亚、日本、泰国和印度四国实例》，《国外城市规划》2006年第6期。

方政府改革仍会成为英联邦内部分国家（地区）类似改革的参照对象；另一方面，探索适合本国发展需要的市制模式对于实现一个国家（地区）城市的良性发展而言是不可或缺的。

第二节　美国：联邦制国家中的市制代表

美国是一个幅员广大、人口众多的国家。有观点认为，面积较大和人口较多的联邦制国家，政府层级应该相应多一些，市制的层级特征也应该更为明显一些。美国的实践证明这种观点是站不住脚的。在市制方面，美国不同城市之间并未显现出与中国相类似的层级差异。

一　地方政府体系的概况[①]

美国实行的是联邦制，州以下的政府才能称为地方政府。由于各个州在地方政府类型设置、设市标准制定等方面都拥有自主权，因此美国地方政府的数量众多、类型多样。类型的差异又决定着其所承担职能的不同。如此错综复杂的状况，致使我们很难提炼出一套明晰的、统一的美国地方政府体系。这也是不少学者甚至包括美国学者都怀疑美国是否有地方政府体系的原因所在。地方政府的这一状况自然也会反映到市制领域。从图 2—2 中可以看出，美国有县、自治市、镇、特别区等地方政府类型。它们虽然特色分明，但是却存在着重叠关系，并在运行中衍生出了一些复杂的政区形态。例如，地理上属于某县的市、跨县的市、不属于任何县的独立市（independent city）[②]、市县同体的市（city and county）[③]，等等。其中除了独立市之外，其他类型的市多少都会与县有某种关联。不过，这种关联并不是上下级的领导关系，而是一种有明确分工

① 本部分重点参考的是：刘君德等《中外行政区划比较研究》，曹启挺《世界各国市制比较研究》，［美］文森特·奥斯特罗姆、罗伯特·比什、埃莉诺·奥斯特罗姆《美国地方政府》的相关论述。

② 美国目前有独立市 42 个，其中弗吉尼亚州有 39 个，其余 3 个分别是马里兰州的巴尔的摩市、密苏里州的圣路易斯市和内华达州的卡森城市。

③ 也就是市县合并后的市，例如，旧金山市和县（city and county of san francisco）。

的“伙伴关系”。大部分基层政区一般不会在设市后从县的疆域中分割出去，而是与县并存。在辖区重叠的基础上，二者分别履行各自的职能。[①]地理上属于某县的市、跨县的市即属于这一情况。而独立市、市县同体市则是同时承担市、县两种职能的城市建制。

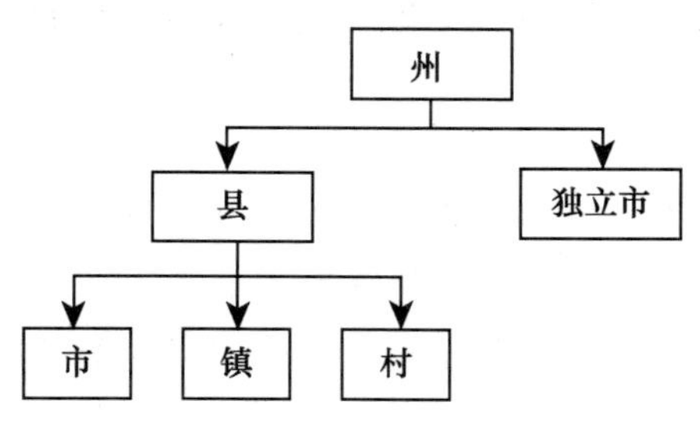

图2—2　美国地方政府体系

二　多元化、职能化的城市建制类型

严格意义上说，美国正式的城市建制只有自治市和镇，自治市（镇）之间的差异并非体现在内部结构上，而是体现在职责分工上。然而，这仍然无法满足地方居民对城市公共服务的诉求。为了满足这些诉求，美国并没有像其他国家那样创造出新的城市建制，而是将特定职能从原政府中剥离了出去，转而由一些精干的职能型建制——特别区来独立承担。接来下，将逐一对美国的各城市建制类型加以阐述。

首先，自治市（municipalities）。自治市是为人口稠密地区提供公共服务的地方政府。“自治市除了提供县和乡镇需要的服务外，一般来说还会创造和提供城市类型的服务”[②]。自治市通常由当地居民发起设立，拥有征税、制定城市规划等职责权限。其次，镇（town）。镇和市一样，都属于自治型城市共同体。一般而言，镇的规模要比市小。但是在不同的州情况则可能有所区别。有些地区，如新英格兰，镇（town）与市（city）是合一的，镇同样发挥着市的功能，不少镇甚至拥有城市宪章，在当

① Benton E. J& Morgan D. R, *Intergovernmental Relations and Public Policy*, New York: Greenwood Pub Group, 1986.

② ［美］文森特·奥斯特罗姆、罗伯特·比什、埃莉诺·奥斯特罗姆：《美国地方政府》，井敏、陈幽泓译，北京大学出版社2004年版，第6页。

地居民看来，镇无非就是个名称而已。而“在亚利桑那和加利福尼亚等一些州，市和镇的概念只是一个统称，两者并无本质区别”[①]。这说明上述诸州已经将市与镇模糊化了。毫无疑问，这类镇也应纳入城市建制序列。再次，特别区（special districts)。美国的地方政府可以分为一般目的的政府和特殊目的的政府。自治市、镇属于前者，特别区即属于后者。特别区是为了完成地方政府某一类政府职能而设立的政府形式。这些职能包括：消防、供水、住房与社区开发、丧葬、排污、医院、保健等。特别区虽不是完整意义上的城市建制，但却又分明分担着市制的部分功能，并在“财政和行政上有着独立地位”[②]。因此，将其归入准城市建制的序列进行研究或许更为合适。理由是：一方面，这些公共职能多数属于城市职能的一部分；另一方面，由于美国城市化程度很高，特别区与自治市、镇在地理空间上存在着重叠，因此特别区也多是在城市建成区的空间范围内运行的。实践中，除了上面提到的一些类型，还有很多综合型的特别区。例如，州际实体。这是经联邦政府批准，跨越州的管理组织。州际实体的设立是为了统一管理一些跨州的事务。总之，“特别区反映了美国政府制度的重要特征：多中心治理、管辖权重叠和并行政府”[③]。

除了上述建制类型，还有一些准政府组织[④]也同样承担着市制功能。这些组织有不少是由企业、社会组织发起的。这充分体现了美国城市治理中的多元化特点。不过，鉴于其与市制相关性不大，故在此不做论述。

三　城市建制的自治属性和法治属性

城市自治通常意味着城市共同体享有独立的、实质性的权力。那么，当地居民往往能够拥有决定是否设市的权利。然而，自治又意味着分散甚至冲突，此时就需要彰显法治精神。自治与法治成为美国城市建制中，既相互制约又相互促进的属性。

---

① 熊竞：《国外市制模式的经验借鉴——兼论我国的设市制度》，《江汉论坛》2014 年第 3 期。

② U. S. Bureau of the Census, *Census of Governments* 1992. Washington D. C.: U. S. Government Printing Office, 1994, p. 9 - 10.

③ 刘海波：《美国地方政府中的特区》，《国家行政学院学报》2004 年第 1 期。

④ U. S. Census Bureau, *Census of Governments*, *Government Organization*. Washington D. C.: U. S. Government Printing Office, 1997, p. 1 - 11.

（一）城市建制的自治属性

从设市过程就能深刻感受到美国市制的自治元素。“有关它们（地方政府）建立和基本控制的法律规定，主要来自于50个州的宪法以及各个州所颁布的立法。而且，近一半的州制定了‘地方自治条款’，允许地方居民为特定的地方政府单位拟定他们自己的宪章”①。由此，美国城市的设立和撤销展现出独特的个性。具体表现在：

一方面，设市是由当地居民发起的，同时也就意味着公民也可以投票取消市建制。设市完全是出于人们的普遍意愿，而不是出于高层政区自上而下强加的权威意志。只有居民认为可以带来普遍公共福祉的方案才会被采纳。因此，在美国的市制调整中，联邦政府所能发挥的作用显得十分有限。另一方面，设市标准由各州确定，但标准普遍较低。表2—1列举了美国部分州的设市标准。从中可以看出，这些标准之低甚至都达不到中国普通乡镇的水平。而在具体的执行过程中，很多没有达到上述标准的地区甚至也成为了“市”。更令人感到不可思议的是，在一些州甚至都没有设市标准。例如，爱达荷州、堪萨斯州、北达科他州等。它们辖区内所有的地方行政建制无论人口多少，都可以称为“市”。

美国设市实践中的“随意性”与一般意义上的市制特性相去甚远。但是，如果能够了解美国的地方自治，或许对这一现象就不会觉得奇怪了。在他们看来，市既然是一种用于管理地方的建制类型，自然不需要统一的定式。它理应是地方的一种选择，没有必要由上级设定严格的条条框框。否则，无异于剥夺了地方的自治权。当然，这种“随意性”是有原因的，这就不得不归因于其中的法治元素。

表2—1　美国部分州的设市标准

州名 / 指标	伊利诺伊州	亚利桑那州	密西西比州	犹他州、俄克拉荷马州、蒙大拿州	内布拉斯加州	密苏里州
最低设市标准（人）	2500	3000	2000	1000	800	500

资料来源：曹启挺：《世界各国市制比较研究》，中央编译出版社2012年版。

① ［美］文森特·奥斯特罗姆、罗伯特·比什、埃莉诺·奥斯特罗姆：《美国地方政府》，井敏、陈幽泓译，北京大学出版社2004年版，第1页。

（二）城市建制的法治属性

在美国，设市意味着当地居民通过一定的程序达成一项协议，也就是城市宪章。它将成为一个城市的“宪法”，具体规定城市机构、职能等内容。例如，根据加利福尼亚州的法律，城市宪章可以规定下述内容：“（1）市警察的设置和管理。（2）市的全部或部分下属行政机构。（3）市政选举的组织。（4）市公务员的人事管理。”[①] 这说明，美国的城市建制和非城市建制只是在管理方式方面存在着差异。当地居民可以按照一定的法律程序修改甚至撤销上述城市宪章。设为城市建制是自治体自己的事情，不会因此出现自身职权被州政府、联邦政府剥夺的情况。既然如此，市建制一方面不会具有超越其他行政区的资源禀赋；另一方面也不会存在城市之间的等级差异。人口超过一百万的大城市与人口仅几千人的小城市是平等的关系。这能够解释为什么美国会经常出现地方自治体撤销市建制的情况。在当地居民看来，既然没有什么利益可寻，那么是否称为城市又有什么区别呢？只要依据法律行事，城市建制的变更不会对政府管理产生过大的负面影响。

四 大都市区的“巴尔干化”

所谓“大都市区问题”，在城市化已经基本完成的发达国家普遍存在。但是，在不同的国家（地区），其表现形式和产生原因存在着较大差异。就美国而言，解析此类问题，就有必要关注其市制领域。

（一）“巴尔干化”的概况及成因

19 世纪后半叶，美国的工业化进入了快速发展阶段，由于工业发展的“集聚效应”，大都市区开始出现。在其不断蔓延的过程中遇到了来自郊区的阻力。大都市的郊区是由数量众多的自治体组成的。这些自治体虽然规模小，但是其与中心城市的法律地位平等，甚至还获得了当地居民的一致支持，他们极力抵制被中心城区吞并。于是在郊区便形成了行政分割的局面，进而诱发了大都市区治理中的“碎片化”。“数目众多的政府的集体行动无法满足公共利益，甚至会导致混

① 加利福尼亚州宪法第 11 章第 5 条第 2 项。参见曹登举、吴量光《加利福尼亚宪法（续）》，《外国法译评》1995 年第 4 期。

乱和崩溃”[①]。由于这与小国林立、矛盾丛生的巴尔干半岛有相似之处，因此也被称为“巴尔干化”。

从市制角度来看，“巴尔干化”是由现有的行政区划体制和城市化发展之间的矛盾造成的。一方面，设立新的城市建制缺少统一规划。这使得围绕中心城区的各类基层自治体不断涌现。从表 2—2 中可以看出，在 1952 到 1992 年这段时间里，市、专区、教育区的增减幅度都非常大，显然与设市随意性有关。另一方面，自治市之间或者自治市与其他自治体之间进行合并变得困难许多。“大部分的合并提案需要住在两个合并地区的大多数居民赞成，还需要在县域范围内而在合并地区之外的大多数居民赞成（美国有些州还需要州议会的批准或授权）”[②]。

表 2—2　　　　特定年份地方政府数量统计（个）

区划类型＼年份	1952 年	1977 年	1992 年	1952—1992 年的变化
市	16807	18862	19279	+2472
县	3052	3042	3043	-9
镇	17202	16822	16656	-546
专区	12340	25962	31555	+19215
教育区	67355	15174	14422	-52933
合计	116756	79862	84955	-31801

资料来源：美国国家人口统计局，1992 年。

（二）“巴尔干化”治理所造成的影响

针对大都市区“巴尔干化”所引发的问题，美国采取了很多针对性的治理举措。其中较有代表性的有两个：其一，市县合并，中心城市通过兼并周边行政区来拓展自身的发展空间，进而组建大都市区政府。这种方式在中心城区拥有较强实力的时期尚且容易推进。但随着经济的发

① Warren, Rebort, *Government in Metropolitan Regions: a Reappraisal of Fractionated Political Organization*, Davis: University of California, Institute of Governmental Affairs, 1966, p. 5.

② 李瑞昌、赵俊：《美国地方政府合并理论评述：动机、过程与绩效》，《公共行政评论》2014 年第 1 期。

展，富裕阶层迁到郊区，而中心城区却成为贫困人口的聚集区。实力的转换，使得中心城区兼并郊区的阻力变得越来越大。其二，特别区的管制模式。也就是通过将某种大都市区的公共服务职责赋予特别区来推进管制。这样既能跨越原有行政区界线，又不会对原有的政府管理体制造成较大影响。莱恩（Lane）的研究表明：特别区能够有效满足地方所需的工作服务，并有利于提高生产和消费的效率。① 因此，特别区在一定时期内受到了地方政府的普遍青睐，从数量的快速增长上就能发现这一点(参见表2—2)。

这两项举措对美国市制的发展产生了深远影响：一方面，市县合并推动美国城市的空间结构从窄域型向广域型转变。虽然自1804至2012年，“美国仅发生了41例成功的市县合并，这个数量只占美国县政府总数的1%和市政府总数的0.24%”②，但它却开启了美国城市朝广域型发展的先河。这些经过市县合并后形成的市县共同体既成为州政府的行政管理分支又同时承担辖区内的市政管理职能。另一方面，特别区数量的急剧增加削弱了城市功能的整体性。特别区承担着较为单一的公共服务职责，这也就意味着不同类型的特别区之间形成了职责分割。可是，城市职责是难以做到清晰分区的。多数城市事务需要不同职责之间的协调配合。正如波伦斯（Bollens）所发现的那样：由于过度依赖单一功能的特别区导致了当地服务缺乏协调。③ 表面来看，特别区能为当地居民提供特定的公共服务。但是，在大都市空间内，缺乏职能之间的集中协调将限制城市功能的整体性发挥，最终又会进一步加剧“巴尔干化”。

五　与幅员广阔的联邦制国家的对比

加拿大、澳大利亚与美国一样同为幅员广阔的联邦制国家。通过分析，发现三国市制有着不少共同点：第一，地方政府层级的扁平化。幅

---

① TJD Lane,“Special Districts and Local Public Services”, *Public Finance Review*, Vol. 9, No. 3, 1981.

② Kathryn Murphy, *Resharping County Govenamerat: A Look at City-Couraty Consolidation*, Washington D. C.: NACo, 2012, p. 13.

③ SA Bollens, Examining the Link between State Policy and the Creation of Local Special Districts, *State & Local Government Review*, Vol. 18, No. 3, 1986.

员面积广大并没有成为纵向层级增多的理由。三个国家的地方政府都为两级制或一级制。也就是在州以下有“县—基层政区”两级或者基层政区一级。市为基层自治体，并不被地理上所在的县所管辖。第二，基层行政区可以区分为市、镇、村。[①] 三者地位平等，市并没有获得更高的政治地位。政府职责也只是根据辖区特点确定，不存在政区类型与职责属性明显错位的现象。第三，设市标准较低，市镇数量较多。[②] 美国的设市标准不多赘述。加拿大各省的设立标准也不同，最常见的有5000人和10000人两个标准。这使得加拿大出现了4600多个城市，三分之一在魁北克省。[③] 而澳大利亚只要人口超过1000人，人口密度大于200人/每平方公里就可称为城镇，这使其城镇数量也不会少。第四，普遍面临着大都市区碎片化问题。这与三国早年均青睐于窄域型的城市空间结构不无关系。在一个成片的建成区分布着众多城市自治体，在大城市空间不断扩张的过程中，原有分布于中心城市周边的基础行政区自然就会成为大都市区治理的阻碍。面对这一问题，三国都采取合并行政区的手段来缩减城市数量。例如，经过合并，澳大利亚的自治市从210个降到了78个。[④]

当然，三国市制也存在着不少差异性。加拿大就对传统的城乡分治模式更为推崇。目前，该国开展行政区合并的主体方向并不是城乡合治，而是组建单中心市，也就是“通过两个或两个以上（通常更多）的城市和地区合并，创建拥有统一管辖权的单中心市政府”[⑤]。而澳大利亚为了应对管理和服务等方面出现的危机，则采用了强制合并的手段来推进城市政府改革。这与美国的自愿合并形成了鲜明的对比。但总体来看，三国市制的差异性集中在市制的运行和改革过程中，而在市制基本形态上

---

① 实际上，有很多欧洲国家（如法国、西班牙）并没有这种区分，它们的基层行政区使用同一个名称。

② 这是针对三国的人口数量而言的。如澳大利亚人口只有两千多万人，那么相对于此，其城市数量还是比较多的。

③ ［加］理查德·廷德尔、苏珊·诺布斯·廷德尔：《加拿大地方政府》，于秀明、邓璇译，北京大学出版社2005年第6版，第2页。

④ Institute of Municipal Management, *Annual Report of the Federal Council of the Institute of Municipal Management*, South Melbourne, Vic: IMM, 1995.

⑤ 赵聚军：《中国行政区划改革研究：政府发展模式转型与研究范式转换》，天津人民出版社2012年版，第133—134页。

的差异则并不显著。

上述分析表明，三国市制的相同之处要多于不同之处。但这并不意味着“联邦制 + 幅员广阔 = 相同市制”的等式就能够成立。例如，印度既是联邦制国家，面积又较为广大，但是该国的市制形态与三者的差异就要大得多了。因此，不宜过分夸大单一要素对市制的影响力。除此之外，上述分析也能带来一些新的启示：一方面，幅员面积广大并不必然要求城市分布层级的增加和市制结构的复杂化。那种认为中国幅员面积广大、人口众多，所以城市层级也应该多的观点是站不住脚的。另一方面，要将解决本国所遇到的公共治理问题作为推行市制改革的首要目标。因此，推进中国市制改革，应主要着眼于中国问题，从中国的实际需要出发，而不应拿国外经验来生搬硬套。

第三节　日本：东亚文化圈引入市制的范例

日本是东亚文化圈中最早引入市制的国家和地区之一。在 1888 年，当时的明治政府就出台了“市制町村制”，并将其作为地方自治的一部分。不过，与西方国家不同，在日本，中央政府对市制的控制一直存在。另外，作为东亚国家中率先崛起的典范和殖民输出的“始作俑者”，日本对东亚其他国家（地区）也产生了重要影响。因此，该国在市制探索中的经验和教训或许能够为中国的市制改革提供一些参考。

一　扁平化的政府层级体系

与欧美国家相类似，日本的政府层级也表现为扁平化的特征。然而，由于在东方文化中，等级观念较强，对政府也有着更大的期许。这不可避免会使实践中的日本地方自治，往往要较欧美国家弱一些。①

① 有观点认为：此时的自治并没有保障人民的自治民主权利。即使到当代，日本也面临着团体自治发达，而居民自治不足的问题。参见郭冬梅《日本近代地方自治制度的形成》，商务印书馆 2008 年版，第 159 页。［日］今川晃《日本地方自治的基本原则》，俞祖成、周石丹译，《政治学研究》2016 年第 1 期。

（一）两层制

日本的地方政府只有两个层级：一个是作为广域自治体的都道府县，另一个是作为基础自治体的市町村（参见图2—3）。其中，北海道由于地域范围广大，故在道与市町村之间设立了振兴局。[①] 振兴局并不是一级正式的自治组织，而只是一个派出机构，负责协助北海道处理部分事务。法律规定，两层政府都是自治体。因此，不能将它们之间的关系简单理解为命令—服从关系。两层政府的不同之处主要在于其所担负的职责。其中，都道府县重点处理跨基层自治体的事务，市町村则负责内部产生的公共事务。不过，两层政府之间的职责界限，法律规定的也不是十分明确。

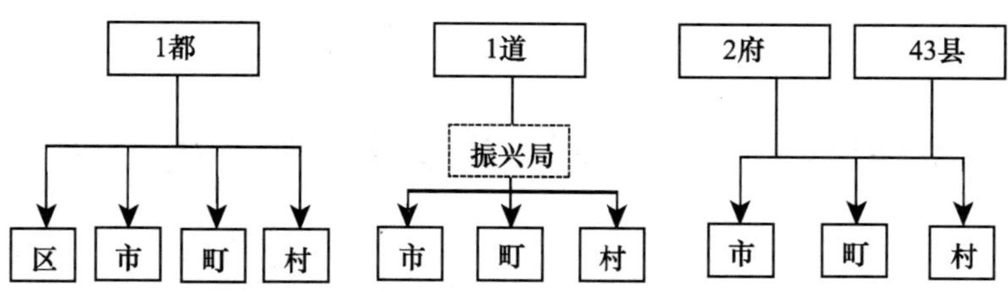

图2—3　日本的行政层级架构

（二）都区制度

都区制度只在首都地区实行，它是一种较为独特的市制类型。1943年，为了加强首都防卫，当时的日本军国主义政府将东京市与东京府合并为东京都。东京都是一个广域型政区，辖区内既有特别区、市、町等城市型政区也有村等农村型政区（参见图2—4）。特别区则是只在东京都才设立的“特别地方公共团体”，最早于1947年出现。虽然也设有区议会，但它并不享有完全的自治权。23个特别区是东京都的核心区域，人口达到927万，占东京都人口的68.60%（2015年）。[②]

在都区制度下，一些本应由区、市、町负责的事务被收归都政府。

① 在2010年以前，承担振兴局职能的是“支厅”，2010年4月1日，北海道废除了支厅。

② 数据源于《日本统计年鉴（2017年）》，日本总务省统计局网站（http：//www.stat.go.jp/data/nenkan/66nenkan/zenbun/jp66/top.html）。

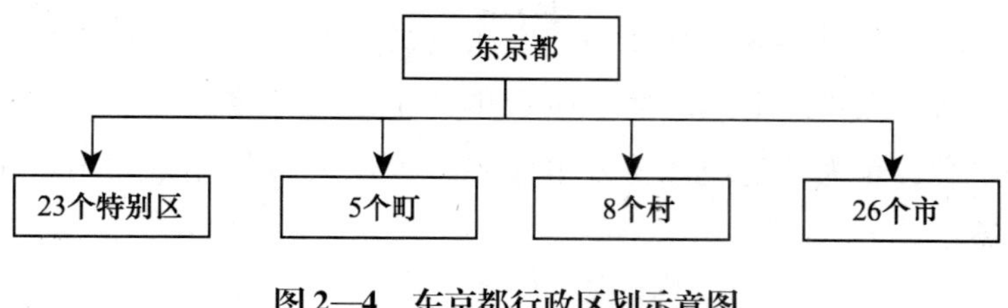

图 2—4　东京都行政区划示意图

《地方自治法》规定，作为广域自治体的“都”，除了负责一般的府县事务，还会处理所谓的“大都市事务”。例如，“消防事务和上下水、巴士和地铁等公共交通、医院、港湾管理等应由大都市统一管理的事务即属此类”①。由此可见，东京都兼理广域职责、城市职责和涉农职责，而特别区则可以理解为东京都的准派出机构。二者根据财政调整制度，依比例分配税源。

（三）市町体制

市和町均为城市性质的基层政权，二者虽互不隶属，但也有较大不同。截至 2013 年 1 月，日本全国共有 789 个市和 746 个町。② 其中，市共分为政令指定市、中核市、特例市和一般市四类。四类城市的差异主要集中在政府所担负的职责上。日本多数城市的空间结构类型为适域型，也就是说建制市的辖区范围与建成区大体重合，而并不包括面积较大的农村区域。

“‘町’可谓是‘村’与‘市’之间的过渡形态。由于许多町在町政府中设有都市计划科，因此可见，町在发展中早已内含了都市发展元素”③。从外在形式来看，日本的町类似于中国的“镇”。但与中国不同，町与市的政治地位是平等的，二者不存在隶属关系。由町升格为市需要达到的条件是：人口 5 万人以上，且中心街地的户数占全地方的 60.00% 以上，且从事工商业或其他都市形态的职业人口及家属占全体人口的

① ［日］礒崎利之、伊藤正次：《日本地方自治》，张青松译，社会科学文献出版社 2010 年版，第 43 页。

② 《市町村数目的变迁 明治・昭和的大合并的特征》，日本总务省网站（http://www.soumu.go.jp/gapei/gapei2.html）。

③ 焦必方、孙彬彬：《日本的市町村合并及其对现代化农村建设的影响》，《现代日本经济》2008 年第 5 期。

60.00%以上。[1] 从实际操作来看，在现有的一般市中，有很多仍没有达到上述要求。可见，上述标准在执行中并不十分严格。当然，这或许也是无奈之举，是为了适应经济发展缓慢、人口老龄化加剧而不得不采取的变通策略。

二　政令指定市、中核市和特例市

三种城市建制类型从形式上依然是都道府县的下级，但是在特定政府事务上，则脱离了所属广域政区的管辖而直接面向中央政府。这类似于中国的计划单列市。但不同点在于，它们直接由中央直管的职责范围要小得多且获得了法律的明确规定。

（一）三种城市建制类型设立的背景

战后的日本，经济得到了迅速发展，城市化快速推进，城市人口规模也不断扩大。由于大都市地区人口密度大、经济社会形式多样，因此产生了特殊的行政需要。于是，在日本国内便有很多声音主张赋予这些城市以特殊地位，并给予其多于普通城市的政府职责权限。这类主张可以追溯到第一次世界大战后，由东京、大阪、京都等6市发起的“特别市制运动”。当时虽未获得批准，但是却在“二战”之后于1947年公布的《地方自治法》中收获了回应：作为人口在50万以上、根据法律指定的特别地方公共团体，可以创设特别市。但是，这一政策却遭到了拥有特别市的府县的反对，理由是这将削弱自身的行政完整性和财政来源。在这样的背景下，作为替代方案的政令指定市便出现了。然而，政令指定市所主要解决的还是大城市的职权问题。因此，为了满足中等规模城市所提出的下放权限要求，中核市[2]制度于1994年《地方组织法》修订后创设。它主要试图解决的是中等偏上城市的职权问题。随后，特例市制度也于1999年《地方组织组织法》修订而创设，它重点尝试解决的是中等偏下城市的职权问题。

（二）三种城市建制类型的设立标准和实践结果

三种城市建制类型的设立标准均在《地方组织法》中有明确规

① 日本《地方自治法》第8条第1款。

② 也译为“核心市”。

定。其中，设立政令指定市的条件是：人口超过 50 万且在经济和工业运作上具有高度重要性。在实际操作中，首先，能够成为政令指定市的城市，人口一般都超过了 100 万。截至 2013 年 1 月，日本共有 20 个政令指定市，最近一个进入这一序列的是熊本市（2012 年）。[①] 其次，设立中核市的基础条件是人口超过 30 万。中核市的设立标准屡次修改，在中核市制度实施初期，设立标准中还有面积和人口昼夜比的要求，面积须超过 100 平方公里，人口不足 50 万的城市，人口昼夜比须大于 100。[②] 但后来为了行政改革的需要，提升城市政府在推动保健服务方面的效率，遂先后取消了上述两个限制。最后，设立特例市的基础条件是人口超过 20 万。由符合条件的一般市提出申请，经过批准后才能设立。（参见图 2—5）

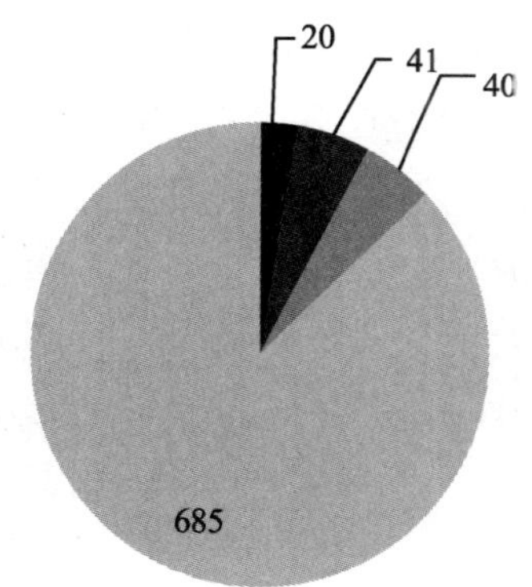

图 2—5　日本各城市建制类型的数量对比

数据截至 2013 年 1 月，数据源于李燕、顾朝林《日本当代城市制度研究》，《日本书》2013 年第 2 期。

从上述设立条件来看，日本的设市标准相对比较简单，人口是标准

① 《第 30 次地方制度调查会第 27 回专门小委员会市町村数的推移》，日本总务省网站（http：//www. soumu. go. jp/main_ sosiki/singi/chihou seido/02gyosei01_03000131. html）。

② 这主要是为了确认这一城市是否为区域的中心城市。如果人口昼夜比小于 100，那么这个城市很可能是区域中心城市的伴生城市，独立性弱。城市中居住的人口很大一部分要到中心城市工作，而自身仅扮演“卧城”的角色。

中最为重要的指标。但是，在审批实践过程中，往往并非严格按照法律所规定的标准执行。审批部门一般会综合考虑各方面的情况提高或放宽标准。从地方行政区来看，由于人口增长放缓和城市化的基本完成，地方自治体达到相应建制类型的人口要求变得越来越困难，因此谋求市町村合并便成为实现改革目标的重要举措之一。另外，在日本，也未出现因低于标准而降格的城市案例。例如，神奈川县的小田原市人口早已跌破 20 万但仍为特例市。

（三）三种城市建制类型的职权差异

从表 2—3 可以看出，三种城市建制类型所处理的主要事务存在着明显差异。中核市所处理事务的一个独有部分就是：保健所的设置。因此，中核市又被称为保健所设置市。当然，除此之外，它也处理一些与民生、都市规划、环保等相关的事务，但职责范围较政令指定市要小很多。特例市的职责重点在于城市规划，这也是一般市所不具备的权限。[①] 三种城市建制类型所获得的特殊权限均有下述三个特征：其一，多数属于公共服务职责；其二，属于城市范围内的专属事务；其三，职责法定且较为具体。当然，也要看到，上述职责往往是从其所属的道府县中剥离出来的。由此，这些道府县将不再具有上述职责。可见，在地域型政区和城市型城区之间产生了明显的职责分工，即便它们仍然在其他领域存在着行政隶属关系。

表 2—3　　政令指定市、中核市、特例市的主要事务比较

政令指定市处理的主要事务	中核市处理的主要事务	特例市处理的主要事务
与民生行政相关的事务 儿童咨询所的设置	与民生行政相关的事务 身体残疾者手册的发放 母子、寡妇福利资金的借贷 敬老院的设立审批、监督	—

① 《中核市—特例市の概要》，日本总务省网站（http：//www. soumu. go. jp/main_sosiki/jichi_gyousei/bnnken/chihoukonkyoudantai_kubun. html）。

续表

政令指定市处理的主要事务	中核市处理的主要事务	特例市处理的主要事务
都市规划等相关的事务 都道府县公路、产业废弃物处理设施、流通业务团地等都市规划 与市街地开发事务相关的都市规划	与都市规划等相关的事务 根据法律限制户外广告物的设置	与都市规划等相关的事务 市街化区域以及市街化调整区域内的开发行为审批 市街地开发事业的区域内的建设许可 都市规划事务的实施地区内的建设等许可 市街地再开发事业的实施地区内的建设等许可 土地区划整理组合的成立许可 土地区域整理事业的实施地区内的建设行为等许可 住宅地区改良事业的改良地区内的建设等的许可 宅地修建的限制区域内的宅地修建工程许可
与土木行政相关的事务 市内指定区间外的国道管理 市内县道的管理	与环保行政相关的事务 煤烟产生设施、一般粉尘产生设施的设置申请	与环保行政相关的事务 指定限制噪音的地域以及限制标准 指定限制恶臭源物体排放的区域 制定限制震动的地域
与文教行政相关的事务 县财政负担的教职员的人事任免、薪金的决定	与文教行政相关的事务 县财政负担的教职员的研修	—
—	保健所的设置 实施保持、增进地域居民健康的事业 饮食店营业等的许可 一般废弃物处理设施、产业废弃物处理设施的审批 净化槽设置等的申请 提供温泉的审批	—

续表

政令指定市处理的主要事务	中核市处理的主要事务	特例市处理的主要事务
—	—	其他 根据计量法进行劝告、定期检查

资料来源：地方制度调查会资料。参见［日］礒崎利之、伊藤正次《日本地方自治》，张青松译，社会科学文献出版社2010年版，第41—42页。为了达到直观对比的效果，故对部分条目的排列顺序做了调整。

注：空白表格内"—"表示没有与其他类型城市相对应的事务。

三　新形势下的市制诉求

日本的市制并不是静止不动的，它也要适应新的经济社会发展需求。因此，必要的市制调整从未中断过。纵观明治维新以来的市制发展历史，市町村合并一直都被视为该国市制调整的重要一环。及至今日，此项改革仍然在延续。

（一）市町村合并的缘起

日本近现代历史上共进行过三次大的市町村合并。第一次是为履行行政职能而实施的"明治大合并"（开始于1889年）；第二次是为适应生活圈扩大和推进行政民主化而进行的"昭和大合并"（开始于1945年）；第三次是以推进地方分权改革为缘起的"平成大合并"（开始于20世纪90年代后半期）。由于第三次合并对当代日本市制的影响最大，故重点加以论述。

20世纪90年代，日本国内出现了一些新的形势：第一，地方的分权化运动。虽然地方政府的两级体制已经是扁平化模式，但是地方政府为了进一步缩小中央和上级对基层政区的直接干预，仍然极力主张从市制方面着手推进职权的下放。而为了更有效地承接中央和府县下放的职权，对基层行政区的规模和能力提出了更高的要求。第二，日本经济泡沫破裂。经济的滞缓也给地方财政带来了困难。为了维持地方公共服务的有效供给，需要发挥规模效应，扩大财税来源。第三，少子化、老龄化和人口流动使基层自治体人口锐减。只有集聚一定的人口规模，将更大范围作为施政空间，才能保障所提供的公共服务水平不降低。[①] 第四，各地经济社会联系的加强，使得大范围的治理需求增加。例如，随着一些污染的跨域蔓延，必须在大空间范围内进行统一治理。在这些新形势之下，市町村合并便又被提上了议事日程。

（二）市町村合并的实施和对市制的影响

新一轮的市町村合并改革在实施过程中有着如下四个特点：其一，法律先行。先制定了《市町村合并特例法》。在这部法律的效力到期后，又先后制定了《市町村合并特立法修订》《合并新法》《地方自治法修订》，等等。以立法的形式来为合并提供行动指南和改革依据。其二，争取民意。也就是鼓励由基层自治体主动发起合并。一般而言，有合并动议的市町村要首先由当地居民投票表决，合并过程中同样要听取居民的意见。[②] 其三，提供财政政策支持。合并的自治体可以按照一定的比例来发行“合并特例债”，这对于财政困难的地方政府不啻为一个很大的诱惑。其四，推动合并虽然有民主因素的考量，但更多的目的是化解地方政府的困难。总体来看，日本的市制调整较为柔性、透明。但也被批评为隐性的“强制合并”。

由于市町村合并，大量的町、村并入市里，或者町村经过合并升格为一般市。在合并的第一阶段，截至 2006 年 3 月，共有 1968 个市町村进行了合并，新设立了 557 个市或町。[③] 这些新设市町的辖区范围涵括了城市建成区和农村地区。这客观上推动了日本城市的空间结构逐渐朝广域型转变。

四　东亚国家市制的异同

在对日本市制进行论述的基础上，又具体对韩国、朝鲜等东亚国家的市制展开了分析。[④] 研究发现，不但朝韩两国之间的市制存在着同源关

① 邱红：《日本人口少子化与养老金制度改革》，《人口学刊》2006 年第 6 期。

② 可参考乔海彬《改革时代的日本地方基础自治体——市町村合并的协作效果》，博士学位论文，华中师范大学，2013 年，第 62—64 页。

③ ［日］西原纯：《平成市町村大合并的行政现状及区域内系统重组——3 种行政机构空间布局模式》，夏韵、杜国庆译，《国际城市规划》2007 年第 1 期。

④ 在东亚诸国中，由于蒙古国只有首都乌兰巴托一个建制市，因此，对该国市制进行分析的价值并不大，故未纳入分析范畴。

系，两国与日本市制之间也存在着不少类似之处。因此，对东亚三国的市制异同进行分析或许能对中国市制提供一些启示。

（一）东亚国家市制的异同点

从表2—4可以看出，三个国家的市制无论在形式上还是在发展趋势上都存在着诸多相似之处。对日韩与韩朝进行两两对比，也能发现相仿的地方。日韩市制的相似之处为：其一，重视基层自治，尊重低层政区诉求；其二，重视市制的法治化建设；其三，基于多元化动因谋求市制调整。朝韩市制的相似之处是：其一，同出一源，均是在日本殖民统治时期引入的；其二，地方行政区划体制高度相通，均为三级体制；其三，中央政府均发挥着主导作用。另外，就第三点做一补充说明：在韩国，纵然中央政府与地方政府有着明确的职责划分，但是中央政府一直占据着主导地位，它通过立法、行政、司法的方式参与地方事务管理。① 在这点上，朝鲜就更不必细说了。

表2—4　　日、韩、朝三国市制的相同点

相同点＼国别	日本	韩国	朝鲜
首都独特的地位	东京都	首尔特别市	平壤直辖市
差异化的城市建制类型	政令制定市、中核市、特例市、一般市	广域市、特例市、一般市	直辖市、特级市、一般市
市制的两级架构	东京都为中央管辖 其余为县一级政区管辖	首尔市和广域市为中央直辖 其余为道管辖	直辖市为中央管辖 其余为道管辖
朝广域型方向转变	市町村合并	市郡统合②	整郡改市

① 周生春、陈倩倩、汪杰贵：《韩国地方政府管理》，科学出版社2015年版，第34—35页。

② 1995年，韩国进行了大规模的市郡统合。部分市和郡合并，同时，亦有部分人口较多的郡升格为市。参见曹前满《城市行政建制制度发展的逻辑：日韩的经验》，《国际城市规划》2012年第3期。

在上述相同点的基础上，便可引出三者之间的不同之处：第一，当前朝鲜市制的中央集权色彩过重，城市的自治空间几乎是不存在的。这是朝鲜与日韩两国最大的不同点。第二，从建制市的数量来看，日本明显多于韩朝两国，日本有786个市，韩国有85个，朝鲜仅有27个。[①] 第三，近年来，朝鲜市制调整的动因主要是政策试验（如设立罗先特级市尝试对外开放），目标较为单一。相反，日韩的改革目标就要复杂得多了。不过，在这些目标中，公共服务因素的重要性日趋突出。第四，日韩更关注基层的利益，朝鲜则重点服务于中央利益。

（二）对三国市制异同的探源

三个国家在政治体制、经济体制、经济发展水平等方面存在着巨大的差异，又由于一些偶然因素的存在，市制存在差异是正常的。[②] 然而，三国在市制上却有着如此多的相似性，这恐怕要从其他领域寻找原因。

首先，文化因素在市制的形成和发展中产生着重要影响。市制虽然产生于西方，但是在东方的文化土壤上往往会被进行本土化改造。例如，三国均在市制中对不同城市做了等级化的区分，这与东方的等级文化不无关联。其次，历史惯性的塑造力。朝鲜半岛结束日本殖民统治后，并没有完全废弃日本的制度创设。而仅是将“府”的名称改为“市”。纵然，后来半岛分裂，南北各自发展，但历史惯性却一直延续下来，这也是朝韩市制的形式颇为类似的原因所在。再次，市制服务于当前发展需要。无论是受西方自治精神影响较大的日韩，还是受计划经济影响较大的朝鲜，都试图通过市制的差别化来解决各自地方所面临的发展或治理问题。可见，市制与国家的基本制度不同，它具有较强的公共政策属性，这使其常被拿来作为政策工具使用。在强调工具理性的东亚文化圈里，这一做法就变得更为普遍了。

---

① 资料来源：行政区划网（http：//www. xzqh. org/old/waiguo/asia/1002. htm）。

② 例如，在韩国，一些重要政治人物就曾经对市制的相关政策产生过重要影响。朴正熙个人就曾力推“新村运动”，从农村逐渐拓展到城市。这一运动重在经济发展而忽视民主政治，深刻影响了韩国的城市化进程和市制的发展。参见［韩］朴振焕《韩国新村运动——20世纪70年代韩国农村现代化之路》，潘伟光、郑靖吉等译，中国农业出版社2005年版，第21页。

第四节　中国台湾地区：大陆市制改革的可参考对象

由于特殊的历史原因，中国台湾地区与大陆地区在市制结构、设置标准、职权划分、城市管理体制等方面存在着不小的差异。然而，纵然如此，在共同文化基因的作用下，二者之间依然有着诸多共性。在共性的基础上，台湾地区的市制运行实践或可为大陆地区提供借鉴和参考。

一　市制的形成及设市标准

台湾地区市制与大陆相同，发展时间同样较短。但不同的是，前者是由殖民者强行施加的，后者则是由国内统治者主动引入的。以此观之，能够更好地理解台湾现行市制的诸多特征。

（一）市制的形成

由于近代以来特殊的政治形势，“台湾地区”的市制在形成过程中受到了日本殖民统治、国民党政权、台湾自身发展等三个因素的叠加影响。其市制有着与大陆截然不同的特征。

1. 日本殖民统治时期的市制创设

1895 年《马关条约》签订之后，日本开始对台湾地区实施殖民统治。为了助力日本军国主义的扩张，加快台湾地区的开发进度便成为“台湾总督府”[①] 的主要任务。其中，参照日本的本土模式创立台湾市制便被作为突破口之一。

创设市制是从变革行政区划体制开始的。殖民占领初期，区划体制变动较大，直到“1920 年起改行州、市、郡制”[②]，才开始稳定下来。在这一体制下，建制市为州管辖。1920 年，“台湾总督府”根据《台湾市制》法令设立了第一批建制市，也就是台北市、台中市和台南市。这是

① 台湾总督府是甲午战争之后日本设立的统治台湾的最高机构。该机构于 1945 年日本战败后废除。

② 吴卫生：《中国台湾地区地方行政区划研究》，《江汉论坛》2004 年第 9 期。

台湾最早的建制城市，较大陆地区第一个建制市——广州市（1921 年）还要早。随后，于 1924 年设立高雄市和基隆市，1930 年设立新竹市和嘉义市，1933 年设立彰化市和屏东市，1940 年设立宜兰市和花莲市，整个日占时期共设立 11 个建制市。

客观来讲，这些建制市的设立对于推动台湾地区的城市化进程起到了一定的积极作用。城市功能由政治、军事拓展到文化、教育、经济、交通等领域，城市建设和城市公共服务也获得了较大发展。然而，仍不可否认，这些是为日本侵略者通过掠夺性开发以达到侵略扩张目的服务的。

2. 1945 年以后的市制调整

1945 年日本投降后，南京国民政府将台湾地区与大陆地区的市制加以并轨。首先，废除了日本占领时期所实施的“州（厅）—市郡—街、庄（区）”行政区划体制，改行省制。随后，将除宜兰市、花莲市之外的 9 市设为省辖市，而宜兰市和花莲市则被设为县辖市。① 不过，这期间，虽然在名称上做了大幅调整，但对日占时期的市制模式并未做根本性改动。1949 年，国民党政权败退到台湾地区后，对台湾市制的影响进入到了第二阶段。将在大陆地区的市制经验全面应用于台湾地区，并结合当地情况做了进一步探索。在此期间，出现了多次建制市的升格和降格现象。1967 年台北市升格为“直辖市”②，这标志着台湾现代“直辖市—省辖市③—县辖市”三层市制架构的初步成型。随着“后强人时代”的到来，台湾市制的发展演化更多受到了城市自身发展需要的影响，下文所提到的“直辖市广域化”即为例证。

（二）设市及升格标准

台湾地区现行最早的设市、升格标准来自于《台湾省各县市实施地

---

① 当时，南京国民政府在大陆地区并没有县辖市的规定与实践。而之所以在台湾地区有此实践，是因为这两市未达到省辖市标准。但恐因降格为镇而诱发不稳定因素，所以才选择了这一折中方案。

② 也可理解为：“行政院辖市”。

③ 1994 年，“省辖市”的名称由于新修订的法规而改为了“市”。但为了便于区分，仍然称其原有名称。

方自治纲要》(下文简称《自治纲要》)。[①] 1981 年,《自治纲要》修订案规定的市和县辖市的设立条件为:第一,市的设立条件,人口在 50 万人以上;在政治、经济、文化上地位重要,人口在 20 万人以上。第二,县辖市的设立条件,县政府所在地;工商业发达、财政充裕、交通便利、公共设施完备;人口在 15 万以上。但在这部法规中,并未出现"直辖市"的有关规定。

1999 年颁布实施了《地方制度法》,其中对设市升格标准做出了调整。2005 年再次修订了标准。其中,第四条规定:"人口聚居达一百二十五万人以上,且在政治、经济、文化及都会区域发展上,有特殊需要之地区,得设直辖市。人口聚居达五十万人以上未满一百二十五万人,且在政治、经济及文化上地位重要之地区,得设市。人口聚居达十五万人以上未满五十万人,且工商业发达、自治财源充裕、交通便利及公共设施完备之地区,得设县辖市。"[②] 2007 年,又对《地方制度法》进行了修订。规定:只要县人口达到200 万以上,就可以在人事、财政等方面参照直辖市的规格,也就成为了"准直辖市"(参见表 2—5)。

表 2—5　　台湾地区设市或城市升格的人口标准变化(万人)

建制类型 \ 年份	1981 年	1999 年	2005 年
直辖市	—	100	125
市(即省辖市)	50	30	50
县辖市	15	10	15

注:空白格中"—"表示在该年份尚未规定"直辖市"的设立标准。

这里的人口指的是辖区内的常住人口,也就是说既包括了建成区居民又包括了那些从事农业生产的民众。另外,有不少地区为了达到设市标准而借助了行政区划调整的方式。例如,1974 年,台东市在设市前就

① 该法于 1950 年由台湾省政府颁布,后经过多次修订。

② 参见 2005 年修订的中国台湾地区《地方制度法》。

划入了原属于卑南乡的10个村近3万人，以使人口达到10万人。[①] 随着台湾地区人口增长的放缓，一个地区靠自身的人口增长已经很难达到现有的设市标准。借助乡镇合并这一手段便成为台湾市制调整的新动向。

二　建制市的三层结构

台湾地区现行的市制结构主要是由直辖市、省辖市和县辖市三种建制类型搭建起来的。在实际运行中，这个三层结构在制度的规约下，虽然职责界限较为清晰，但是仍然产生了城市之间的位阶差异。不同位阶的城市之间在政府职责、财权分配方面存在着较大不同。

（一）建制市概况

台湾地区的“直辖市”出现于1967年，当时台北市由省辖市升格而成。截至2016年底，直辖市共有6个，分别为：台北市、高雄市、新北市、台中市、台南市和桃园市。直辖市早前称为“院辖市”，也就是由行政院直接管辖的城市，这一称谓所沿用的是南京国民政府在大陆曾使用过的称谓。然而，“在1994年，当台北和高雄两个市的市长由直选产生后，为了避免过分强调台湾当局的直选，恢复采用‘直辖市’的名称”[②]。

“省辖市”，在台湾地区现有的法律法规中称为“市”。之所以被习惯称为“省辖市”，是因为在台湾地区的纵向政府序列中，共有四个层级：“中央”，省（直辖市），县（市），乡（镇、市）。“省辖市”即台湾省所辖的市。1997年进行的“宪政改革”和之后的“精省运动”使得省近乎被废除，但在制度层面仍做了保留。[③] 这也就意味着，台湾行政院实际上也直接管辖“省辖市”，“省辖市”与“直辖市”并列。不过相较于“直辖市”，“省辖市”所能享受到的自治事项要少一些，政治地位要低一些。目前，“省辖市”仅余新竹市、基隆市、嘉义市3个。

早在1947年，南京国民政府就提出了设立“县辖市”的设想，但并

---

① 曹启挺：《世界各国市制比较研究》，中央编译出版社2012年版，第35页。

② 刘君德、冯春萍、华林甫：《中外行政区划比较研究》，华东师范大学出版社2002年版，第310页。

③ 王英津：《台湾“精省”工程改革及其政治影响刍议》，《重庆社会主义学院学报》2011年第4期。

未付诸实施，后来在台湾地区得到了推行。① “县辖市”与乡镇在法律地位上并没有太大差别，所拥有的职权也大体相同。但是无论是乡镇官员还是当地百姓都热切期望改为县辖市，这恐怕又要追溯到上文提到的“重名”的文化基因。截至 2015 年底，县辖市共有宜兰市、花莲市等 14 个。

（二）三层结构所构筑的城市府际关系

从上文的介绍中可以看出：三种建制市之间并没有形成直接的隶属关系。只不过“直辖市”与省平级，“省辖市”与县平级，“县辖市”与乡镇平级（参见图 2—6）。《地方制度法》明确规定了不同建制市在自治事项、自治法规、自治组织、地方行政机关和自治财政等方面的差别与界限。

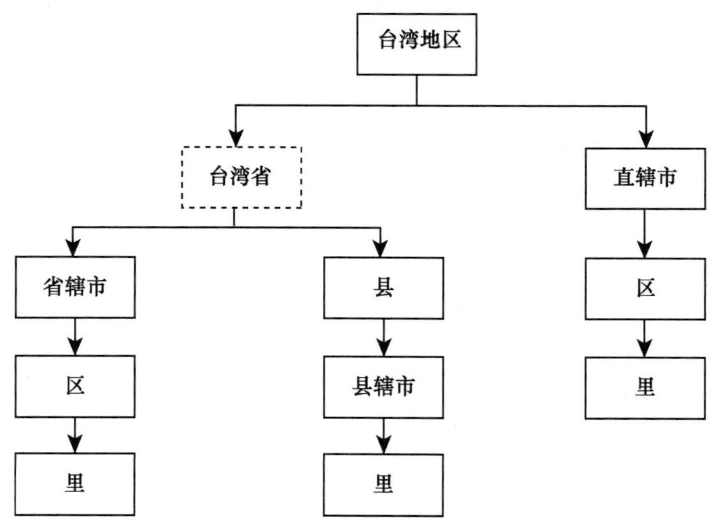

图 2—6　台湾地区市制结构图

然而，不同建制市之间仍然存在着位阶差异，因位阶不同，其所获得的优势资源也就有所不同。“直辖市”在三层结构中显然处于一个优势地位。以统筹分配税款②为例，“五都改制”之后，五个直辖市“统筹分

① 参见贺曲夫《县下辖市与推进自治：我国县辖政区的发展与改革研究》，中国经济出版社 2012 年版，第 193—194 页。

② 统筹分配税款即由“中央政府”进行统筹分配的地方政府款项，由相关法律规定了相应统筹比例。参见台湾地区的《台湾财政收支划分法》。

配款由现行43%调高到61%，并透过一般与专案补助，让各县市分配财源‘只增不减’”[①]。但是，与大陆地区的市制不同，台湾地区市制首先建立在自治基础之上。从选举、政府职责到财税分配，在不同建制市之间都有着法律法规的规定。城市的自治权也获得了制度的保证，例如，《“省县”自治通则立法原则草案》《台湾“省”各市县实施地方自治纲要》等。在这种情况下，不同城市无须过多的诉诸其他非制度方式来谋求地方发展权限。

另外，直辖市和省辖市下辖区，区下辖里[②]，形成“一级政府、两级管理”模式。区是城市政府的派出机关，较类似于大陆地区的“街道办事处”，它虽与乡镇同级但却丧失了乡镇自治的内核。这也是为了便于城市政府开展集中、统一、专门化的城市管理。目前的市制调整有逐渐削弱基层自治权，加强城市权力的趋势。究其原因，与政府采用“自上而下推动自下而上”机制来实现社区治理转型有很大关联。这致使在城市社区治理中，出现了“过度依赖政府”“社区发展失衡”等问题。[③]

三 市制模式与县市改制

2010年的“五都改制”和2014年的桃园县升格为直辖市，使得台湾地区的直辖市（除台北市以外）由窄域市或适域市转变为了广域市。由于台湾地区地域狭小，行政区数量有限，因此，上述改革在改变台湾地区市制模式的同时，也深刻影响到了当地选举制度的运行。

（一）从城乡分治到城乡合治的转变

台湾地区的市制模式沿袭民国时期《市组织法》的设定，城市建成区与行政区大体一致，也就是前文所提到的城乡分治。从表2—6可以看出，省辖市和县辖市的辖区面积均较狭小，人口密度较大。对比第一章表1—7中河北各地级市动辄几千平方公里的直辖面积就可见二者模式的巨大差异。

---

① 冯存健：《台湾五市25日正式升格 统筹分配款将调高至61%》，2012年10月，台湾网（http：//www. taiwan. cn/xwzx/bwkx/201012/t20101219_1653888. htm）。

② “里”类似了大陆地区的村，并不是一级政府管理单位。

③ 吴晓林：《治理转型遵循线性逻辑吗？——台湾地区城市社区治理转型的考察》，《南京社会科学》2015年第9期。

然而，城乡分治也确实给大城市带来了一些问题，如城市规模偏小、发展空间受限、地域发展失衡等。因此，近年来，台湾的一些政治人物均将推动市县合并作为自己的政治主张。马英九当选台湾地区领导人后，开始着手在实质上加以推进。在下文要提到的“五都改制”和桃园升格中，这些新设立的直辖市就是由市县合并而成。城市辖区面积成倍增加，其中包含了面积广大的农村地区。这使得台湾市制增加了城乡合治的元素，开启了城乡合治模式的改革方向。但是，城乡合治也同样带来了不少麻烦，例如，行政区划的混乱、城市对周边地区资源的汲取等。当然，总体而言，除了直辖市（不含台北市）外，台湾地区其他城市的空间结构仍以适域型为主，城乡合治模式的推行并没有在所有城市层级展开。城乡合治的推广没有蔓延开来，这与市制调整的法治化不无关系。

表2—6　　台湾地区省辖市、县辖市一览（2010年8月底前）

市名	所属县	面积（km^2）	人口（万）	成立时间	备注
基隆市	—	132.73	38.50	1946	省辖市
新竹市	—	104.15	39.30	1982	省辖市
嘉义市	—	60.03	26.50	1982	省辖市
竹北市	新竹县	46.83	8.80	1988	县治、县辖市
宜兰市	依兰县	29.41	9.20	1946	县治、县辖市
苗栗市	苗栗县	37.89	9.00	1981	县治、县辖市
头份市	苗栗县	53.32	10.30	2015	县辖市
彰化市	彰化县	65.69	22.80	1951	县治、县辖市
员林市	彰化县	40.04	12.50	2015	县辖市
南投市	南投县	71.60	10.50	1981	县治、县辖市
斗六市	云林县	93.72	10.00	1981	县治、县辖市
太保市	嘉义县	66.89	2.90	1991	县辖市
朴子市	嘉义县	49.57	4.50	1992	县辖市
屏东市	屏东县	65.07	21.50	1951	县治、县辖市
马公市	澎湖县	33.99	5.20	1981	县治、县辖市
花莲市	花莲县	29.41	10.80	1946	县治、县辖市
台东市	台东县	109.77	11.10	1976	县治、县辖市

数据来源：刘君德、范今朝：《中国市制的历史演变与当代改革》，东南大学出版社2015年版，第61—63页。其中，由于桃园县升格，其所属的县辖市：桃园、中坜、平镇、八德、杨梅均改设为区，故未在此表列出。头份市和员林市为新设市。

注：表格为作者自制。空白格中“—”表示并不属于县管辖。

（二）县市改制

台湾地区县市改革的主要形式就是市县合并。台湾当局曾计划将原台北市、基隆市、台北县合并为新台北市，将原台中市与台中县合并为新台中市，将原台南市、台南县合并为新台南市，将原高雄市与高雄县合并为新高雄市。而在实际改革中，台北市、基隆市、台北县并未合并，而台北县则独立升格为了新北市（直辖市），其他四个县市合并则按计划完成。

实施县市合并是出于提升台湾地区城市竞争力的考虑。意图通过县市合并“扩大中心城市规模、提升资源的使用效率、出现‘母鸡带小鸡’效应”①。升格为直辖市的城市，一方面将获得更多的统筹款；另一方面也将获得更多的政治资源，这使他们在选举和施政过程中有了更大的力量同“行政院”展开对抗。县市改制虽是以最新修订的《地方制度法》为基础展开的，但在具体操作过程中，行政部门同样有着较大的自由裁量权。对于如何改制，是否在政治、经济、文化及都会区域发展上有特殊需要，都由审批部门权宜行事。

在“五都改制”之后，桃源县也成功升格为了直辖市。2010 年，桃园县人口超过了 200 万。按照《地方制度法》的规定，2011 年 1 月 1 日开始实施“准直辖市”的编制。2012 年 7 月提出改制直辖市案，同年 11 月获“内政部”批准。2014 年 12 月获“行政院”批准。桃源县升格为直辖市后，其原来所辖的乡镇全部改为区。这样，桃园市就正式成为台湾地区第六个直辖市。从这一过程可以看出，桃园县开启升格是以达到相应人口规模为起点的。随后，在公开透明、有法可依的基础上，严格经过了三个程序：本县提出改革案→“内政部”批准→“行政院”批准。从 2012 年 7 月开始到 2014 年 12 月结束，前后历时 2 年零 6 个月。这是台湾地区第一个由县直接升格为“直辖市”的案例。这项改革在形式上类似于大陆地区的整县改市。但从实质上来看，升格后，原来所辖的 13 个乡、镇、县辖市全部改为区，村也改为里，其所获得的统筹款等资源也大为增加。这与大陆地区“整县改市”中，只改县一级的建制，而乡镇不及时跟进有着很大区别。

---

① 刘凌斌：《试论台湾县市改制的影响》，《现代台湾研究》2009 年第 5 期。

第五节　对典型国家（地区）市制的共性认识

从经济社会发展水平来看，上述典型国家（地区）均属于发达经济体，其城市化率已达到较高水平并趋于稳定。虽然它们在市制架构上存在着明显不同，但是如果认真总结它们在市制运行中的目标、规范和影响因素也会得出一些共识性的认识。

一　自治、法治与服务成为市制的底色

市制不能简单理解为由一系列法律、法规、政策所组合成的刻板制度。还要认识到，是这些制度背后的深层次理念影响着市制的基本形态。是它们在左右着制度修改的走向，也是它们填充着制度之外的广阔空间。这些基本理念是：自治、法治和服务。是它们所合力渲染的底色深刻影响着上述国家（地区）的市制运行。

（一）对城市自治的坚持

在上述典型国家（地区）的市制发展过程中，城市自治是一个经常被提及的改革命题。城市自治地位既得到了法律法规的保障，也得到了地方议会等政治力量的支持。即便有些国家（地区）通过改革强化了中央政府或者上级政府对城市政府的控制，但是始终没有或不敢于破坏城市自治这一基本内核。这些国家（地区）对城市自治的坚持具体表现在以下三个方面：

第一，设市标准简单、门槛低且尊重地方意愿。城市建制对于西方发达国家（地区）的地方政府而言往往并不具有特别大的诱惑力。地方政府申请设市的积极性不高，中央政府和上级政府一般不会通过强制手段来推进市制调整。在它们的设市标准中，最主要的是人口指标，但门槛较低。相反，在东方国家，由于市制上附着的资源较多，所以在标准和门槛上的要求通常也会高一些。但上述案例中东方国家（地区）的设市门槛仍较中国大陆地区低不少。设市标准简单、门槛低并不等同于放任不管，而主要是出于这样的目的：其一，尊重地方意愿，尊重当地居民选择自己认为合适的治理模式的权利，地方自治才能得以切实体现；

其二，不将市制作为准入型调控手段，门槛低便于及时回应城市化进展，这样就不会背离市制为城市地区服务的初始设定；其三，增进对市制运行环节的把关，重视在职权划分、财政配置、人员调配等方面的论证、行动与监管。

第二，城市建制没有或很少有层级划分。城市建制所分布的政府层级少则只在一级，最多也就两级。纵然，部分国家（地区）也创设了多种城市建制类型，但是这些类型之间一般不存在隶属关系。亦没有出现类似于中国的“市管市”现象。在城市差别的认定上，主要依据是人口规模。人口规模的不同，所需要的公共服务也会形成差异。那么，城市政府所担负的城市职责也应有所区别。通过人口规模来判定政府职责的这一逻辑链条虽然简单，但是却能抛开层级因素的干扰。当然，各个国家（地区）也都在尝试借助其他方式区别城市建制，在此不多赘述。

第三，城市政府有着相对明确的职权空间。这既是纵向政府间“职责异构”的产物，也是横向政府间职责分工的结果。城市自治也就意味着城市具有独立的法人地位。一方面，中央政府和上级政府不能对城市政府职责范围内的事项施加干涉；另一方面，与地域型政区政府相比，城市政府又有着不同的治理结构或者治理权限。明确的职权空间是城市自治最重要的保障之一。如果没有这些，即使有城市议会等自治形式的存在，城市政府的自主空间也会被逐渐蚕食。

（二）法治成为市制运行与调整的基本保障

西方国家（地区）的法治传统与古希腊以来的人文精神和基督教文明密不可分。再经过近现代资本主义的发展与完善，落脚于法律成为它们处理公共问题的习惯性做法。因此，法治精神成为了西方市制的基本内核之一。当然，部分后发国家（地区）也学习借鉴了这种精神。

市制中的法治精神具体表现在：其一，对市制有着明确的法律规定。这些国家（地区）多数在较高位次的法律（如地方政府法甚至在宪法性文件）中对市制结构及其相关环节做了论述，甚至有部分国家（地区）出台了专门的市制法。其二，在上位法的基础上，还出台了一系列法规、规章作为上位法的实施细则。这从制度层面提升了市制的权威性和稳定性。对于挤压地方政府的自由裁量空间，保障市制按照既定目标有序运行提供了保障。其三，在进行市制调整之前首先要对相关法律条文加以修订。一方面，保证了市制调整过程的公开透明；另一方面，保证了改革方案和配套政策能够及时跟进。这一点在英、美等老牌发达国家表现得尤为突出。例如，英国在每次地方政府改革前都会出台一部法律并成立相应的调查委员会，在充分调研并拟定好改革方案后才能实施下一步改革。其四，当围绕市制问题产生争议时，法律手段也成为必不可少的保证。例如，美国地方政府中出现的不少因市制问题而诱发的纠纷就是在司法判决之下得以顺利解决的。

当然，法治从来不是万能的。由于法律存在着滞后性的弱点，它难以迅速回应经济社会的最新需求，因此在某种程度上延缓了公共问题的解决。这对于那些处在快速城市化进程中的新兴经济体而言，显得尤为不利。然而，总体来看，虽然法治因素限制了改革的效率，但是却能有效避免因改革粗糙、暗箱操作而引发的利益纠纷甚至激烈冲突，也为利益相关方声索各自权益提供了制度渠道。

（三）将优化公共服务作为市制发展的目标

在进入后工业时代后，知识经济和信息经济等新经济形态迅猛发展。它们往往已不再提供有形的产品，而是提供无形的产品，更加注重人本身的价值。这使得“社会的很大一部分经济活动的目的，转变为提供教育、卫生、娱乐活动等方面的服务”①。经济社会的变化，要求政府随之改变。因此，以优化公共服务为目标的政府职能转变便应运而生了。在这一进程中，由于人口密集、经济发达的特征，城市也就成为改革最为迫切的区域之一。又由于市制与政府职能之间的密切关联，将市制作为改革重点也就不足为奇了。

首先，市制运行重在为当地居民提供优质的城市公共服务。作为城市型政区的政府，城市政府所承担的职责应该侧重于与城市公共服务相关的领域，这些领域一般是地域型政区所不具备的，例如，市政设施建设与维护、城市环境卫生、市容市貌等。当现有市制运行无法满足上述要求的时候，就要对市制的构成环节进行调整，必要的时候还要对市制整体架构和空间形态进行大幅度调整。

其次，开展市制调整为了降低政府运行成本，提高行政效率。由于

① 吴声功：《服务型政府构建》，社会科学文献出版社 2006 年版，第 85 页。

上述国家（地区）设市标准普遍较低，使得其城市政府的数量变得较为庞大。当政府所要承担的职责不断增加而财政来源又没有相应增加的情况下，其运行成本也会增高，甚至会影响到公共服务提供的数量和质量。为了发挥规模效应，上述国家普遍采用了行政区合并的市制调整方式。这样就可以借助财政投入的增加来优化城市行政，提高行政效率，进而更有利于提升区域整体的公共服务水平。

最后，调整市制结构为了梳理或划分不同政府主体之间的职责。发达经济体也会面临城市的再城市化问题，城市空间布局、人口分布、税收分布都会发生变化，但是城市政府却有着相对固化的管辖区域。二者之间一旦出现较大偏离，城市政府财力与职责之间的失衡就会出现。另外，随着科技的进步和生活理念的提升，一些新的公共事务（如网络通信、绿色交通）被创造出来，这需要及时明确应由哪一类政府来具体负责。因此，此时根据市制运行中出现的问题进行调整便显得确有必要了。

上述目标在不同国家（地区）的实践过程中效果各异，这在学界和实践领域也确实引起了不同程度的争议。但是手段选择上的争论并没有动摇公共服务作为市制发展目标的地位。从根本上讲，这源于这些国家（地区）的政府职能重心已转移到公共服务领域的事实。

二 历史文化因素对市制的影响不容忽视

除了欧洲少数几个自治市起源国家之外，其余大多数国家（地区）的市制产生和发展的时间都不长。但这并不意味着这些国家（地区）能够置身于历史和文化因素的影响之外。

历史因素有着很强的叠加性和延续性。它主要有三个方面的表现形式：其一，制度惯性。一方面，市制通常建立于所在国家的政府层级体制之上，而政府层级又往往与这个国家相伴而生。这就形成了一个制度惯性，政府层级较少的国家（地区），城市建制的分布层级往往也会较少。因此，不能将相关问题全部归结在市制上，而应以更长的时间尺度为坐标来加以解释。另一方面，市政结构也通常会参考地方政府结构。原来的地方政府结构能够存在正是因为有着一定的功用。即便市政结构改革暂时没有纳入这些机构，也可能会在未来的调整中增设出来。如美国市政体制的类型之一“议会—市长”制就与联邦政府、州政府的分权特征有明显的类似之处。其二，政治经历。一个国家（地区）在历史中所经历的重大政治变革不但会深刻改变当时统治者在进行制度选择时的意向，而且会影响到后继执行者对制度本身的理解。很多后发国家的市制产生于殖民统治、民族危亡或励精图治的时期，这种集体经历逐渐渗透或植入到了该国的市制机体之中。其三，偶然的历史节点。历史并不是必然的链条而是充斥着许多偶然节点，这些偶然节点既可能是一个突发事件也可能是一个政治强人的出现。它们在特定的情境下会改变市制演化的走向。例如，美国的“狄龙规则”①、韩国的朴正熙统治，等等。历史因素在一个国家（地区）内部也可能存在着较大差异。特别是在联邦制国家，不同的州（共和国、邦）在市制模式选择上有着较大自主权，这同样为历史因素发挥效力提供了空隙。如上文提到，在美国的新英格兰地区，镇（town）等同于市、县，成为地方政府的主体形式；同时在南方的一些州县竟然也承担城市职责。这与这些地方各自的历史传统不无关联。②

而文化因素则有着稳定性和潜在性。它是潜藏于制度背后，能够时时刻刻影响人们思维意识的存在。这一点从英美国家和东亚国家（地区）的对比中就能够看出来。虽然东亚国家（地区）也在宣扬地方自治精神并在法律中予以确认，但是从市制运行来看，东亚文化的那种中央集权、等级制因素却总也挥之不去。当然，这并不意味着文化因素能够全面左右市制运行。如果陷入了“文化决定论”，那么就会僵化的认定现有市制是文化的产物。进而认为既然文化难以改变，那么改革也是徒劳的。但实际上，如果市制有着法律、技术的刚性支撑，是可以对文化基体进行修正甚至重塑的。这也是从日韩等国的市制实践中所发现的规律。

三　小结：应在正反认识基础上寻求借鉴

两点共性认识主要还是理念性和原则性的抽象提炼。除此之外，还

---

① 狄龙规则是1886年美国爱荷华州的法官狄龙在两个案件中提出的，它确立了城市在美国法律中的地位和所能行使的职权。参见董礼杰《美国城市的法律地位——狄龙规则的过去与现在》，《行政法学研究》2008年第1期。

② 刘君德等人在专著中也论述过类似问题。参见刘君德、冯春萍、华林甫《中外行政区划比较研究》，华东师范大学出版社2002年版，第55页。

有如广域型市制成为主流改革目标、自然地理因素的影响减弱等具体层面的共同点。但是总体来看，以上共识均是从正面来审视域外市制的。可是，任何事物都有正反两面，这是辩证思维的基本要求。当调转视角再次对其加以审视之后，不得不承认，以上国家或地区的市制中所存在的消极因素也值得警觉。具体表现有：

其一，大都市区治理的碎片化。这一现象的出现恰恰是因为对城市自治的过度依赖。从以上分析中可以看出，越是推崇自治的国家，碎片化现象往往越严重。地位的平等客观上使众多城市之上缺少一个强有力的权威。合作治理的发起和执行都将有众多参与者，其维系成本显然是巨大的。其二，城市的发展速度相对缓慢。对于后发国家而言，欲实现经济赶超，就需要借助市制改革，推动部分城市跨越式发展。但是，西方国家的市制模式通常建立在城市自然生长的基础之上，政府主动干预的能力并不强。如果后发国家也因循此路，那么就很难在现有的国际城市格局中实现"突围"。其三，市制改革的阻力较大。一方面，法律有滞后性的特点，当多数市制问题都要借助法律手段来解决的时候，就可能错失众多难得的改革时机；另一方面，当面临着众多权益申诉主体的时候，市制改革本身也可能陷入众口难调的窘境。最后，不得不迁延日久抑或长期搁置。当然，不同国家（地区）的市制也会存在各自不同的问题，在此就不一一列举了。

从对比中能够发现，正反两个方面有着惊人的相似性。正如列宁所言："只要再多走一小步，看来像是朝同一方向多走了一小步，真理就会变成错误。"① 而恰恰是域外市制的积极因素构成了消极因素存在的基础。在那些看似绝对正确的理念背后，是改革实践中的错综复杂。这提醒我们，推进中国的市制改革一定要有清醒的头脑。既要虚心学习、总结他国的经验，又不能照搬照抄。看到别国成功了就急于拿来为己所用，甚至不顾中国实际而幻想着理想中的城市自治显然并不可取。只有更好的认清中国市制运行的现状，提炼出本国市制的现实症结，再行借鉴并"对症下药"，方能收到良好的效果。

---

① 《列宁选集》第四卷，人民出版社 2012 年版，第 210—211 页。

第三章

对中国市制运行现状的总体描述

理解市制既需要从制度规定的角度进行梳理，又需要从制度运行起来之后的现实状况展开分析。按照市制本源内涵的要求，城市政府在职责、机构设置、相互关系和非制度因素方面与地域型政区政府之间理应有所不同。推进这些层面的改革是市制调整的题中应有之义，但是，在实际运转过程中，这些差异是否有所体现呢？接下来，将探索问题的答案。

第一节　专门化缺失：城市政府与地域型政区政府的“职责趋同”

“政府职责是政府职能的一部分，是政府作为国家当局应当完成的主要工作任务，是政府对社会必须履行的基本义务。也就是说，这是政府职能中比较‘实’的一部分”①。由此可以认为，城市政府职责也就是城市政府所应承担的职责。明确城市政府职责的内容是落实政府职能转变的一个重要方面。城市辖区的特殊性，要求与之匹配的职责应不同于非城市辖区，可是现实情况却恰恰与之相背。

一　“职责同构”与“职责趋同”

（一）职责同构

这一概念最早是由朱光磊和张志红联合提出的。他们认为中国纵向

① 参见朱光磊主编《现代政府理论》，高等教育出版社2006年版，第89页。

政府间关系有一个鲜明的特征，那就是“职责同构”，具体指：“不同层级的政府在纵向间职能、职责和机构设置上的高度统一、一致。”① 通俗来讲，就是每一级政府管理大致相同的事务，即所谓“上下对口，左右对齐”。“职责同构”并不是中华人民共和国成立以来的产物，而是在封建王朝时代就已经形成了。这一现象的出现有利于维护中央集权，便于中央更好地从地方汲取资源。当然，它也同时造成了政府运行成本增加，地方政府僵化，社会发育不良，官僚主义滋长等问题。与“职责同构”相对应的是“职责异构”，具体指的是各层级政府之间有着明确的职责划分，并在法律、财政等方面获得了充分的保证。然而，“职责异构”往往以各级政府不同的权力来源为基础，每级政府对各自的选民负责，重点处理好自己辖区的事务，而无需为中央政府的目标服务。这一模式在有着地方自治传统的国家较为适用。当然，“职责异构”也不是完美的政府间关系形态，它也面临着央地矛盾、地方保护、政策分割等问题。

在“职责同构”和“职责异构”的认知基础上，部分学者尝试提出了探索性方案。例如，邹宗根提出了“职责旋构”的设想。他借鉴 DNA 双螺旋式，主张在对中央和地方确权的基础上，“对于应当全国统筹，但又应当由地方直接办理的事务，由央地间通过契约等方式确认双方的权责利，中央主要承担标准的制定、资源的筹措与拨付、基本框架和数据系统的搭建以及对地方履行职责的监督”②。他的设想意图既能维护中央权威，又能适应地方发展需要。另外，吕同舟也提出了“嵌套性异构”的主张，也就是在纵向各级政府间的职责，既有同构部分也有异构部分。③ 他更为关注中国不同地域所呈现出的差异，认为纵向职责划分也要充分考虑这些差异。两个人都看到了中国事务的复杂性，主张在“职责同构”和“职责异构”之间找到一个平衡点，以灵活应对复杂问题。

受到上述观点的启发，为了解决中国的“职责同构”问题，本书认识到：最关键的还是要进一步认清中国政府运行的特点，以避免犯简单化的

---

① 朱光磊、张志红：《“职责同构”批判》，《北京大学学报》（哲学社会科学版）2005 年第 1 期。

② 邹宗根：《职责旋构：纵向间政府关系的新思考》，《长白学刊》2013 年第 5 期。

③ 参见吕同舟《中国政府纵向职责体系研究》，博士学位论文，南开大学，2015 年，第 232—239 页。

错误。因此，下文将要论述的“职责趋同”并不是为“职责同构”现象提供化解方案，而主要意在对“职责同构”理论做进一步的延展和补充。

（二）职责趋同的提出

从横向的类型划分来看，中国的地方政府可以分为城市型政区政府（简称城市政府）、地域型政区政府、民族型政区政府、特殊型政区政府四个类型。所谓“职责趋同”就是：在上述四种类型的政府间，基于类型定位的职责趋近于同质化。甚至随着时间的推移，那些现存的由特定类型专属的职责也会被逐渐消解，造成不同类型政区的政府在职能、职责和机构设置上逐渐趋于一致。其中，尤以城市政府和地域型政区政府的“职责趋同”最为显著。① 该内涵有一个突出特点：既强调了静态上的相似性乃至同质性，又突出了动态上的趋于一致。

“职责趋同”的产生是多方面因素作用的结果：首先，对城乡统筹发展战略的歪曲理解。城乡统筹发展主要应指在基本公共服务层面取消城乡二元体制并打破城乡要素流动的体制障碍，而并不意味着政府可以为城市与乡村提供整齐划一、毫无差别的管理和服务。后者并没有认识到这一战略的精髓。其次，市制广域化的快速蔓延。政府运行往往有着很大惯性。以地改市、整县改市为代表的广域化运动在短时期内迅速铺开，大批广域市随之出现。这些政府不可避免会将地域型政区政府时期的施政习惯带到城市管理中。仅是提升了级别、“改换了门面”，却忽略了城市政府与地域型政区政府之间的本质区别。最后，政府职能转变没有及时跟进。市制调整理应与政府职能转变和机构改革相配套。但是，在实践中，这三项改革是独立进行的。当然，在现有市制调整体制下，民政部门也没有足够的权限来涉足后两个领域。

在“行政区市制化”继续推进的过程中，城市政府在地方政府中所占的比例越来越高，“职责趋同”的范围也由此不断扩大。改变“职责趋同”，凸出城市政府与地域型政区政府在职责方面的差异，对于分别处理好城市工作和区域工作都显得很重要。

（三）二者的辩证关系

“职责同构”和“职责趋同”均是针对政府职责配置问题所做的理论

---

① 由于与主题相关性不大，这里对其他类型之间的“职责趋同”现象不做详细论述。

概括。它们均为理想类型，也就是在对特定政府现象的运行状况进行理想描述的同时，又不否认在实际中，能够找到一些“职责异构”抑或“职责趋异”[①] 的例子。鉴于二者之间如此多的相似之处，有必要对它们之间的辩证关系做一梳理：一方面，“职责同构”是“职责趋同”的逻辑前提。因为中国的政府层级共分为五级：中央—省—市—县—乡，而政府的类型划分只存在于地方政府。既然央地之间的职责均是同构的，中央政府又是唯一的，那么从逻辑上讲，无论地方政府存在多少种类型，不同类型政府之间的“职责趋同”也就在所难免了。另一方面，“职责趋同”也对“职责同构”理论进行了一定的延伸。“职责同构”是从纵向上，而“职责趋同”则是从横向上来看政府职责配置问题的。由此而衍生出的改革方向也会出现差异，前者导向的是明晰央地之间的职责分工，后者导向的是突出不同类型政府的功能性职责。

二 “职责趋同”的表现

“职责趋同”并不仅仅是对城市政府和地域型政区政府之间职责关系的一个总体概括，而是还在职责内容、纵向层级、法律法规、地方扩权等方面有着具体表现。

（一）城市职责、涉农职责与地域职责相混杂

目前，学术界关于政府职责的研究，要么从央地关系视角切入；要么从具体的政府事务展开，如教育职责、社会保障职责等，而从市制角度出发的则较为少见。尝试结合市制因素将政府职责划分为：城市职责、涉农职责与地域职责三类。探讨这三类职责在政府运行中的配置状况或能弥补现有研究的不足。

1. 三类职责的概念区分和相互关系

涉农职责[②]有广义和狭义之分。从狭义来讲，指的是政府中与农业相关的事务；从广义来讲，指一切涉及三农问题（农业、农村、农民）的

---

① “职责趋异”是“职责趋同”的对立面，也就是由于政府类型的差异，政府职责也趋近于异质化。

② 部分学者将这部分概括为涉农事权，事权即事务，与职责所要概括的对象基本相同。参见马国贤、任晓辉、刘志阔《我国涉农领域事权划分研究》，《公共财政研究》2016 年第 1 期。

政府性事务。如果采用狭义内涵，由于农业有着较强的功能特征，致使概念外延过小。如果采用广义内涵，则概念外延又显过大。因为：三农中的农民有很大一部分已进城务工；农村城镇化和“城中村”现象也说明部分农村问题已与城市问题融合在了一起。因此，拟采取折中方案，主张：涉农职责既包括政府所应该提供的农业公共服务，又包括农村建设、农民增收等主要发生于农村区域的公共事务。与涉农职责不同，城市职责和地域职责的内涵较易界定。城市职责指的是：以城市建成区为治理空间，政府将市民、城市社会和经济体作为管理服务对象而承担的职责。包括：城市规划、市容市貌、公用事业、城市治安管理等。而地域职责则包括三类情况：其一，那些需要横跨多个农村型政区和城市型城区，需要在广泛区域内处理的事务；其二，不同类型政区间的协调性事务；其三，其他两种类型政府都无法单独处理的事务。① 从图3—1中可以看出，三类职责并不能涵括政府的所有工作。在它们之外还有基础性职责，这类职责的实施不考虑辖区的地理空间特征，是使政府得以运转所需要的基本职责。例如，财政、治安等。

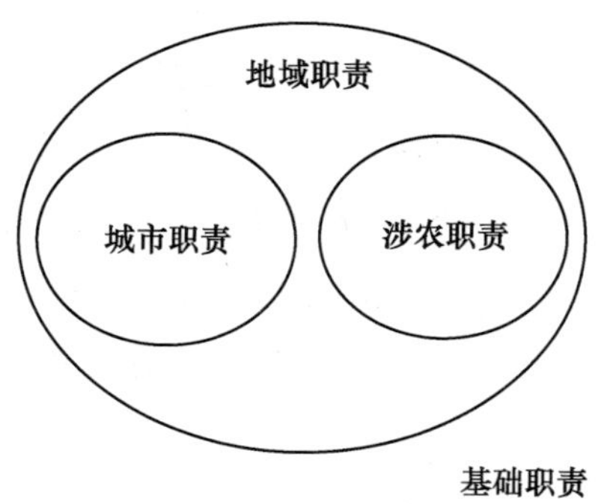

图3—1　城市职责、地域职责与涉农职责关系示意图

基础职责和涉农职责产生最早，它们基本上是随着政府的产生而出

① 日本《地方自治法》中对都府道县所承担功能的表述，与地域职责相类似。其中规定：都道府县作为“包括市町村的广域地方公共团体”拥有广域事务、联络调整事务、补充事务三大功能（2条5项）。

现的。相反，城市职责、地域职责则是在市制出现后，从基础职责中分离出来的。[①] 涉农职责与城市职责相对应，二者都有着明确的目标对象，因此对专业性的要求也要高一些。地域职责则是涉农职责和城市职责之间的缓冲剂。因为：如果对涉农职责和城市职责的界定过于刚性，将可能造成城乡二元对立；而如果二者之间界限过于模糊，也会削弱政府施政的针对性和专业性。由于在推进横向间和纵向间城市政府职责配置的过程中，基础职责一般不作为配置对象，因此拟重点探讨涉农、城市、地域三类职责之间的关系。

界定三类职责是政府改革的重要组成部分。以统筹城乡发展战略为例，它是将那些没必要进行城乡区分的职责转变为地域职责，而不是将城市职责和涉农职责交由一个政府统一管理。例如，社会保障职责中的医疗保险，城市地区所实行的是城镇职工医疗保险和城镇居民医疗保险，而农村地区则是新农村合作医疗（简称“新农合”）。二者在统筹单位、报销比例等方面存在着很大不同。将二者合并就是将原本分属于城市职责和涉农职责的事务转化为地域职责，归地域型政区政府承担。如果认为统筹城乡发展就是城市有的，农村也要有，城市提供的所有管理和服务，农村也要同时具备。那么，显然过于夸大了城乡之间的同质性，而刻意忽略了二者之间在经济、社会结构上的巨大差异。

从理想角度来看，三种职责应该分别对应着三类政府：农村型政区政府、地域型政区政府和城市政府（参见图3—2）。但是在实践中，上述的一一对应关系是不可能出现的。理由是：一方面，涉农职责有着基础性地位。在转型中国，三农问题的重要性是不言而喻的。这决定了不可能将涉农职责交予县、乡两级政府。[②] 因此，实际上这类职责是由地域型政区政府来承担的。另一方面，市制广域化使城市政府的辖区特征出现了巨大变化。这就导向了对“职责互渗”的探讨。

---

① 在不同的历史时期，三种职责的内容和表现形式存在着显著差异。

② 在中国，正式的农村型政府实际上只有县和乡。县实际上也不属于完全意义上的农村型政区。县下辖镇使其具有了部分地域型政区的特征。

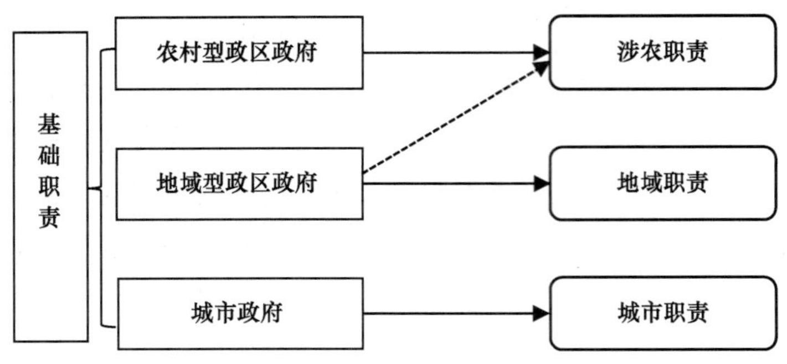

图 3—2　三种类型政府应该分别担负的职责类型

2. 城市政府与地域型政区政府的“职责互渗”

“职责互渗”指的是：不同类型的政府承担了与政区类型设定不相匹配的职责。三类政府之间都存在着“职责互渗”现象，可以细分为六种状况。出于主题相关性的考虑，拟主要对其中的三种状况加以特别关注：城市政府承担涉农职责和地域职责，地域型政区政府承担城市职责。

城市政府承担涉农职责表现在：第一，在城市政府的内设机构中，还保留着许多涉农部门。例如，水利局、林业局、农业局等在各级城市政府中一般都会设置。第二，一些城市内设部门既处理城市事务又负责涉农事务。例如，各城市政府内的城乡规划局（城市规划局）同时负责城区、镇、村的规划。第三，设区的市对所辖的县级行政单位进行工作指导。而这些辖县很多还是经济不发达的农业县，县政府还要处理大量的涉农事务。为了进行对口管理，城市政府也要承担此类职责。

城市政府承担地域职责主要体现在：一方面，对辖区进行统一规划和管理。如担负辖区内的综合开发、环境保护等职责。这使得很多城市政府陷入了主体选择困局之中，城市政府是城区的政府还是辖区的政府呢？侧重于任何一方都会被认为是失责。另一方面，对内部不同类型政区进行协调。既要处理它们在经济、社会等领域的纠纷，又要努力促使它们相互合作。

与此同时，地域型政区政府也在承担着城市职责。以城市规划为例，城市规划实行分级审批制度。“省和自治区人民政府所在地城市、城市人口在一百万以上的城市以及国务院指定的其他城市的总体规划，由省、自治区人民政府审查同意后，报国务院审批”[①]。按照这一规定，以省（自治区）为代表的地域型政区政府负责着城市总体规划，而城市政府却只能负责分区规划和细则规划。这造成了对辖区事务更为了解的城市政府所具有的规划权被“腰斩”。而以全省为管辖范围的典型地域型政区政府——省（自治区）政府却要负责对辖区内各城市的规划做出指导，并设有相应部门具体实施。

总之，城市政府与地域型政区政府的“职责互渗”必须要控制在一定的限度内。超出一定限度，两类政府就会趋近于一类主体认知不清、职责重点不明的政府形态，这并不利于政府工作走向专业化。

3. 涉农职责的提前压缩与归并

在设市之后，由于城市政府在城市经营方面获得了更大的权限。“在以经济增长为主要目标的责任和政绩驱使下，必然对能导致城市经济实力增强的建设项目持积极态度”[②]。因此，城市政府往往将精力转移到了城市建设、土地开发、招商引资等方面。同时，对辖区内人口众多、面积广大、事务复杂的农村地区则疏于管理。

涉农职责的提前压缩与归并表现在：首先，一些以农业为主的建制市在涉农事务上的人力、物力、财力投入严重不足。这是诱发近年来一些地区农村衰败、农业滞后的重要原因之一。其次，涉农职责被压缩在少数几个部门里，而市管县（市）体制又造成级别越高涉农职责的对口部门越集中，甚至出现单一部门统管下级涉农事务的局面。“县由市委农工部、市政府农委（农业局）条条管理，某个市领导分管，群众称之为‘张管县’‘李管县’”[③]。最后，在兼管涉农职责和城市职责的机构运行中，涉农职责被其他类型职责替代，选择执行更符合部门利益的职责。

城市政府选择对涉农职责进行压缩与归并往往是出于这样的原因：其一，涉农事务难以带来直接的、可观的收益。随着农业税的取消，农业对地方政府而言已不再是重要的财政来源，反而成为政府需要辅助、

① 参见《中华人民共和国城市规划法》，2007 年 10 月，中国政府网（http://www.gov.cn/flfg/2007-10/28/content_788494.htm）。

② 华晨：《城市竞争——影响城市发展和规划的双刃剑》，《城市规划》2002 年第 1 期。

③ 浦善新：《中国行政区划改革研究》，商务印书馆 2006 年版，第 85 页。

支持的对象。其二，地方政府主观上认为：设为建制市就是要将城市化作为地区发展的主要方向，政府的中心就应该转移到城市事务上来。但是，一个政府应该根据辖区状况具体施政。在城市人口不足、城市建成区规模不大的情况下，片面转换工作重心，势必会造成农村事务管理的缺位。其三，鼓励农民进城，对农村城市化过分乐观。主观认为随着农村城市化的推进，涉农事务将自然消失。然而“推动农民进城，农民收入更少而支出更多，国家又不能为进城农民提供完善的社会保障，则进城农民就无法体面的在城市安居”①。这不但不会使三农问题终结，还会使固有的三农问题以新的形式转移到城市之中。其四，对市场失灵、社会失灵的警觉不足。农业、农村、农民都是脆弱的，放任不管，政府缺位，反而会使三农受到更大的威胁。

可见，超前压缩与归并涉农事务，不符合现阶段的发展规律。一方面，不利于三农问题的解决，对于打破城乡二元体制，缩小城乡差距并无益处；另一方面，如果这部分职责没有相应的机构、人员和财力支撑，那么也会影响到城市化的推进。

（二）城市职责的层级弱化和个体差异

城市职责层级弱化是与中国市制的等级特性分不开的。由于市制与政府层级之间存在着契合关系，城市政府分属在了不同的政府层级之中。因此，纵向政府间的职责配置特点也会折射到城市政府上，可概括为：层级弱化。具体指：同一项城市职责，高层级的城市政府负责宏观层面或开始阶段，低层级的城市政府负责中观、微观层面或后续阶段。不是根据职责种类在各层级政府间划分，而是根据职责的运转流程进行内容切割。这导致不同层级的城市政府所拥有的城市职责均是不完整的，城市中出了问题反而找不到负责主体。城市政府的层级越低所能掌握的城市职责越边缘、越细碎。这导致它们难以根据城市发展实际来开展具体的城市管理和服务工作。

以河南省郑州市为例。郑州市城市管理局下设 21 个处室，全面负责郑州市的城市管理工作，其所承担的职责包括：市政设施、环境卫生、市容市貌、公用事业、社会治安等方方面面。“贯彻执行城市管理方面的

---

① 贺雪峰：《城市化的中国道路》，东方出版社 2014 年版，第 27 页。

法律、法规和政策；研究起草全市城市管理的地方性法规、政策，经批准后组织实施”[①]。但是郑州市所代管的荥阳市，城市经济发展迅速，是全国百强县（市）之一。该市政府内也设有城市管理执法局，但其主要职责是：“贯彻执行国家、省、郑州市有关城市管理、环境卫生建设管理方面的法律、法规和方针、政策；研究起草全市城市管理、环境卫生建设管理方面的规范性文件并组织实施。”[②] 与此同时，虽然河南省政府内并没有对口的城市管理厅，但是住房与城乡建设厅、环境保护厅等部门内的处室也是专门负责城市管理工作的。

另外，“职责趋同”并不意味着处于同一层级的城市所承担的城市职责是完全一致的。将城市个体进行对比，仍然会发现一些差异。首先，会根据经济社会特点设立专属职责。例如，沿海、临江的城市往往有海洋渔业局承担渔业管理职责，而内陆城市则没有。海外华侨、华人较多的市，政府会设有侨办承担侨务相关工作职责。其次，会根据城市规模[③]设置差异化的职责。处于同层级的城市，规模不同，城市发展和管理要求也会有所不同。超大城市要限制人口规模，但在基础设施建设上会有政策倾斜。中小城市则要放开落户限制，如公安部于 2017 年 2 月提出，国家Ⅱ型大城市及以下将不再执行积分落户政策，全面放开高校毕业生、技术工人等人员的落户限制。[④] 最后，会根据城市在区域中的重要程度而获得独有的权责倾斜。例如，住房与城乡建设部在 2010 年发布的《全国城镇体系规划纲要（2010—2020 年）》提出了五大国家中心城市[⑤]和若干个国家区域中心城市。这些城市在城市规划与建设、教育、科技等方面

---

① 参见郑州城市管理局网站（http：//www. zzcgj. gov. cn/Contents/Item/Display/10999）。

② 参见荥阳市城市管理执法局官网（http：//www. xyum. gov. cn/xxgk/jgsz/2015/0605/736. html）。

③ 根据国务院最新印发的《关于调整城市规模划分标准的通知》（2014 年 10 月 29 日），以城区常住人口为统计依据将城市划分为五类七档。50 万以下为小城市（20 万—50 万为Ⅰ型小城市，20 万以下的城市为Ⅱ型小城市）；50 万—100 万为中等城市；100 万—500 万为大城市（300 万—500 万为Ⅰ型大城市，100 万—300 万为Ⅱ型大城市）；500 万—1000 万为特大城市；1000 万以上为超大城市。

④ 杨俊峰：《常住人口 300 万以下城市不得实施积分落户制度 户籍改革红线不能碰》，《人民日报海外版》，2017 年 2 月 11 日第 2 版。

⑤ 具体指：北京、上海、天津、重庆、广州。2016 年 5 月，经国务院同意，发改委和住建部联合印发《成渝城市群发展规划》指导文件，文件中也将成都定位为国家中心城市。

将获得更高的权限。

然而，一方面，这些职责差异在政府的职责总量中所占的份额是很小的，并不足以否定“职责趋同”的整体特征；另一方面，处于同等条件下的政府，无论是何种类型，总是有“职责趋同”的倾向。职责不同反而构成了地方政府向上级政府要权的一个“理由”或“借口”。

（三）职责趋同的存在有着法律和制度基础

改革开放前的相关法律法规，较为注意城乡之间的工作差异。例如，《国务院关于城乡划分标准的规定》指出：“政府的各项工作，都应当对城市和乡村有所区别。”① 而改革开放后，受城乡合治思路的影响，则不再强调这些了。

十一届三中全会后，对地方政府职权（职责）做出规定的法律法规主要是《地方政府组织法》。② 现行的《地方政府组织法》是于1979年制定的，并分别于1982、1986、1995、2004、2015年进行了修订。一方面，这部法律只区分了县级以上人民政府和乡（民族乡、镇）人民政府所行使的职权，而没有针对不同类型政府做进一步的说明。另一方面，虽然在县以上各级人民政府中，《地方政府组织法》中提到了三类城市建制类型：直辖市、设区的市和不设区的市，但却是将它们与同层级其他类型政府并列说明。也就是说，从法律文本角度来看，它们与同层级政府在职权上基本上是相同的。③ 不得不承认，这为“职责趋同”的存在与发展提供了法律和制度基础。从而也给破解“职责趋同”的努力制造了障碍。

有一点需要补充说明：虽然改革开放前，有制度规定城乡政府之间的职责要有所不同。但这与计划经济体制有着紧密的内在关联。它主要是借助国家力量从外部对二者职责进行的强制性分割。这与“职责趋同”的对应面——职责趋异显然有着本质差异。

---

① 参见《国务院关于城乡划分标准的规定》（[55] 国秘字第203号），2006年5月，中国行政区划网（http：//www. xzqh. org. cn/index. php/article-detail-id－4399. html）。

② 全称是《中华人民共和国地方各级人民代表大会和地方各级人民政府组织法》。

③ 其中设区的市的人民政府可以根据法律、行政法规和本省、自治区的地方性法规，制定规章，而地区则不能。这主要是因为地区只是一级派出机关，而不是因为政府类型不同。

（四）地方扩权加剧了“职责趋同”

在现阶段的行政体制改革中，地方政府扩权是较为重要的一环，它主要体现在强县扩权和扩权强镇两个方面。

推动地方扩权是出于这样三个方面的原因：其一，强县、强镇经济社会发展的需要。县域经济的腾飞，使部分普通县、镇脱颖而出。无论在建成区面积、经济总量还是常住人口上都达到了一定的规模，在事实上具备了一个城市的基本特征。这需要政府提供与此相匹配的管理和服务。其二，市制调整的滞后。1997 年开始暂停设立县级市，实际上截断了一些县、镇与上级政府在制度框架内确权的渠道。不得不转而寻求上级“恩赐”式的权力下放。其三，市管县和县管镇体制的束缚。上级政府对县镇资源的剥夺和对转移支付的截留，在一定程度上造成了县镇财政上的困难。例如，“许多地级市利用其强势地位，将县视为附属行政组织，优先发展中心城市，随意改变税收征管范围和入库预算级次”①。

实践中，经济强县、强镇扩权的确在某种程度上缓解了上述问题，但这也同时加剧了“职责趋同”现象。首先，非城市建制的县、镇被赋予了城市职责。而它们原本又承担着部分涉农职责和地域职责，这使得县镇政府容易出现职责混乱。其次，造成了强县、强镇在向市制内核靠拢的同时又不得不持有地域型政区政府和农村型政区政府的身份。使得县、镇政府在三重身份间徘徊，难以明晰自身的角色认知。最后，逃避了市制调整的责任。地方扩权中，县、镇政府所获得的城市职责仍相对有限，并且这些职责也很少获得了制度保证。因此，容易受改革形势的影响而出现权力的集分反复。固然市制调整有诸多缺陷，但它作为政府职责配置的制度保障是不可或缺的。缺少这一方面的跟进，实际上既会使地方扩权缺乏目标和方向，也会给某些地方政府破坏扩权成果提供机会。

三　“职责趋同”的局限性

前文已经提到，“职责趋同”是与市制广域化相伴而生的，但不能认为二者之间存在着必然的因果关系。而要看到，是不加节制的、过度的、

---

① 孙学玉：《强县扩权与市管县体制改革的必要性分析》，《中国行政管理》2006 年第 5 期。

缺乏系统配套的市制广域化导致了“职责趋同”。因此，在分析“职责趋同”局限性的时候，要注意区分市制广域化的不同状况，以免殃及其积极的部分。

（一）消解了市制的本源价值

“人口的高度密集，行业和职业的高度分化，种种现代性问题在城市中集中爆发，使得市政管理成为一门专业，也使得市政体制和乡制和一般地方行政体制区分开，在组织上更加庞杂，在制度上更加严谨细密”①。因此，从市制的本源价值来看，它是为了在人口密集、工商业发达的区域采取专业化的管理体制和治理方略而存在的。由此而实施的市制调整则意在通过政府类型的划分，推动有条件的政府将工作重心转移到与城市发展相关的领域。工作重心转移不是简单通过改变名称和行政地位就能实现的。从根本上讲，它必须依赖于政府所承担的实际职责以及相应机构设置的改变，而且这种改变要与城市需求相适应。当然，实现改变需要时间，要给予新设立的城市以恰当的过渡期，在这期间出现职责混杂现象是可以理解的。但是，如果在经过较长时期后，政府依然没有在这方面采取积极的改革行动，那么就可以说市制调整并没有真正落到实处，市制的本源价值也没有得以有效彰显。实际上，经过改革开放 40 年的设市实践，确实有不少城市政府没有朝市制的本源价值迈出实质性的一步。

当然，也不能将责任完全推给地方政府，还应该反思现有的市制调整政策。现有政策过于强调准入门槛和现实需要，而没有就改革所应具备的配套措施做相应的规定和要求。就设市后的政府机构改革和职能转变只是给出了原则性的指导，而并没有制定专门的方案和细则，以至于使市制运行过程沦为纵向政府间权限争夺的一个场域。

（二）削弱了城市工作的系统性和集中性

城市工作具有系统性的特点。“每一座城市都是一个不可分割的整体，系统性是城市的典型属性”②。从城市事务特性层面来看，城市事务相互扭结，相互影响，城市功能需要这些城市事务以整体协作的方式实

---

① 华伟：《城市与市制——市制丛谈之一》，《中国方域：行政区划与地名》2000 年第 1 期。

② 朱光磊、王雪丽：《市辖区体制改革初探》，《南开学报》（哲学社会科学版）2013 年第 4 期。

现。因此，城市政府的机构也应该围绕城市职责来具体设置。可是如前文所述，在“职责趋同”的影响下，城市机构往往同样担负着多重职责。目前，为了应对城市治理中的一些新问题，不得不采用部门联合行动的方式。而部门之间固有的“权责壁垒”，又使这类行动停留为一种应急机制，难以走向常态化。

城市工作也有着鲜明的集中性特征。也就是说，城市工作主要集中在城市建成区或城乡结合地带。同时承担城市职责、地域职责和涉农职责的城市政府更类似于一个角色混乱的政府。市级政府往往在更大空间范围内履行自身职责，而忽视了城市职责主要集中于建成区这一基本事实。造成实际上真正承担城市职责的通常是市辖区（主城区）政府和部分市级政府组成部门。而市辖区作为行政分治区，并不符合城市整体治理的要求，它的主要任务应是配合市级政府的工作。

可见，由“职责趋同”所造成的城市政府内部的部门分割和精力分散，将破坏城市工作的系统性和集中性。

（三）降低了城市政府的运行效率

“职责趋同”也意味着职责不清，每一类型政府都管大致相同的事，同时什么事也都能管。结果是城市政府不应该管的也要管，该管的却管不好，政府运行效率自然会大为降低。造成这一现象的原因是：

第一，城市政府所需承担的职责总量在增加。一方面，依然承担原地域型政府时期的职责；另一方面，又要在城市建设、管理与服务方面有所作为。因此，在原有事务没有相应剥离的情况下，城市政府所需承担的事务总量迅猛增加。但限于既定的人员与财力，城市政府的精力明显不足。这促使其会按照轻重缓急和自主定位对城市工作进行取舍或侧重。另外，城市政府的自利本性也会促使其倾向于能给自身带来收益且风险较小的事务。但是，城市是一个有机系统，这种避重就轻的方式实际上会降低政府的运行效率。

第二，城市政府要抽出相当的时间和精力，用于协调与上下级政府和周边地域型政区政府的关系。“职责趋同”是城市政府嵌入到政治权力体系后的结果。城市政府的自主空间受到严重挤压，权力逻辑渗入到城市工作的方方面面。这导致：一方面，城市过度依赖于权力来获取资源，这需要城市政府更多的遵循权力逻辑而不是城市发展逻辑；另一方面，权力之间的张力限制了城市行政管理的效率。城市发展与市场经济有着内在一致性。政府提供公共产品与公共服务需要符合市场的伙伴逻辑。否则，权力本位的政府运行模式势必会与伙伴逻辑产生冲突。

第三，对城市政府专业能力的叠加要求。涉农职责、地域职责和城市职责等三类职责对政府专业能力的要求是不同的。一方面，不同要求之间可能存在着冲突。例如，涉农职责侧重公平而城市职责侧重效率，城市政府很难权衡。另一方面，要求过高，现实无法实现。例如，一些城市政府的城乡规划局，既负责城市规划、镇规划，也负责乡规划、村庄规划。前者的规划对象是国有土地，而后者是集体土地。这要求这类部门的工作人员必须“多专多能”，这显然并不现实。因为专业性与事务范围通常是呈反比的。其所造成的结果很可能是“无专无能”。

（四）不利于以专门化为取向的政府机构改革

全面正确履行政府职能需要根据政府的类型、属性配置相应的职责。《中共中央关于全面深化改革若干重大问题的决定》中指出：“加强中央政府宏观调整职责和能力，加强地方政府公共服务、市场监管、社会管理和环境保护等职责。”[①] 可见，改革要求不同层级政府专门负责特定事务，专门化将成为未来政府机构改革的方向之一。

专门化管理与计划经济时代的城市管理模式有着很大的不同。在计划经济时代，虽然城市职责主要由城市政府承担，但因内部分工过细，市场、社会发育不足，导致城市工作陷入僵化。而现代的专门化管理则主要强调城市建成区和农村地区存在着很大不同。在城市建成区，较高的人口密度、现代化的生产生活方式决定了其比农村地区要获得更专业、更富针对性的市政管理。因此，有必要在两类不同行政区实施截然不同的管理模式。这就需要在政府机构改革中做出积极回应。

然而，在“职责趋同”的情况下，开展专门化的城市政府机构改革变得困难许多。具体表现在：其一，职责决定机构，没有“职责趋异”作为前提，机构改革将如无源之水；其二，剥离原有部门中的城市职责以成立新部门，可能会诱发新一轮的机构膨胀；其三，即使在个别城市政府内实现了三类职责分属于三类特定机构，也无法从整体上改变城市

① 《中共中央关于全面深化改革若干重大问题的决定》，人民出版社 2013 年版，第 18 页。

政府内职责混杂的局面。

第二节　膨胀与分化：城市政府机构设置的特征和转变

从政府工作实践来看，城市政府与地域型政区政府在内部机构设置上存在着较多的共性，这些共性是由“职责趋同”决定的。但同时也应注意到，也有部分城市，政府内设立了综合性的城市管理机构。这类机构的出现对市制发展而言，有着积极的意义。

一　城市政府与地域型政区政府的“机构趋同”

城市政府所负有的职责决定着机构设置和人员编制水平。前文已经提到，城市政府与地域型政区政府之间往往承担了类似的职责。二者均将涉农职责、城市职责和地域职责混杂在了一起。这些职责的混杂决定了两类政府的内设机构也大致相同。一般意义而言，同层级的城市政府要较地域型政区政府拥有更多的财税、政策、权限等优势，但是这些并没有在机构配置上反映出来。

（一）同级城市政府与地域型政区政府的机构设置大体一致

城市政府机构设立要遵循“三定方案”，也就是定职能、定机构、定编制。在此基础上，通过同级编办报中央编办批准。机构设立要有相应的职责作为依据。在城市政府与地域型政区政府“职责趋同”的情况下，机构设置大体一致也就在所难免了。接下来，将用一个案例来具体说明这种现象。

目前，在省级政府中，城市政府只有4个（2016年），而在地级政府中，非城市政府的数量也仅余10个（2016年），而在县级政府中，城市政府有1282个，非城市政府有1568个（2016年）。数量的悬殊会影响可比性，而县和县级市又是同层级中最典型的类型。[①] 因此，选取县级政府

① 市辖区是市级政府的行政分治区。自治县、旗、自治旗等又富有民族特征，受其他因素干扰较大。所以选择它们进行对比并不合适。

中的县政府和县级市政府进行对比或更有研究价值。下文拟将福建省泉州市作为个案。理由是：其一，该地级市下辖县和县级市的数量大致相当；其二，该市内尚未实施省直管县（市）改革。泉州市代管三市：晋江市、石狮市和南安市，三市的设立时间分别为：1987 年、1992 年、1993 年。管辖四县，分别是惠安县、永春县、安溪县、德化县。

表 3—1 详细列举了泉州下辖（代管）四县三市政府内设机构的情况。在对比中有三点发现：其一，在机构名称方面，市县之间差异很小。虽然并没有完全的一一对应，但主要是受大部制改革影响而出现的机构合并分立、重新组合使然。如部分县市将住建局和规划局合并，有的则没有。例如，2015 年根据《石狮市人民政府职能转变和机构改革方案》，石狮市将机构整合为二十二个。而同为县级市的南安市却仍有三十三个机构。其二，由市所专有的城市管理专门机构数量较为有限。只有南安市市政局、晋江市市政园林局和石狮市城市管理局。很多城市职责还分散在其他机构之中。其三，有少部分县市根据当地特殊的经济、社会环境设立了专有机构。例如，安溪因发达的茶产业，所以设有农茶局。

表 3—1　　福建省泉州市管辖/代管县（市）政府内设机构对比

地级	泉州市						
县级	晋江市	石狮市	南安市	惠安县	永春县	安溪县	德化县
人口规模（2015 年常住人口）单位：万人	207.80	68.30	147.60	99.50	45.80	100.50	28.40
机构数量	22	28	33	30	25	29	30
七个市、县政府相同或相似的内设机构 注：括号内指由于部分县市尚未进行大部制改革，所以相关职能还分散在多个机构	发展与改革局、民政局、公安局、司法局、教育局、审计局、财政局、监察局、人社局（公务员局）、统计局、民宗局、国土资源局、卫生和计划生育局、环保局、住房和城乡建设局（规划局）、交通局①、旅游局、文化体育局、新闻出版局、安监局、市场监督管理局（质量监督管理局、科学技术局、知识产权局、工商局、食品药品监督管理局）						

① 石狮市将交通局和城市建设局合并，称为交通和城市建设局。

续表

地级	泉州市						
县级	晋江市	石狮市	南安市	惠安县	永春县	安溪县	德化县
县所具有的城市管理专门机构	市政公用事业管理局（德化、安溪、惠安①）						
市所独有的城市管理专门机构	市政局（南安）、市政园林局（晋江）、城市管理局（石狮）						
市所具有的农业机构	水利局（南安、晋江）、农业局（南安、晋江）、林业局、粮食局、农办、海洋渔业局（南安、石狮）、农业办公室（石狮）						
市所独有的经济部门	金融工作局（石狮）						
“机构异构”② 现象	侨办	晋江、石狮、安溪、南安					
	海洋渔业局	石狮、南安、惠安					
	农茶局	安溪					

人口数据源于《福建统计年鉴 2016》，福建省统计局网站（http：//www. stats-fj. gov. cn/tongjinianjian/dz2016/index-cn. htm）。其余数据均来源于上述各县（市）的政府网站。

总之，以上三点说明了绝大部分机构在七个市县中均有设立，市县政府内设机构之间的差异并不显著。进而印证了两类政府机构设置大体一致的论断。又由于纵向政府间“机构同构”③ 的存在，可以继续推论：同级城市政府和地域型政区政府的“机构趋同”所最终导致的是各层级城市政府和地域型政区政府之间的“机构趋同”。

（二）城市政府的机构膨胀

从泉州市的案例中可以看到，部分城市政府经过机构改革，内设机构数量大幅减少。但是如果深入分析，实际上另有“隐情”。以上文提到的石狮市为例，经过改革，新组建的 10 个机构只是对原有机构的“简单

① 惠安县称为公用事业与建筑管理局。

② “机构异构”是与“机构同构”相对应的一个概念，下文将做进一步分析。“机构异构”并不必然会出现“职责异构”。没有类似结构，但职责仍可能由其他机构负责，故“职责同构”可能依然存在。

③ “机构同构”意味着各级政府根据与上级对口而不是自身需要的原则设立机构，即上级有什么机构和部门，下级相应也要建立，而不论机构是否有相应的功能和对象。参见周振超《当代中国政府“条块关系”研究》，天津人民出版社 2009 年版，第 130 页。

合并”。其中，市场监督管理局是将原食品药品监督管理局、工商行政管理局、质量技术监督局的职责进行整合后成立的。但同时，它还加挂市食品安全委员会办公室、工商行政管理局、质量技术监督局、食品药品监督管理局的牌子。可见，这些机构实际上并未消失，而是统一加挂了一个市场监督局的牌子而已。同时，从文件《石狮市人民政府职能转变和机构改革方案》中亦可以看到：政府职责总量也没有减少，反而进一步突出了一些新职责，这必然要求在机构内部设置和人员编制上加以扩充。①

为了顺应中央关于“减少机构数量”② 的要求。部分地方政府便尝试设立一些综合部门来统领相关机构。在机构合并之后，综合部门内部的职责整合往往并没有有效展开。这个新成立的综合部门甚至会成为新一轮机构膨胀的诱因。因为围绕新部门所增加的职责，一些内设的科室或者挂靠组织会相继成立。

（三）机构膨胀带来了行政人员的增加

高珮义在 1991 年的研究中指出：“中国设市标准受行政区划和行政等级影响太大。设了市，就要按照城市的行政机构架构来配备领导班子和部门设置，这样一来就势必要增加行政编制。”③ 他所描述的是改革开放之初的状况。进入 21 世纪后，历届政府在编制管理上逐步收紧。本届政府甚至提出了在任内“财政供养的人员只减不增”④ 的承诺。因此，从行政编制人员的总量来看，设市之后确实没有增加多少。可是与此同时，政府所需要履行的职责却在增加。有职责就需要有人员来具体负责，但是，“由于行政编制太少，难以满足政府运行的基本需求，政府各部门不得不大量使用编外或超编人员”⑤。在个别单位，编外人员数量甚至大大超过编内人员，这在城市政府机构中表现得尤为突出。因为：一方面，

① 林永清：《石狮出台政府机构改革方案 改革后政府部门总数为 22 个》，《海峡都市报闽南版》，2015 年 5 月 15 日第 5 版。

② 《中共中央关于全面深化改革若干重大问题的决定》，人民出版社 2013 年版，第 19 页。

③ 高珮义：《中外城市化比较研究》，南开大学出版社 1991 年版，第 120 页。

④ 《李克强：确保地方政府机构财政供养人员只减不增》，2013 年 11 月，中国新闻网（http：//www. chinanews. com/gn/2013/11 -01/5455261. shtml）。

⑤ 朱光磊、李利平：《公务员占人口的适当比例问题刍议》，《中国行政管理》2009 年第 9 期。

快速城市化使得城市问题集中爆发，城市事务随之陡增；另一方面，在软性财政约束和土地财政的双重作用下，城市政府拥有大量可支配资源，使其更有能力聘用大量编外人员。

这些编外人员的来源主要有以下三种渠道：其一，通过同级政府的劳动人事部门招聘，虽由政府统一管理，但不纳入编制管理序列；其二，通过政府部门成立的公司（多为空壳公司）或社会组织引入编外人员；其二，拟聘用部门与劳务派遣公司达成协议，编外人员以劳务派遣方式进入政府部门工作（目前，这类渠道越来越受到青睐）。[①] 除了第一种形式之外，后两种形式都较为隐蔽。这造成了众多编外人员游离于编制管理之外，甚至连城市政府自身都没有准确的统计，遑论有效监管。

总之，中国现阶段城市政府内行政人员增加主要还是结构性问题。因此，不能同“官民比”问题相混淆。从编外人员这一结构角度入手来探讨行政人员增加问题，当更有针对性。

二　条块关系下城市政府的机构分化

城市政府的内设机构并不是全部由“块块”来领导，而是在条块关系的作用下因领导关系不同而出现了分化。这种分化虽然在其他地方政府中也不同程度地存在着，但是伴随着城市事务的繁密化和复杂化，它对城市政府过程所产生的影响更为独特。

（一）城市政府机构的类型与分化

由于“条条管理”的存在，城市政府的内设机构大体可以分化为三类：垂管机构、双管机构和市管机构。所谓“垂管机构”就是由上级垂直管理，既可能是中央政府垂直管理也可能是省级政府垂直管理。垂管机构的设立通常是出于维护中央及上级的政治权威，并顺利汲取资源的考虑。典型的中央垂管机构有国土资源、国税、央行等，省级垂管机构有质检、药监、工商等。但是，由于置身于城市政府的“地盘”，因此多少都会对其产生一定的依赖性。“常理而言，垂管部门层级权力的大小与

① 本书作者曾经作为编外人员在一家国家部委下属的事业单位工作，因此对编外人员的形式有切身体会。另外，在对天津市个别市辖区的调研中，也印证并丰富了以上判断。

对地方政府的依赖性成反比”①。双管机构指既受“条条”的领导，又受“块块”领导的机构，这类机构在城市政府中属于大多数。根据领导关系的细微差异还可以做进一步的细分。有以条为主的部门，如审计、监察、安全、国土资源、气象、地震等部门。也有以块为主的部门，如统计、地税、环保，等等。② 实际以谁为主既是相对的又是有所不同的。发达地区的双管部门因受惠于地方财政故常常更侧重于“块”，落后地区则相反。市管机构则采取属地化管理的方式，与垂直管理相对。这类机构并没有上级的对口部门，而是根据城市发展的需要设立。因此与垂管机构和双管机构相比，机构数量并不多。

上述三类机构并不是静态的，而是随着国家城市发展战略和政府机构改革政策的调整在不断的变动之中。例如，当上级乃至中央政府认为某项职责可以由城市独立完成时，那么就会下放权限，市管机构也就出现了。总体来看，当偏向于中央计划一些时，就会强化垂管机构；当对地方自主发展更为强调时，双管和市管机构则会多起来。

（二）机构分化所带来的负面影响

地方政府的机构分化受纵向间政府关系的影响，其存在有一定的合理性。但考虑到城市工作的特殊性，在城市政府中依然存在这种机构分化，实际上并不利于城市的整体性治理，理由如下：

其一，各机构分别制定城市规划。“中国的城市规划是由城市国民经济和社会发展规划、城乡规划、土地利用规划、生态环境保护规划等多个规划组成的，而这些规划分别由从中央到地方各级政府发改、国土、环保和住建等不同的部门分别制定。在政府单边主义的治理框架下，中国城市规划存在同一城市不同蓝图的混乱局面”③。城市规划是一项专业性很强的工作，对城市未来发展意义重大。由市级政府负责对所在城市做统一规划是专业化的基本要求，但是由于现有的规划部门分属于不同的垂管或双管部门，市级政府协调这些部门的成本很大。这最终将造成

---

① 李瑞昌：《政府间网络治理：垂直管理部门与地方政府间关系研究》，复旦大学出版社2012年版，第135页。

② 参见周振超《当代中国政府“条块关系”研究》，天津人民出版社2009年版，第32—45页。

③ 姚尚建：《作为公共政策的城市规划——政治嵌入与利益整合》，《行政论坛》2015年第5期。

城市规划的不科学、不协调和不持续。

其二，“信息孤岛”的出现。信息在市政管理中发挥着越来越重要的作用，但越是重要的事务越被看成是利益的摇篮。在一些部门看来，信息共享也就意味着利益流失。以近年来部分城市所实施的审批制度改革为例。调研发现，有相当数量的垂管部门使用的是国家部委或省级业务主管部门统一建设的审批专网。专网之间无法兼容，数据不能在部门间共享。甚至只有在这些专网上操作才能发放申请人所需要的证书。这样“条条”就可以继续将相关信息作为独享资源。可是，这样一来行政审批局的工作就被这些专网分割成了一系列“信息孤岛”。纵然相对集中了行政审批权，可审批信息之间是割裂的，信息不得不重复录入，最终致使改革成效难以达到预期。

其三，在政府机构改革过程中，会遇到来自“条条”的阻力，“条条”不配合“块块”的改革。例如，行政审批改革过程中，一些职能部门的审批专网不引入行政审批局，市级各职能部门有关的新业务、新政策、新文件也无法及时有效地传递给各区县行政审批局，这显然不仅仅是技术问题。它们意图通过“拖延”来等待上级部门之间的“博弈结果”，或者等待改革风向的转变。市政体制是市制运行的关键环节，城市政府理应进行综合把握。然而，当市政机构的运行常常受到“条条”的干扰时，通往市制本源价值的道路也就显得阻力重重了。

（三）机构分化的成因和未来走向

城市政府的机构分化固然是由条块矛盾引起的。但是，在城市工作中，条块矛盾还有着独特的内涵：一方面，中央政府、省级政府通过垂管机构加强对城市政府的控制。这种控制既体现在对城市风险的管控上，也体现在对城市资源的汲取上。前者最明显的例证就是中央对土地规划的垂管，“垂直管理能在一定程度上解决中央政府政令不通的困境”①。国土部门认为，如果土地审批权交予城市政府将可能造成土地的无节制占用。这可能使“十八亿亩土地红线”被突破，不但会威胁到国家的粮食安全，而且会造成对土地资源的浪费。在后者的例证则是国税和地税。

① 杨凤春：《中国政府概要》，北京大学出版社2002年版，第259页。

国税隶属于中央，地税隶属于省（直辖市、自治区）[①]，城市政府（直辖市除外）本身没有征税的权力，而只能从税收提成、转移支付和其他非税收来源中获得财政资金。另一方面，城市政府意图通过城市专业机构的运行来扩大自主空间。专业机构是城市政府为了实现特定城市功能而设立的，城市工作越复杂对专业能力的要求越高，上级政府能够实施干预的能力也就越有限。可见，城市政府的机构区分，同样也可以从“央地博弈”视角获得解释。

至于这场机构的分化与博弈朝哪方面发展尚没有明显的迹象。在此，笔者并无意探讨如何消除条块矛盾，但主张承担城市职责的机构应该更多的由“块块”来领导。因为城市职责更贴近于地方发展实际，由“块块”领导既能保障相关政策制定的全面性和科学性，也能保障政策执行的有效性和及时性。同时，将这些专业性强的职责划归城市专属，本身也是对上级政府乃至中央政府的“松绑”。与其揽着没有能力管好的事情不放，倒不如对城市政府充分授权。中央政府、省政府则将主要精力放在城市事务的事中事后监管上。这或许更有利于控制风险和资源汲取。

三　综合城市管理机构的出现与隐忧

专门开展城市管理的机构很早就出现了，这点在前文的历史分析和中外对比分析中均有提及。当前，随着中国城市的快速发展，负责城市地区专门管理的政府机构进一步增多。但是这些机构往往存在着以下五个方面的缺陷：

其一，分工过细而难以适应城市治理的需要。机构的设立和运行仍然受到了计划思维的深刻影响。如在城市能源供应中，煤、电、气分属不同部门管理，一旦遇到能源供应紧张，各部门之间无法及时开展协调、调度。其二，机构职责范围涵括城市区域和农村区域。这会造成所制定的工作方案缺乏针对性，主观认为城市和农村都一样，实际上很容易导致工作粗糙、“一刀切”。其三，机构职责被市辖区或街

---

① 虽然在2018年的改革中，国税地税在征收环节实现了合并，但是这并没有从根本上动摇分税体制。

道办分割。由于城市内市级政府、市辖区政府、街道办在职责划分上的混乱，使得原本由市级政府负责更为合适的职责却下沉到了市辖区或街道。这使专门机构要在这些基层政府（自治组织）间疲于协调。其四，个别机构兼有城市职责和非城市职责。虽然这些职责可能产生于原有职责的自然延伸，但若不加以剥离势必会影响到原有工作。其五，新生城市职责的归属问题存疑。例如，随着新能源汽车的兴起，围绕充电桩的管理、建设问题，各部门之间相互扯皮，“政出多门”现象频现。这五个因素制约了城市管理与服务的专业性、系统性和综合性，进而削弱了城市的良性发展。

为了解决上述问题，部分城市率先实施改革，在将相关专门机构或其他机构中的城市职责进行整合后，设立了综合性的城市管理部门。例如，北京市于2016年7月正式成立了城市管理委员会。这一机构“以原市政市容委的全部职责为基础，将市发改委、市商务委、市园林绿化局、市水务局等多部门的部分职能，划归市城管委”①。该机构意在综合原先分散的部门职责，将与城市管理相关的领域都纳入进来以应对日益繁杂的城市问题。同时，广州市、成都市、杭州市也成立了类似机构。这类机构将中心城区作为主要的施政空间，并剥离掉了非城市职责。这对于提高城市资源的统筹调度能力，完善城市治理体系，明确新职责的归属，对于整合城市管理功能，改变现阶段中国各城市内整体性治理不足的现状有着积极的意义。

当然，它们的发展也存在着一定的隐忧，那就是：一方面，综合部门的出现是在剥离其他机构职责的基础上产生的，上文提到过职责是机构存在的基础，在这种情况下，这种模式能否在其他地方复制尚且存疑。另一方面，综合城市管理部门在强化之后可能演变为一个超级部门，继续发展下去甚至会成为城市政府实际上的代名词，而现有城市政府则可能蜕变为一个实质上的地域型政区政府。

① 于立霄：《北京市城市管理委员会今正式挂牌》，2016年7月，中国新闻网（http：//www. chinanews. com/gn/2016/07－28/7954944. shtm）。

第三节　城市等级标识:“三层五级”行政层级体制

等级也就是在特定标准之下所呈现出的高下差别。以此观之，中国的城市体系是存在等级性的。当然，这与古代建立在宗法制基础上的等级城市有着本质区别。现代城市将行政层级作为区分等级的主要依据。当这种区分逐渐固化为城市之间的主体差别时，也就形成了一种体制。

一　层级体制的主要构成要素

城市的行政层级体制有两个主要构成单元：一个是“层”，一个是“级”。“层”指的是分布有城市建制的行政区划层。中国行政区划的“层”共有五个，分别是中央、省（直辖市、自治区）、地（地级市、盟）①、县（自治县、旗）、乡（镇），这是由宪法和地方组织法所规定的。城市建制主要分布在其中的三层：省（直辖市、自治区）、地区（地级市、盟）、县（自治县、旗）。而“级”则指的是由行政级别②所确立的城市等级地位。具体包括五级：直辖市（省级）、副省级市、地级市、副地级市、县级市。由于“五级”依附于“三层”，因此重点从“三层”入手展开剖析。

（一）归属于“省一层”行政区划的城市

归属于省一层行政区划的城市只有直辖市一种类型。直辖市的全称是“中央直辖市”，即由中央政府直接管辖的建制市。中国现有的四个直辖市分别为：北京、天津、上海和重庆。四个城市最终确立为直辖市的

---

① 地级虽然在宪法中并没有规定。但是它既在《地方组织法》中也在政府运行的实践中，获得了行政区划层级的实际地位。

② 行政级别是一个内涵模糊的概念，它主要在三种不同的含义上使用：其一，依法履行公职、纳入国家行政编制、由国家财政负担工资福利的工作人员的职务层次；其二，国企、事业单位、群团组织乃至部队内参公人员的对等层次；其三，政府机构、部门及部分单位的行政等级。从第一个层次上使用这一概念能够避免一些不必要的混乱，对开展研究也较为有利。参见何李《媒介式耦合：中国政府层级和行政级别的辩证关系探析》，《内蒙古社会科学》（汉文版）2017 年第 2 期。

时间并不相同，北京为1949年，上海为1953年，天津为1967年[①]，重庆为1997年。除了新中国成立初期，因处在探索阶段而有较大变动外[②]，其余时间里直辖市的撤销、增设幅度都不大。这说明在直辖市的调整问题上，中央一直都很慎重。这可能主要是因为直辖市在政治权力结构中处在一个非常重要的位置：

首先，直辖市的政治权力结构和机构设置虽与省相类似，但政治地位要高于一般的省（自治区）。理由是：一方面，直辖市的市委书记一般能够成为政治局委员，参与中央政治局的最高决策，成为权力中心的组成部分；另一方面，其在国家功能定位上与其他省级单位亦有原则性区别。例如，在政府机构的数量上不但可以比一般的省略多一些，在政府机构改革方面也可以体现出自己的特殊性。其次，直辖市在区域经济中发挥着核心作用。从经济方面来看，北京、天津是京津冀都市圈的核心城市，上海是长三角都市圈的核心城市，重庆是成渝都市圈的核心城市。它们均“在大区域经济发展中起着‘龙头’和‘领头羊’的作用”[③]。最后，直辖市扮演着区域政治平衡者的角色。直辖市可以“缩小省级政府管理范围，减弱省级政府与中央讨价还价的砝码”[④]。因此可以说，从政治角度分析，直辖市已不是完全意义上的地方行政区。它兼有中央权力和城市权力的双重属性。直辖市政府不但需要从自身发展角度考虑问题，而且需要从中央、区域角度来思考问题。因此，倘若轻率的变动直辖市体制，将可能使区域内的经济发展和政治稳定受到破坏。

目前，直辖市的空间组织特征大致有如下四点：其一，“两级政府，

---

① 天津1949年与北京一起设为中央直辖市，但于1958年降为省辖市，1967年才又升格。关于这一点，上文已有论述。

② 1953年3月12日，政务院（国务院的前身）根据《关于改变大行政区辖市及专署辖市的决定》，将上海、南京、武汉、广州、重庆、西安、沈阳、旅大、抚顺、本溪十个大行政区辖市改为中央直辖市，连同1949年已经设立的北京市、天津市和1953年7月增设的哈尔滨市和长春市，此时的中央直辖市达十四个，但1954年6月，随着六大行政区的撤销，除北京、上海、天津外，其余直辖市均降为省辖市。

③ 刘君德、马祖琦、熊竞：《中央直辖市政区空间组织与制度模式探析——理论架构、比较分析及实证研究》，东南大学出版社2012年版，第143页。

④ 张志红：《论大型城市在政府间关系中的政治平衡作用》，《南开学报》（哲学社会科学版）2008年第1期。

三级管理”和“三级政府，三级管理”并存。① 北京、上海、天津已均为“全城区市”，而重庆则仍辖县（自治县），故管理体制最为复杂。其二，新设政区（功能区）对直辖市的内部层级体系产生着重要影响。例如，天津市滨海新区、上海市浦东新区、重庆市两江新区都是国家级新区，行政级别为副部级。② 这导致各市辖区、功能区之间也形成了一定的强力关系。其三，域内市辖区之间差别很大。一方面，面积差别大。郊区面积普遍较大，而位于中心城区的市辖区面积要小得多。因此，近年来，北京、上海等市一直在试图推进“城域市辖区”之间的合并。③ 另一方面，管理体制差别大。老城区、城郊结合区、新设市辖区所实行的管理体制存在“代差”，这诱发了城市管理的碎片化。

（二）归属于“地一层”行政区划的城市

归属于地一层行政区划的城市包括三类：地级市、副省级市、一般省会城市（不含 10 个副省级市）。地级市在新中国成立之后就已经出现。当时，大多数的省、自治区设立专区这一派出机关来指导县的工作。1970 年专区更名为地区。与专区（地区）平级的市也就是地级市。当时的地级市数量还很少，1951 年有 69 个，1978 年也只有 98 个，而同时期的地区数量则分别是 201 个和 173 个。由于在同层级中所占比例较小，所以地级市尚无法构成一个实体化的行政层级。但是，随着 1982 年，中央决定推行市管县体制，地市合并便迅速铺开。截止到 2015 年底，地级市增为 291 个，地区则仅余 10 个。又由于地级市还拥有党委、政府、人大、政协、法院、检察院等完整机构设置，因此，“地级市管理层基本上形成了一级行政区划建制，逐步由虚变实”④。

地级市大致可以分为三类：其一，老工业城市，既面临着经济转型

---

① 在中心城区实行的是“两级政府，三级管理”，即市—区两级政府，市—区—街三级管理。在郊区和郊县实行的是“三级政府，三级管理”，即市—区—镇或市—县—镇三级政府和对应的三级管理。

② 天津市滨海新区和上海市浦东新区均为行政区，有与普通政府相似的机构配置，如人大、政协、法院等。而重庆市两江新区仍是功能区，跨越江北区、渝北区、北碚区三个行政区，由新区党工委和管委会领导，内部结构较为精干。

③ 例如，2010 年 7 月，北京市崇文区与东城区合并，宣武区与西城区合并，分别设立新的东城区和西城区。2015 年 10 月，上海市原闸北、静安两区“撤二建一”，设立新的静安区。

④ 肖金成：《地级市地位论——兼与撤地强县论商榷》，《学术界》2004 年第 2 期。

压力，又不得不承担繁重的历史欠账，代表城市：湖北黄石、辽宁阜新，等等；其二，由“地市合并”而来的城市，缺乏支柱产业，城市建设相对缓慢，代表城市：河北衡水、河南驻马店，等等；其三，由县级市升格而来的城市，经济活力强，但发展空间相对不足，代表城市：广东中山、广东东莞，等等。[①] 三类中，第二类在数量上是主体，这类地级市的行政体制承自原地区行政公署，并不具备较强的城市建设和管理经验，但借助于在权力序列中的较高地位，通过截留财政等方式用于治所建设，实现了治所所在的市辖区的发展。除了以上三类，也有少部分地级市是由县级市直接升格而成。它们继承了县级市的行政体制，体制灵活，发展较为高效。

从目前地级市的总体现状来看，它具有以下三个方面的特征：其一，所辖区域面积广阔。在同层级，全国除了部分边疆地域仍由地区、自治州管辖外，其余大部分区域都是由地级市管辖或代管的。其二，随着地市合并的基本完成，地级市数量已经达到饱和。除非在副地级市设立、县级市升格上进行制度创新，否则未来数量变动的空间不会太大。其三，地级市行政区划调整的重点转移到了内部结构上面。具体方式有：县（市）改市辖区、设立开发区，等等。

全国目前共有 15 个副省级市，其中 10 个为省会城市，5 个为计划单列市（非省会），计划单列市将在下文做具体论述。这 10 个省会城市已于 1994 年取消了计划单列，仍由所在省管辖，但是原先赋予的经济管理权限则予以保留。与一般省会城市相比，这 10 个城市有着以下三个方面的不同：其一，市直机关的级别为副厅级，内设机构为处级；其二，市委书记、市长、市人大常委会主任、市政协主席为央管干部，报中央审批，相关副职报中央组织部备案，换届选举也要报中组部审核；其三，机关工作人员工资也做了相应调整。可见，这些省会城市仍然受到了高于一般省会城市的规格待遇。一些国家部委甚至会在这些城市单独设立垂管部门，与省级垂管部门平行。

省会城市也称为省级行政中心，是省级政府的驻地城市。目前非副省级的省会城市有 12 个。省会城市同样归属于地级市，其行政区划级别

① 肖金成：《完善地级市城市功能若干对策》，《宏观经济管理》2002 年第 11 期。

也为地级。但是，它与一般地级市仍然存在着很大不同。由于是该省（自治区）的政治中心，省会在资源集聚方面有着天然的优势。这促使其成为该省的经济、文化、教育、商品集散、交通运输中心等，对省域内的城市布局产生着重要影响。省会城市的党委书记通常是所在省（自治区）的党委常委，行政级别为副省（部）级。

（三）归属于"县一层"行政区划的城市

归属于县一层行政区划的城市类型包括：副地级市和县级市。

这里所指的副地级市单指那些在财政和行政上均由省政府直接管辖，且其职能部门的级别也获得了相应提升，而不仅仅是主要领导"职务高配"的一类城市。符合这一要求的副地级市数量并不多。虽然在省直管县体制改革的过程中，也有一批县级市"一把手"的行政级别升为副地级，但是这与那些被赋予副地级地位的城市相比还是有所不同的。其中的典型代表就是河南省济源市。济源市 1988 年撤县设市，由焦作市代管，1997 年取消代管，改由河南省直管，2005 年其政府机构按照地级市来配置。但是，济源市仍没有获得完全意义上的地级市地位，在行政区划层面，它仍归属于县级。鉴于这类城市的运行过程并不具有独特性，且在现有研究中也往往被归并到省直管县改革或地级市改革之中，因此暂不对其进行详细论述。

县级市这一名称从 1983 年开始才正式确立下来。在这之前曾经称为：地辖市、专辖市等。县级市的行政地位与县相同，它是各层级中，城市数量最多也是近年来数量变动最大的一个城市建制类型。截至 2015 年底共有 361 个县级市。但这些县级市的分布并不均匀，数量和所占比例大体上从东部到西部呈递减趋势（参见表 3—2）。这与中国各区域的经济状况大体吻合。从密度来看，东北地区县级市占同层级政区的比例最高。虽然近年来东北地区经济形势不好，但是县级市设立高峰是在 20 世纪 80—90 年代。当时的东北凭借深厚的工业基础和高比例的非农业人口，城市发展较其他地区更为充分。因此，设市申请较多获得国务院批准也便不难理解了。

表 3—2　　县级市的区域分布和比例状况

指标 区域	县级市数量	其他县级行政区数量[A]	县级市占县级行政区总体的比重
东部（不含东北）	135	377	26.37%
中部	88	405	17.85%
西部	84	695	10.78%
东北	54	91	37.24%
合计	361	1568	18.71%

数据源于《中华人民共和国行政区划简册 2016》，数据截至 2015 年 12 月 31 日。

注：A 不含市辖区，但包括自治县、旗、自治旗、林区和特区。

可以根据管辖（代管）主体的不同将县级市分为以下五种类型（参见表 3—3）：第一，由地级市代管的县级市。这是市管县体制的产物，是当前最为常见的一个类型。第二，由省（自治区）直辖的县级市。省直管县级市又可以做进一步的细分：财政上省直管市和财政、行政双直管市。第三，由副省级市管辖的县级市。第四，由自治州（地区、盟）管

表 3—3　　县级市各类型数量对比

管辖（代管）主体		数量
地级市	省会（非副省级市）地级市	16
	普通地级市	255
省	行政区划意义上的直辖[A]	9
自治州		41
盟		4
地区		7
副省级市		21
新疆生产建设兵团		8
合计		361

数据源于《中华人民共和国行政区划简册 2016》，数据截至 2015 年 12 月 31 日。

注：A“行政区划意义上的直辖”指在民政部所发布的行政区划体系中已经被明确为一类正式政区，这与管理体制上的直辖有着本质差异。

辖的县级市。第五，由生产建设兵团管辖的县级市。新疆维吾尔自治区的“师市合一”市，虽然名义上由自治区直辖，但实际上是由新疆生产建设兵团管辖。后两种类型多设在民族自治地方，设市标准较低，城市人口规模较小，经济发展也相对落后。

最后需要强调一点：意图理解县级市应该从县制入手。因为，县级市“实质上还是传统的县制，只是换了个称呼”①。这些县级市承袭了县制的两方面特征：一方面，承继了稳定的内核。在中国政区演变的历史上，“县”是最为稳定的一种行政区划建制类型。这里的稳定主要指的是其结构和功能稳定而不是行政区划稳定。之所以会这样是因为县是古代中国的基本行政单元，它不但有着完整的地域空间，还根据行政事务的需要来进行辖区划分。它还充当着古代中央帝国的财政基础。另外，它没有或有着较为淡化的军事特征，这使得中央政府对县并无忌惮。② 在当代，县制同样是稳定的基石。它对于保护农业的基础地位，维护粮食安全，保障农村稳定发挥着重要作用。同时，它还成为中华民族的文化寄托，成为公众乡土意识的归宿。另一方面，承继了县制的内部结构。市政机构与之前的县政机构并没有明显区别。这一点已在上文做了具体说明。当然，省、地级市对县级市往往有着较高期望。“如‘全国卫生城’的检查，验收县级市的工作成果，而不验收县的工作成果。机构改革的试点也往往放在县级市”③。但这些期望，有时会给县级市带来机会，而有时会成为负担。

二 “三层五级”之外的要素

在“层级”之外还有一些要素影响着城市之间的等级差异：如立法权、综合经济管理权、优惠政策等。在它们的作用下，形成了较大的市、经济特区市、沿海开放市。这些要素虽然不像政府层级、行政级别那样有着显著的等级特性，但是它们通过排他式的范围界定，使得获得这些要素的城市较其他城市拥有更多的发展“特权”，而这些特权同样成为了

① 石超艺：《我国县级市前景试析》，《江汉论坛》2006 年第 5 期。

② 暴景升：《当代中国县政改革研究》，天津人民出版社 2007 年版，第 53—89 页。

③ 李平：《县级市政府职能转变的若干问题研究》，《中国行政管理》2000 年第 6 期。

城市之间的等级标识。

（一）较大的市

较大的市是从法律层面来界定的一个概念。在设立之初是为了解决地级市的立法权问题。1982 年《宪法》中有这样的表述："直辖市和较大的市分为区、县。"但是这里的较大的市实际上也包括副省级市和普通地级市。根据 1982 年的《地方组织法》和 2000 年的《立法法》，除了省、自治区、直辖市政府在不同宪法、法律、行政法规相抵触的情况下，可以制定地方性法规外，由国务院批准的较大的市也获得了制定地方法规的权力。

截止到 1993 年，先后共分四批次设立了 19 个较大的市，包括：唐山市、大同市、包头市、大连市、鞍山市、抚顺市、吉林市、齐齐哈尔市、无锡市、淮南市、青岛市、洛阳市、重庆市（1997 年直辖后不再是"较大的市"）、宁波市、邯郸市、本溪市、淄博市、苏州市、徐州市。从这一城市名单中可以看出："已批准的较大的市，是以计划经济体制为背景的。"[①] 其中，有十几个城市为资源型城市且东北地区最多。它们的设立是为了回应改革开放初期部分城市意图通过立法权来争取政策空间的需求。之后的实践表明，较大的市的确发展为一个重要的立法群落。然而，较大的市的设立标准和审批程序却并没有获得明确的法律规定。

不知出于何种原因，1993 年后较大的市就没有扩容了。2015 年修订的《立法法》将立法权赋予了所有设区的市。这一法律修订实际上宣告较大的市失去了在立法权方面的"特权"，但今后是否会获得新的使命还有待进一步观察。

（二）计划单列市

在上文中，已经大致梳理了计划单列市的历史沿革，本部分将主要介绍它们的运行现状。目前，中央计划单列市只剩下深圳、厦门、宁波、大连和青岛五个城市。虽然这五个城市均为副省级市，但是计划单列市和副省级市还是有很大区别的，表现在：一方面，这五个城市仍然享有省一级的经济社会管理权限，享受中央的计划单列。也就是说在经济社会事务方面，这五个城市可以绕过所在省的管辖，直接对中央政府负责。另一方面，这五个城市均非省会城市。那么它们的计划单列势必会对所

---

① 李兵：《关于划定具有立法权的"较大的市"的思考》，《法学》2005 年第 9 期。

在省的政治平衡产生影响。首先，引发“省域双核结构”[①] 的内生矛盾。例如，广东省出现了广州市和深圳市、山东省出现了济南市和青岛市、浙江省出现了杭州市和宁波市、辽宁省出现了沈阳市和大连市的“双核结构”。其次，双核之间可能会出现失衡。福建省由于福州市并非副省级市，因此，从行政级别来看厦门市反而要高于福州市。根据社科院 2008 年对 30 个城市群的城市首位度的调查，福州市的首位度是最低的。[②] 这不但会严重影响到福州对全省的辐射和控制力，而且可能激化双核之间的竞争。最后，是党政和经济社会分割的问题。计划单列市与所在省的经济联系相对较弱，但是与所在省的党政关系没有变。在政府运行中，党政事务和经济社会事务本就难以分开，强力为之将可能引发体制运转不畅和彼此掣肘等问题。

（三）经济特区市

经济特区市一般指改革开放后设立的深圳、珠海、厦门、汕头四个经济特区所在的城市。[③] 经济特区市和经济特区二者不能完全等同，因为在经济特区设立之初，经济特区与经济特区市并不是完全重合的。随着改革开放的深入，经济特区的范围才逐渐扩大甚至超过整个市域的范围。[④] 例如，1981 年 10 月 16 日在汕头市郊龙湖划出 22.6 平方公里土地建立汕头经济特区，而不是包括汕头市的全部辖区。因此，可以将经济特区市界定为：设有经济特区的行政市。从表 3—4 中可以看出，经济特区市虽然尚不是一类正式的城市建制类型，但是在部分法律文件中已频繁出现类似的名词，如经济特区所在地的市[⑤]、经济特区城市，等等。

---

① “省域双核结构”指在一省之内存在着两个经济中心，二者的经济发展水平大致相同。但由于其中一核为省会，另一核可能凭借自身的经济实力威胁到省会的核心地位，这一结构往往存在着不稳定因素。

② 参见方和荣《厦门建设海峡西岸重要中心城市的思考——基于福州、厦门、泉州的比较分析》，《中共福建省委党校学报》2010 年第 9 期。

③ 1988 年设立的海南经济特区并不是市建制，而是省建制，因此不将其纳入探讨范围。

④ 深圳经济特区 2010 年延伸到全市，2011 年延伸到深汕特别合作区。

⑤ 2000 年的《立法法》有这样的表述：“本法所称较大的市是指省、自治区的人民政府所在地的市，经济特区所在地的市和经国务院批准的较大的市。”

表 3—4　　经济特区市和经济特区对比表

指标＼城市	深圳	珠海	厦门	汕头
最早设市时间	1979 年	1979 年	1933 年	1930 年
设立经济特区时间	1980 年 8 月	1980 年 8 月	1980 年 10 月	1981 年 10 月
目前的行政级别	副省级	地级	副省级	地级
经济特区最初面积（平方公里）	395. 99	6. 81	2. 50	22. 60

经济特区可以在对外贸易、引进外资等方面享有特殊权限。但是，实际上，经济特区到底可以享有哪些权限并没有明确的规定，因此，其实际获得的自主发展空间要大得多。不但可以实施灵活的经济政策，还可以建立与之相适应的经济管理体制。经济特区体制的试行有着较强的政治属性，这与后来的城市功能区存在着本质差异。

当改革进入 20 世纪 90 年代，随着浦东新区的设立和开放范围的扩大，经济特区的独特地位受到了一定的挑战。但是，由于经济特区是改革开放成功经验的缩影，因此从政治地位来看，经济特区市仍然较为重要，也仍然常常被赋予特殊的改革使命。深圳市更是跃升为一线城市，成为改革开放成功的标志之一。

（四）沿海开放市

改革开放之初，继经济特区之后，为了扩大对外开放，鼓励外商投资和技术合作，选取一些沿海港口城市来给予外商一定的优惠政策。沿海开放市是分批设立的，从沿海向内地逐渐拓展。最早一批是 1984 年设立的，共有 14 个，分别是：大连、秦皇岛、天津、烟台、青岛、连云港、南通、上海、宁波、温州、福州、广州、湛江、北海等。从这份城市名单中可以看到，其中有 2 个直辖市、2 个省会城市，4 个后来成为副省级市（广州既是省会又成为了副省级市）。开放城市的选择考虑到了地理位置、地区平衡、工业基础和历史因素。随后，1985 年营口市、1987 年威海市也相继成为沿海开放城市。但是，随着开放地域的逐渐扩大，沿海开放市的提法逐渐淡去，它也没有成为一个固定的城市建制类型。

沿海开放市是改革开放初期的战略产物，它们是在“摸着石头过河”的总体政治氛围中出现的。对于打破当时僵化的城市体系起到了一定的作用。在这一思路的启发下，计划单列市、副省级市才相继出现。因此，它们对于当代城市层级体系的形成还是产生了积极贡献的。然而，沿海开放市的设立思路是在不触及城市等级体制的情况下，赋予一些城市特定的权限。这一思路在后来的市制调整与变革中依然在使用，例如，各类政策试验区、政策试点市等。但是，由于忽视了将这些政策内化到城市建制之中，因此，也就开启了中国城市建制层级属性过强的滥觞。

三　层级体制的基本架构和链接因素

前文已述，“层”与“级”的最大区别在于是否有《宪法》或《地方组织法》的明确规定。然而，在政府运行过程中，“层”与“级”之间并非呈平行关系而是彼此交叉且相互影响。

（一）层级体制的基本架构

“三层五级”城市行政层级体制的基本架构可以归纳为：层间有级、层级互构、由点到线、纵横成网。“层间有级”也就是在两个政府层级之间还会存在着一个“级别”因素，这个级别因素扮演了“准层”的角色。由于“准层”并未获得明确的法律地位[①]，因此，“级”在某种程度上成为了一个政策过渡或者弹性空间。“层级互构”指层与级之间存在着相互影响、互为支撑的关系。如果将层级体制比喻为一棵树的话，那么层就是树干，级则是树枝。层是级存在的基础，但级也在支撑着层的运行，其中，最典型的例证就是地级市的实体化。“由点到线”具体指：城市在各层级的点状分布逐渐演变为城市之间的线状联系。由此，城市府际关系运转的规模和频率也在不断增加，城市纵向府际关系和横向府际关系交织在一起，进而形成了一个相对独立的网络空间，这也就是所谓的“纵横成网”。下面可以通过各层级数量及其所占比例的变化来描述这一基本架构。

---

① 副省级市、副地级市都没有明确的法律规定，其法律地位尚不明晰。

表 3—5　　　　各层城市建制数量分布情况

行政区划层 \ 时间 \ 建制类型和比重	非城市建制（含民族型政区、特殊类型政区）		城市建制（含市辖区[A]）		城市数量占同层建制的比重（%）	
	1978 年	2015 年	1978 年	2015 年	1978 年	2015 年
省（不含港澳台）	26	27	3	4	10.30	12.90
地	211	43	98	291	31.70	87.10
县	2137	1568	500	1282	20.00	55.00

数据源于《中华人民共和国行政区划简册 1979》（数据至 1978 年 12 月 31 日）、《中华人民共和国行政区划简册 2016》（数据截至 2015 年 12 月 31 日）。

注：A 虽然直辖市下辖的市辖区的行政级别为地级，但其在行政区划上仍与县同层。

从表 3—5 中可以看出，经过 30 余年的设市实践，在地方政府各层之中，除了省层外，城市建制的数量均显著提升，数量的变化促使城市体系发生了质的改变。虽然直辖市设立较为慎重，但在省层以下设市则受到了普遍推崇。它通常被认为是激发地方潜能的强力举措。伴随着城市建制所占比例的不断提升，在府际关系的协调中，看到了越来越多城市政府的身影。另外，在转型期，府际关系的内容正逐渐从行政、经济领域向社会治理领域拓展，围绕城市公共事务而产生的政府间合作也日益增多，这在地层、县层表现得尤为突出。而这两层城市政府所占比例又是很高的，县层占比达 55.00%，地层更是高达 87.10%。上述因素交互作用使得城市政府成为了府际关系运行中的主要参与主体。①

（二）层级体制的链接因素

在层级体制的实际运行之中，很多城市问题往往需要转化到城市政府层面。为了回应这一需求，在层级体制中存在着一些链接因素，正是它们的作用将不同层级的城市暂时链接了起来。然而，这种链接作用是有局限性的。随着城市府际关系向深度和广度推进，链接机制越来越难以适应新的形势。这些链接因素包括：

第一，中共市委领导体制。根据中国共产党《党章》规定：党在省、

① 何李：《从主体认知到体制梗阻：中国城市府际关系初探》，《河南师范大学学报》（哲学社会科学版）2016 年第 4 期。

自治区、直辖市、设区的市、自治州、县（旗）、自治县、不设区的市和市辖区都设有代表大会、委员会和常务委员会。[①] 因此，每一层级的城市也都根据其所在的层级设有党的组织，不但对同层级中其他部门的党组织进行领导，还对下级党组织进行领导。而下级组织服从上级组织又是党的民主集中制的基本原则之一。既然中共市委在城市政治权力结构中处于领导核心位置，那么党的工作原则和工作方式也就成为层级体制的一个链接因素，推动了层级体制的运转。

第二，代管关系。从行政区划的相关文件来看，“代管”一词只在地级市与县级市之间使用。实际上，代管关系的产生是由市管县体制下的“撤县设市”造成的，同时也是为了避免与《宪法》产生直接冲突。[②] 代管二字蕴含着两层内涵：其一，原本不由地级市管理，现在则由其代为管理；其二，这是一个过渡，将来会进一步明确下来。可见，虽然代管关系暂时能够作为地级市与县级市之间建立管辖关系的一个链接，但是“代管”中所蕴含的两个问题不能永远搁置下去。

第三，作为参照系的“市—区—街”体制。在一个城市内部，政府机构也呈现为层级特征。大致可将其分为两类：一类是市、区、街道三级型；一类是市、街道两级型。[③] 这种层级划分虽然是为了管理的需要，但客观上成为了层级体制的参照系。具体来看，县（县级市）与市辖区平级，乡镇与街道平级，使它们不但形成了对等层次而且可以相互转化。这造成了设区的市所辖的区、街道与同层级的县级市、镇的同质化。最终，使得在一个城市内部也呈现出层级体制的特征。实际上，作为城市组成部分的市辖区、街道本不应该有层级设置，也应尽量减少与市域外个体城市的交往。可是在实践中，作为参照系的“市—区—街”体制却成了层级结构内部化的链接因素。

---

① 参见《党章》第二十四条、二十六条、二十七条的相关规定。

② 1982 年《宪法》第三十条规定：直辖市和较大的市分为区、县。如果将地级市理解为较大的市，那么由其下辖县级市就失去了法律依据。因此，目前用“代管”一词来作为暂时性的解释。

③ 王佃利、张莉萍、任德成：《现代市政学》，中国人民大学出版社 2004 年版，第 97 页。

第四节 政治因素叠加：市制运转过程中的偏离

由于一些非制度化政治因素的影响，市制在运转过程中偏离了原先设置的功能特性。这些政治因素既与中国深厚的传统文化有密切关联，也受到了当前政府运行环境的影响。它们看似与市制没有直接关系，却在潜移默化中不断改变着相关主体间的力量对比和互动逻辑，进而实现了对市制的蚀刻效果。

一 特殊功用加剧市制功能的异化

为了完成国家在某些领域的特殊任务，实现一定的特殊功用①，往往放宽标准或者采取特殊方式设立城市建制，从而造成了市制运行与其本源内涵相去甚远。这些特殊功用包括：

其一，稳边固边兴边。中国的边疆地区一般经济不发达，城市化进程相对缓慢，民族、宗教问题也相对突出。为了维护边疆稳定，促进边疆繁荣，提升边疆人民生活水平，国家意图通过设立城市建制来发挥带动作用。正如2015年某新疆生产建设兵团负责人所言："可克达拉建市，将引领兵团第四师由'屯垦戍边'向'建城戍边'转变，为稳边固边兴边发挥积极作用。"② 而实际上，这些新设城市往往只相当于内地的一个

① 1955年《国务院关于城乡划分标准的规定》中，对工矿企业、铁路站、工商中心、交通要口、中等以上学校、科学研究机关的所在地、职工住宅区以及重要疗养区放宽了设市标准，此时考虑的主要还是经济因素。但是，《民政部关于调整设市标准的报告》（1993年2月8日）中指出：具有政治、军事、外交等特殊需要的地方可放宽设市标准。而在《民政部关于对国发［1993］38号文件具体问题的解释》（民政函［1993］205号1993年8月8日）又进一步认为：具有政治、军事等特殊需要的地方。这是极个别的特殊的地方，一般不由下面提出，而由国家有关部门共同认定。

② 张鸿墀：《新疆可克达拉设市 实行兵团城市"师市合一"》，2015年4月，新华网（http：//www.sc.xinhuanet.com/content/2015－04/13/c_1114947021.htm）。

小镇。[①] 与此同时，其政府体制也可能与普通城市差异较大。典型代表就是：新疆生产建设兵团的“师市合一”体制。这种党政军企合一的体制在实践过程中面临着多重管理、区划不一[②]、职能混同等问题。另外，由哪些主体来推动市制功能的实现亦不明晰，这很可能导致军、企功能的渗入，使市制功能更趋异化。

其二，为了推动民族地区发展，也会在一些深处内陆的少数民族地区设立行政市。如青海省的德令哈市是以蒙古族为主体民族的少数民族聚居区，于 1988 年设市，2013 年常住总人口为 7.6 万人，从事第二产业的有 6000 人，第三产业的有 9417 人，分别只占人口总数的 7.89% 和 12.39%。[③] 可见，它仍是一个以农业人口为主体的行政区，严格来讲设市很牵强。不仅限于此，这还可能造成自治州自治权和城市发展权的矛盾。因为市制的良好运行要求上级政府向城市放权，所辖市的权力扩大也就意味着自治州自治权力的缩小。《宪法》和《民族区域自治法》规定了民族自治地方所拥有的自治权，而地方财政管理权是其中的重要内容之一。《民族区域自治法》规定：“凡是依照国家财政体制属于民族自治地方的财政收入，都应当由民族自治地方的自治机关自主安排使用。”这样在自治州与所辖市之间进行财政划分就可能陷入两难境地。

其三，维护领土主权。例如，2012 年，设立海南省三沙市（地级）。与新疆自治区不同，三沙所面临的主要问题不是来自于国内，而是来自于周边国家。越南、菲律宾等国，屡对南海岛礁和海域进行侵犯，严重损害了中国的领土主权。然而，三沙市的前身是类似于海南省派出机关的“西南中沙工委（县级）”，职权有限且定位不清，难以处理复杂的海上问题。“由于此前西沙没有地方法院，那些非法捕捞的外国渔民无法进

① 例如，新疆自治区的五家渠市、北屯市、铁门关市、双河市、可克达拉市 2015 年人口均不足 10 万。参见中华人民共和国民政部《中华人民共和国行政区划简册 2016》，中国地图出版社 2016 年版，第 193 页。

② 师市、团镇的行政区划并未完全合一，只实现了部分重叠。师大市小，如石河子城市区划面积为 460 平方千米，仅占师域面积的 7.7%。参见白燕、强始学《新疆兵团师市合一管理体制研究》，《行政管理改革》2016 年第 5 期。

③ 数据源于国家统计局城市社会经济调查司编《中国城市统计年鉴 2014》，中国社会科学出版社 2014 年版。

入中国司法审判程序，只能罚款”①。因此，有观点认为：通过设立地级三沙市来加强对包括西沙群岛、中沙群岛和南沙群岛在内的岛礁及海域的行政管理，既有利于提升和增进在与周边国家领域纠纷和冲突中的效率和手段，又有利于统筹协调各相关机构，推进三沙的旅游开发与环境保护。然而，实现上述功能只需通过级别提升或设立地级行政公署或特区便可实现。在人口、经济相去甚远的情况下，设立“五脏俱全”的地级市可能会使三沙受累于行政体制的庞大与复杂。不但难以高效运转，而且会偏离维护主权、巩固海防的主航道。

其四，资源导向的功能型市制。这类行政市多数设立于计划经济时期，主要是为了更好地开发自然资源。其运行体制一般为政企合一，在改革开放后由于某些原因得以保留和延续。在这一体制之下，企业承担着相当一部分市政功能。然而，企业的逐利性和市政管理的公共性之间会产生天然排斥。任何解决这一矛盾的努力难免会使二者中的一方利益受损。例如，黑龙江省伊春市，为了加强林业资源开发，于1958 年设立，现共辖1 市（县级）、1 县、15 市辖区。其中，各市辖区内的建成区并不毗邻。真正的中心城区只有伊春区，其余14 个区中有13 个区为政府与林业局共同管理的区域，这些林业局下辖众多木材加工、机电和建筑企业②。从近年来的情况看，伊春市无论是经济发展活力还是城市建设都明显滞后。

以上四种设市理由，都往往是基于这样的认识：市制能够成为达成上述目标的一个手段。这一认识未免夸大了市制所能产生的功效。市制并不是万能的，让市制背负过多的功能可能起到相反的效果，既达不到预期目的又造成了市制功能的异化。同时，将行政体制改革的成功过分寄希望于市制领域，也会造成对其他环节的忽视，不利于政府改革的推进。

二　城市政府谈判能力的影响

城市政府的谈判能力也可以称为“讨价还价”能力，它是在城市府

① 李静：《三沙市成立始末：曾一度搁置的设市计划》，2012 年8 月，新华网（http：//www.hq.xinhuanet.com/sansha/2012 - 08/06/c_112641731.htm）。

② 参见伊春市政府网（http：//www.yc.gov.cn/index.html）。

际关系基础上产生的，是衡量城市政府把握与上级政府之间关系能力的一个概念。最早将“谈判”概念运用于中国政府间关系研究的是李侃如（Lieberthal）、奥克森伯格（Oksenberg）和兰普顿（Lampton）等美国的中国问题学者。

（一）谈判能力是城市政府谋求发展的一项关键能力

城市政府的谈判能力具体指的是：城市政府通过协商、诉说、交换、保证等方式，从上级政府乃至中央政府或相关部委获取有利于自身发展的政策、权限、项目、资金等发展要素的一种能力。它虽将上级政府、中央政府及相关部委作为谈判对象，但又不能将这些对象简单设定为城市政府的对立面。实际上，谈判之所以成立恰恰是因为双方都认为“通过互让得到的东西，远多于通过单方面行动或者放弃共同协议得到的东西”①。这种认识促使不同层级、不同类型的政府借助谈判形成互惠关系，这种互惠关系是“基于义务之上的，每一方都以对方可以接受的方式来行动，或是每一方的行为对另一方来说是正当的”②。在上述分析基础上，可以得到下列延伸认识：其一，谈判能力并不必然是“针锋相对”的，其中往往夹杂着诸多柔性的谈判方式和策略；其二，谈判能力并不必然要求“地位平等”，在上下级之间同样可能存在着谈判行为；其三，谈判能力并不一定体现在主客双方之间，由于部分官员的升迁与调动，他们往往能够成为中央和地方之间开展“柔性谈判”的“超链接”。

谈判能力成为城市政府谋求发展的一项关键能力，这从根本上说是由单一制国家的特点决定的。在单一制国家，中央政府往往掌握着最重要的政治资源，资源按照政府层级自上至下呈递减分布。位于权力序列下端的政府需要借助谈判等方式来获取上级的授权。当然，除此之外，中国纵向政府间的谈判行为还受到政府运行中的一些独特因素的影响：

其一，权限的集分反复。由于在纵向政府间始终没有实现确权，每级

① Lampton, David M.,“A plum for a Peach: Bargaining, Interest, and Bureaucratic Politics”, in China, in Lieberthal&Lamptin, eds. *Bureaucracy, Politic, and Decision Making in Past-Mao China*, Burkely and Los Angeles: University of California Press, 1992, p. 37.

② 他得出这些论断主要基于对中央与省之间关系的分析，实际上，这种关系在纵向上下层级之间都不同程度地存在着。参见郑永年《中国的“行为联邦制”——中央地方关系的变革与动力》，东方出版社2013年版，第48页。

政府拥有何种权限并没有获得法律、法规的规定，这就给权限集分反复创造了条件。在权限收放方面，上级政府有着不小的自由裁量空间，下级政府为了争取权限下放，阻滞权限上收，需要与上级政府谈判。其二，分税制对城市财政的负面影响。1994 年所实行的分税制改革造成了地方财政的缺口，不但给省级政府带来了困难，而且给城市政府建设管理城市带来了困难。使其“逐渐走向以土地征用、开发和出让为主的发展模式，从而形成了土地财政”①。同时，在省级政府与城市政府（不含直辖市、副省级市）之间也没有明确分税规则，导致柔性财政分配模式逐渐形成。致使“中央和地方迄今为止的财政安排和事权调整都是中央和地方谈判妥协的结果”②（关于这一点下文将做进一步论述）。那么，具备较强谈判能力的主体便能够在这一模式下争取到更多的分配额度。其三，城市竞争的加剧。经济转型和城市化发展，使城市竞争已由招商引资、兴业住建、经营城市拓展到都市圈整合领域，对一个城市综合竞争力的要求也越来越高。城市竞争的成败关系到城市官员的政绩，这促使他们从政治市场中谋求更多的政治资源来应对这一形势。其四，项目制的深刻影响。国家通过项目的方式向城市政府进行财政转移支付，而城市政府要根据国家设定的项目标准展开竞争，从而也就形成了项目竞争的“锦标赛”。③

以上四个因素促使城市政府不断增强自身的谈判能力，这样才能在目前的城市间权力结构中争取到利益和机会，城市政府官员也能借此获得职位晋升的筹码。与此同时，在城市政府竞相提升谈判能力的过程中，市制的政治属性也在不断强化，城市层级结构变得更为复杂了。

（二）谈判能力对市制调整与运行的影响

谈判能力的运用有一定的范围，它一般不会涉及外交、国防等中央独享的职责范畴，而是重点围绕纵向政府间可以共享、互惠或争夺的领域。在市制的调整和运行④之中，往往都伴随着利益的纵向划分。此时，

---

① 孙秀林、周飞舟：《土地财政与分税制：一个实证解释》，《中国社会科学》2013 年第 4 期。

② 姚洋、杨雷：《制度供给失衡和中国财政分权的后果》，《战略与管理》2003 年第 3 期。

③ 周飞舟：《锦标赛体制》，《社会学研究》2009 年第 3 期。

④ 补充说明：本章重点对市制的运行现状进行论述。但对市制调整环节进行部分论述也是必要的，因为调整既是对运行中所发现问题的一个回应，也能够对后续的运行规则、力量对比产生质的影响。

城市政府的谈判能力便能产生效力。

1. 城市政府谈判能力影响市制调整及其执行效果

市制调整同样是一项公共政策，它包括发起、评估、决策、执行、监督等环节。本部分主要论述决策和执行环节。

市制调整的决策者也就是审批主体。根据规定，行政区划调整的审批主体包括全国人民代表大会、国务院、省（自治区、直辖市）人民政府及依法批准设立各派出机关的人民政府。[①] 决策者做出决策的依据除了地方上报的报告外，还需要与各相关政府和部门进行沟通与协商。决策主体多元、信息来源地方化、沟通与协商机制三个因素，实际上都给予了城市政府一定的自主空间，为谈判能力发挥功效提供了土壤。在决策主体多元化之下，城市政府可以在没有获得国务院批准的情况下，通过变更审批事项转而谋求获得省级政府或民政部门的批准。信息来源地方化使得城市政府掌握了信息选取、提炼的主动性，这为其虚报数据提供了条件。另外，借助于沟通和协商机制还可以同其他政府或部门达成市制调整的互惠协议。

市制调整政策的执行同样可以归入市制运行范畴，不过后者的外延要大得多。现阶段，市制调整的执行机关是各级民政部门。执行也是一个对决策内容进行不断消化、理解、再解释的过程，因为很多具体环节只有在操作中才能确定下来。其一，对于仅涉及同级之间的市制调整，往往有一个人员安排与调动的问题。例如，在市辖区合并后原先的政府结构和人员如何安排呢？相关市辖区政府会在决策做出后向市级政府提出要求，利益受损方也会提出有利于自己的补偿方案。[②] 其二，在涉及不同层级的市制调整中，同样存在着谈判行为。虽然低层级政区在政府等级体系中处于下位，但是这并不意味着完全服从。它们通常会借助一些柔性手段或相关渠道来表达自身的利益诉求。例如，在一些经济强县（市）改为市辖区的过程中，就发生了市级政府与县（市）政府在财务统

---

① 参见《国务院关于行政区划管理的规定》（国发［1985］8 号），2006 年 5 月，中国行政区划网（http：//www. xzqh. org. cn/index. php/article-detail-id－4409. html）。

② 目前市辖区合并改革决策往往严格保密，主要是为了防止腐败行为。这点将在第六章做进一步论述。

筹、机构调整方面达成妥协的事件。① 这是纵向政府间在尊重彼此利益基础上达成的谈判结果。其三，对于严重侵害自身利益的市制调整政策，城市政府则可能以消极和变通执行作为继续谈判的筹码。这在涉及利益分割的调整事项执行中体现得最为明显。

2. 城市政府谈判能力影响资源分配

城市建设和管理需要大量的资金，财税资源是城市政府实现这些目标的物质保障。然而，在当前的财税体制下，城市政府并不拥有本地财税资源的绝对支配权，而是要向上级政府和中央政府积极争取。这一过程主要表现在两个方面：

其一，省级政府与城市政府、地级市政府与县级市政府并没有实行类似于中央政府和省级政府之间的分税制。不同层级的城市之间围绕资源分配问题自然要展开博弈。但由于谈判能力的不同，城市所能获得的税收分成、财政收入是不同的。江苏、浙江、广东等省份在改革开放初期，省政府与市政府就达成了相对宽松的财政分配协议，市级政府获得了较多的财政资源。这固然与三地省级政府自上而下的推动有关，但城市政府自身的努力也不容小觑。

其二，中央的财政转移支付也是有选择性的。除了为缓解地方政府“入不敷出”的一般性转移支付，还包括为完成特定宏观调控任务的专项性转移支付。“专项转移支付一般没有统一的标准，具有临时性和项目性的特点……要求地方进行一定的配套，除了少数项目外，中央一般都只承担项目总支出的一部分”②。在这两类转移支付中，中央各部委往往拥有选择转移支付对象的决定权，“跑部钱进”现象由此产生，城市城府的谈判能力便能发挥关键作用。范子英和李欣的研究从一个侧面印证了这一论断。他们发现中央部委部长与其来源地级市存在着政治关联效应，这一关联效应体现在转移支付额度的提升上。③ 也就是说，中央部委正职

---

① 2014 年山东省德州市陵县改为陵城区，市政府决定在 3 年内实行“四个不变”：即保持原县级事权不变，经济管理权限不变，财税体制不变，优惠政策不变。参见《撤县设区 兖州“五年四不变” 陵城“三年四不变”》，2016 年 2 月，凤凰网（http：//sd. ifeng. com/a/20160223/4296916_0 shtml）。

② 范子英：《转移支付、基础设施投资与腐败》，《经济社会体制比较》2013 年第 2 期。

③ 范子英、李欣：《部长的政治关联效应与财政转移支付分配》，《经济研究》2014 年第 6 期。

领导的个人关系能够显著影响到其曾任职地级市获得转移支付的水平。因此，正职领导本人也就成为影响央地之间谈判结果的重要因素之一。

3. 城市政府谈判能力影响政策试验的归属

政策试验是一项具有中国特色的国家治理方略，它包括试验性法规、试点、试验区等三种形式。由于市制领域法治建设的相对滞后，所以在试验性法规方面不做详细论述，而将分析重点放在试点和试验区。

在城市层面的政策试点上，一般是通过区分试点城市和一般城市，来给予试点城市特定的政策优惠。由于部分政策试点可以给城市政府带来先行先试的机会，同时又可以收获来自上级乃至中央政府的认可，因此，“在一些试点工作启动之前，地方之间就在为成为试验点的资格，试点结果的评估等展开竞争”①。甚至在试点城市的选取上，不乏动用私人关系的案例。“大多数政策试验最先是由基层干部为解决本辖区内的棘手问题而发起的，同时也是受到仕途升迁和物质利益的驱动。基层干部会向上一级相关领导寻求私下对试验的支持”②。可见，成为试点城市在某种程度上享有着排他权限，形成了对非试点城市的优势地位。

在试验区的选择上亦能凸显城市的谈判能力。试验区较试点综合性强、试验规模大并能超越现有区划限制。根据试验区所实施政策的不同，可以将其分为规划型、产出型和试点型等类型。③ 这三种类型往往都伴随着政策、人才、资金等配套举措，对于城市政府而言有着很强的吸引力。城市政府通过发挥谈判能力来积极争取试验区落户在自己的辖区范围内。当然，试验区的选取会首先考虑申报城市自身的硬件条件，在此之外便属于谈判发挥效力的弹性空间了。

三　官员政治影响力是城市政治地位的构成要素

个体因素对城市地位产生影响，这一现象在市制运行规范化方面尚需努力的中国确实存在着。一些官员个体的影响力本身构成了城市政治

---

① 周望：《如何‘先试先行’？——央地互动视角下的政策试点启动机制》，《北京行政学院学报》2013 年第 5 期。

② 韩博天、石磊：《中国经济腾飞中的分级制政策试验》，《开放时代》2008 年第 5 期。

③ 赵诣、王冰：《政策试验区政策创新机制及效果研究——以武汉城市圈为例》，《西南交通大学学报》（社会科学版）2013 年第 3 期。

地位的组成部分。那么，他们又是以什么方式产生着这种影响呢？下文将做具体阐释。

（一）官员与影响力的界定

这里所指的官员指的是城市政治权力结构中的领导者，一般包括：市委、人民政府、市人大常委会、市政协、市人民法院和市人民检察院等部门的主要负责人。其中，“中国共产党的市委，是整个政治权力结构的核心，对整个城市工作起政治领导作用”①。因此，市委书记在城市权力结构中的地位与作用通常要大于其他官员。

影响力则是由上述官员个体所发出的。达尔等人认为：影响力是“一个或更多行动者的需求、欲望、偏好或意图，以一种与影响力施加者的需求、欲望、偏好或意图在方向上一致（而非相反）的方式，左右一个或多个行动者的行动或行动意向”②。可见，达尔等人是从政治学角度来解释影响力的，因此可以称之为政治影响力。他们的分析对国内的影响力研究产生了较大影响，国内学者也多秉持相同观点。如耿曙等人发现：“在官员职级问题上，‘正式职级’与‘实际分量’似乎存在一定落差。由于辖区大小不同、资源禀赋各异、战略地位也有别，即便职级相同，其政治影响、政治前景也可能相去甚远。”③

那么，基于以上研究论断似乎可以推论：一位拥有较大政治影响力官员的到任，也就能够提升任职城市的政治地位，进而对城市在市制中的排序产生影响。实际是否如此呢？接下来将就这一点做重点探讨。

（二）官员政治影响力的类型

根据来源的不同，可以将官员的政治影响力大体分为两类：其一，由正式制度所带来的政治影响力，这种影响力来自外部。官员因所任职务而获得相应的行政级别或党内政治排序。又由于党对城市的绝对领导，上述级别和排序将使其获得与之相匹配的政治影响力。可是，在具体的人事安排中，这些任职规定本身并不系统和完备：一方面缺少法律的明

① 朱光磊：《当代中国政府过程》，天津人民出版社2008年第3版，第312页。

② ［美］罗伯特·A·达尔、布鲁克·斯泰恩布里克纳：《现代政治分析》，吴勇译，中国人民大学出版社2012年版，第22页。

③ 耿曙、钟灵娜、庞保庆：《远近高低各不同：如何分辨省级领导的政治地位?》，《经济社会体制比较》2014年第5期。

确规定，很多是以政治惯例的形式存在，如“职务就高不就低”[①] 等；另一方面有很多跨界兼任现象，使排序变得多维化。其二，官员基于个体因素所具备的政治影响力。这种影响力来源于官员自身。由于中国共产党和中国政府在干部管理和培养中，特别注重干部交流[②]，交流的地域、机构，交流中的政绩、人事关系均构成了官员的政治资历。在关键岗位或基层有任职经历会增进其晋升的资本和后续的影响力。另外，官员与城市发展相匹配的专业素养也构成了其影响力的一部分。如在城市建设和城市形象打造中，一些在招商引资、经营城市等方面有专长的官员，就更容易取得政绩，从而提升其政治影响力。

（三）官员政治影响力对城市政治地位所造成的影响

探索官员政治影响力对城市政治地位所发挥的作用，要从“领导干部高配”谈起。它是中国干部任用实践中一种独特的政治现象，特指领导干部个人的行政级别[③]或政治地位高于所任职务。之所以这样做，首先是出于对干部的激励。例如，山西对开发区领导配置就做出了统一规定：“地区生产总值达到100亿元、一般预算收入达到5亿元，经推荐考察符合条件的，开发区主要领导可高配为副市（厅）级。”[④] 除此之外，还有一项重要目的，那就是提升其所任职城市的政治地位。例如，河北省石家庄市、唐山市市委书记均是河北省委常委（副省级）。石家庄市为省会（非副省级市），其“一把手”高配为副省级属于政治惯例。但唐山市并非省会而只是个普通地级市[⑤]，“高配”只能说明唐山市拥有其他同级别城市不一样的特质，而这些特质又受到了上级的重视。上级重视是其政

---

① “职务就高不就低”指的是这样一种现象：如果领导干部同时兼任多个职务，以级别高的职务为主要职务。参见何李《中国领导干部兼任现状与改进路径》，《领导科学》2016 年 10 月中。

② 交流形式包括：调任、转任和挂职锻炼。对省部级正职以下的领导成员应当有计划、有重点地实行跨地区、跨部门转任。参见《公务员法》第六十五条。

③ 根据《公务员法》规定：官员的行政级别根据所任职务及其德才表现、工作实绩和资历确定。

④ 郑书成：《山西：省级以上开发区符合条件可高配领导》，2013 年 7 月，人民网（http：//politics. people. com. cn/n/2013/0715/c70731 – 22200152. html）。

⑤ 唐山市是较大的市，河北省省辖的邯郸市同样是较大的市，但其领导干部就并没有高配。其他省（自治区）也有类似情况。如在 2016 年，内蒙古自治区包头市委书记也是区委常委。

治地位提升的重要标志之一。

政治地位提升，将为这个城市带来更多的政策支持。具体来看：其一，可以参加上级的重要会议，便于获得左右城市发展前途的重要信息。例如，城市主要官员可以参加上级党委会议，参与或影响上级决策。其二，有机会和条件与上级政府进行纵向权限划分的谈判与磋商。级别对等往往是展开谈判的前提条件。其三，提高这个城市在国家或区域城市整体规划中的重要性，从而在交通布局、政策试点等领域获得利好。这主要还是从纵向关系角度来谈的。

政治地位提升，也能为城市政府的对外交往工作带来益处：第一，该城市在政府间交往中，随着对等地位的提升，就有条件开展更大范围的政府间合作。例如，地级市官员的级别若为副省级，那么就可以消除与副省级城市交往中的部分障碍。第二，可以加强与官员级别相等的“条条”的沟通，从而在“条块矛盾”的处理中，获得一定的优势。这主要是从横向和斜向府际关系角度来谈的。

最后，有一点需要补充说明，这里并未试图证明官员政治影响力能够决定城市的政治地位，而只是强调官员个体因素对中国市制运行的影响不容忽视。挖掘这一关系，最终还是为了论证本节的主题：中国市制运行在非制度因素的作用下产生了偏差。

第四章

城市政治势差结构:对中国市制运行规律的理论提炼

第三章对市制运行的现状进行了描述，而这些描述还是多维度、零碎化的，很难给他人带来精简而系统的认识。因此，从理论的高度来提炼这些现象背后的规律显得尤为必要。本章试图围绕“城市政治势差结构”这一概念来达到上述理论研究工作的目的。具体而言，第一，在挖掘市制资源禀赋的基础上，论证这一概念的内涵和特征；第二，对于支撑这一结构的认识进行梳理；第三，重点对势差结构有关键塑造作用的力量——央地博弈展开分析；第四，从势差结构理论出发，对市制运行中的问题进行新的审视。其中，第二点和第三点是势差结构的理论延伸。

第一节 “城市政治势差结构”的内涵和特征

在对“城市政治势差结构”的内涵和特征进行阐释之前，有必要首先对市制中蕴含的资源禀赋进行分析。理由是：其一，它是从资源层面对市制运行现状的另一种呈现，因此是对第三章的承接和进一步凝练；其二，它试图从利益出发对影响市制运行的关键元素进行挖掘，能够为本章开展理论提炼提供前置支撑。因此，在这一部分的铺垫之下，对内涵和特征的描述过程才会拥有“政治资源”这一重要立足点。

一 市制蕴含的资源禀赋

市制的资源禀赋具体指的是：城市建制较非城市建制，市制内高层级城市较低层级城市所拥有的优势资源。本部分共列举了四种资源禀赋：品牌、财政、土地和政治。四者不是并列关系，品牌、财政、土地三种资源都指向政治资源，它较前三者更为关键。由四者构成的利益分配机制将为下文的理论提炼提供助益。

（一）品牌资源

“城市品牌是一个城市向其目标公众所展示和传达的能表现其城市核心价值、核心定位和核心特色的名称、术语、标记或符号”①。城市政府是城市品牌建设的主要推动者，因为它能给政府带来实实在在的政绩。城市品牌不但包括经济文化属性，而且包括政治属性。认识到这一点，就会发现“市”这一通名和城市在政治序列中的排序同样是城市品牌的重要组成部分。

一方面，“市”的通名具有品牌价值。获得这一通名的政区往往被贴上经济发达、管理优质的标签，从而有助于吸纳产业投资、吸引人才流入、促进文化旅游发展。如号称中国首个“村级市”——西辛庄市的村支书李连成对于筹建挂牌“村级市”时指出：“宣传就是生产力，要学会自己宣传自己。名号打出去了，对招商引资是一个亮点。”② 这恐怕与中国传统文化中的重名思想③不无关系。另一方面，城市级别也有着品牌属性。受“官本位”的影响，在公众中已经形成了普遍认识：在特定区域内，级别越高的城市，影响力就越大，发展就越好，管理和服务也就越到位。鉴于上述两点，在信息不对称的情况下，城市级别便会成为企业、公众判别城市竞争力的一个重要标尺。

然而，这种无形的品牌价值是零和博弈的结果，正如浦善新所言：“从局部看，县改市由于知名度的提高，吸引了资金、项目等，加快了发展。从全局看，国家的资金、技术、项目、原材料的总数是定数，市发

---

① 孙丽辉、史晓飞：《我国城市品牌产生背景及理论溯源》，《中国行政管理》2005 年第 8 期。

② 李靖：《中国首个村级市执意挂牌背后：各级领导缺席仪式》，2012 年 5 月，新华网（http：//news. xinhuanet. com/politics/2012 -05/16/c_123136513. htm）。

③ 重名指：重视名分、礼制，轻视实践效果。参见王元明《论詹姆士的重效果思想与中国传统的重名思想》，《天津师范大学学报》（社会科学版）2002 年第 5 期。

展的加快意味着县发展的相对放慢。”① 虽然浦善新论述的重点为市县差别，但实际上他的判断同样可以推及到高级别城市对低级别城市的相对品牌优势上。

（二）财政资源

财政资源是城市政府开展施政行为的物质保障。可是，在各层级、各类型政府间的财政分配并不均衡，具体表现在以下两点：

其一，在同层级内，城市政府较地域型政区政府可以获得更多的财政支持。以普通县和县级市为例。在20世纪90年代初，学者高珮义曾在民政部做过调查，调查结果证实了上述结论。他发现：“撤县改市后，居民的副食补贴将从8元涨上10元。同时，县级市还可以征收城市建设费等费用，这又进一步增加了县级市的财政收入。”② 目前，随着城市化的推进和市场经济的发展，居民副食补贴已经取消了，但向城市政府的财政倾斜却依然存在着。例如，县级市的城市维护和建设税税率为7%，而县城的税率只有5%③，这部分收入将作为当地政府的收入来源。不过，这种财政倾斜主要还是在政策执行中得以体现的。像以上那样获得法律、法规确认的并不多，实际的倾斜度恐怕比规定的要大不少。

其二，层级较高的城市政府获得的财政收入会相对多些。一方面，在中央—省（直辖市、自治区）分税制的格局下，城市政府（直辖市政府除外）财政收入的很大一部分要依赖于中央和省的转移支付。而省域内的城市建制分布在多个层级，高层级城市获得的划拨比例自然要高些。另一方面，中央、省级财政资金是逐级下拨的，那么层级越低的城市政府就会受到越多层级的“削减”。可见，一个是制度性的财政“压减”，一个是非制度性的财政“卡要”，造成了财政资源呈向上倾斜的趋势，财政资源分布与城市层级产生了显著的相关性。

---

① 浦善新：《中国行政区划改革研究》，商务印书馆2006年版，第104页。

② 高珮义：《中外城市化比较研究》，南开大学出版社1991年版，第120页。

③《中华人民共和国城市维护建设税暂行条例》规定：“城市维护建设税税率如下：纳税人所在地在市区的，税率为百分之七；纳税人所在地在县城、镇的，税率为百分之五；纳税人所在地不在市区、县城或镇的，税率为百分之一。”该条例于1985年颁布，2011年修订。参见国务院法制办公室网站（http：//fgk. chinalaw. gov. cn/article/xzfg/198502/19850200268487. shtml）。

（三）土地资源

这里的土地资源主要指用于城市建设的土地指标（以下统称为：用地指标）。为了保护耕地资源，实现土地的合理利用，“自中央而至地方实行严格的层层下达的用地指标控制”①。然而，计划模式的指标控制体系与市场需求之间形成了尖锐的矛盾，使得用地指标变得稀缺起来。稀缺的用地指标在各级、各类政府间进行分配往往会形成以下两条规律：

其一，城市政府的用地指标多于同级地域型政区政府。这一点并不难理解，既然是城市建制，那么主要应该加强城市建设，相应的用地指标也要多一些。据江西省政府网报道：“（南昌市新建县）撤县设区后，由一个农业县质变为城市区，从而迈上城市化和产业化的新征程。撤县设区后的新建区将获得更多的产业用地。”② 与此同时，新建区的城市规划纳入了南昌市，南昌市也会因此扩大发展空间。从县到区，行政区属性发生变化，两级政府都会获得更多的用地指标。这恐怕是当地政府推动此次市制调整最期望获得的成果之一。

其二，城市级别越高所拥有的土地指标也越多。在个别地方，甚至出现了地级市截留全部用地指标的情况。例如，在 2010 年，“宿州市从安徽省分得 2000 亩土地指标，全留在市区，泗县等市区以外的县市没有从宿州市分得土地指标”③。对比来看，直辖市获得的指标最多。根据 2016 年 6 月 23 日国土资源部下发的《土地利用总体规划纲要（2006～2020 年）调整方案》，北京、天津、上海的耕地保护指标大幅降低，相应的工业和住宅用地指标则获得了更大的提升。④

招商引资、发展房地产、优化基础设施都需要土地。以土地为核心的经营行为能够为城市政府带来巨额的财政收入。因此，为了追求更多

① 周飞舟、谭明智：《当代中国的中央地方关系》，中国社会科学出版社 2014 年版，第 94 页。

② 《新建县撤县设区 未来南昌区划调整该往哪里走?》，2015 年 8 月，江西省政府网（http：//www. jiangxi. gov. cn/awz/bxlt/201508/t20150806_1189568. html）。

③ 《土地指标对市县制约有多大?》，2013 年 10 月，新农村商网（http：//nc. mofcom. gov. cn/articlexw/xw/plgd/201310/18586926_1. html）。

④ 参见其一，《国土资源部关于印发全国土地利用总体规划纲要（2006～2020 年）调整方案的通知》国土资发〔2016〕67 号，2016 年 6 月，国土资源部网站（http：//www. mlr. gov. cn/zwgk/zytz/201606/t20160624_1409697. htm）；其二，叶开《政策大红包：中央调减京津沪耕地保护指标》，2016 年 6 月，第一财经网（http：//www. yicai. com/news/5034551. html）。

的用地指标，谋求“设市升级”也便成为了重要手段之一。

（四）政治资源

政治资源是西方行为主义政治学的一个重要术语。国外对这个概念的运用主要集中在两个层面：其一，个体层面。如罗布特·达尔将政治资源与民主理论相结合，认为只有掌握了一定的资源才可能实现多元的民主。其二，集体层面。如戴维·伊斯顿（David Easton）指出，为了实现对社会价值物的权威性分配，政治体系必须掌握一定的政治资源。而国内学界在引入政治资源概念后，与中国的政治实践相结合，主要是从功能角度来加以运用的。

改革开放初期，央地关系出现了一些失衡，地方主义有所抬头，中央对地方控制力的下降要求强化政治体系对资源的掌控能力。因此，这也就成为了中国理论界所关心和试图解答的热点问题之一。王沪宁的观点突出反映了这种倾向：“一方面要建立起合理的新体制结构，把逐渐转移到社会和市场的资源置于国家总的调控之下，另一方面要寻找政治资源的新的生长点，增加来自新生源的政治资源。”① 不过，他并没有明确给出中国语境下的政治资源内涵。因此，在综合学术界的理论成果并结合市制实践观察的基础上，可以将城市政治场域内的政治资源界定为：在城市政治体系进行分配的，能够对城市发展产生重要作用的，实体性、制度性、政策性、价值性因素的总和。

虽然与前面三种资源形式相比，政治资源要显得抽象、模糊，但是如果从功用性角度加以考量，还是可以阐明其特性和具体内容的。首先，政治资源具有资源的一般特性：有效性和稀缺性。② 有效性就是它能满足政府（包括中央政府和各级地方政府）的特殊功用，因此成为政府竞争的对象。稀缺性则是指资源的有限性，需要进行分配。其次，政治资源不但包括法律法规所规定的职责权限，还包括由制度性政策、工作因素所带来的影响力，这种影响力可以给城市带来某些特殊收益。最后，具体来看，城市政治资源的存在形式多种多样，并且在不断更新之中（参见

① 王沪宁：《市场发育和权威基础：保护和开发政治资源》，《复旦学报》（社会科学版）1995 年第 2 期。

② 周圣平：《政治资源的理论定位和实践思考》，《湖南师范大学社会科学学报》2004 年第 1 期。

表 4—1）：

表 4—1　　城市政治资源的四种主要类型及其具体形式

实体性资源	制度性资源	政策性资源	价值性资源
资源型指标； 国有资产和集体资产	法律法规创设权； 法定职责； 体制优位度①	政策试点； 试验区； 优惠政策	政治待遇； 行政规格； 政治功能定位

（五）小结：政治资源处在基础地位

品牌资源、财政资源、土地资源主要是经济领域的资源，而且有着具体的功能和指向。但是政治资源则并不具有上述特性，这是因为它与权力紧密相连。前三种资源需要政治资源进行巩固和提升，甚至可以说政治资源是三类资源的基础。没有政治资源，品牌、土地、财政就很难获取（参见图 4—1）。因此，政治资源也就成了市制运行和调整过程中，城市政府之间，城市政府与其他类型政府之间，城市政府与上级乃至中央政府之间进行争夺、博弈的核心资源。

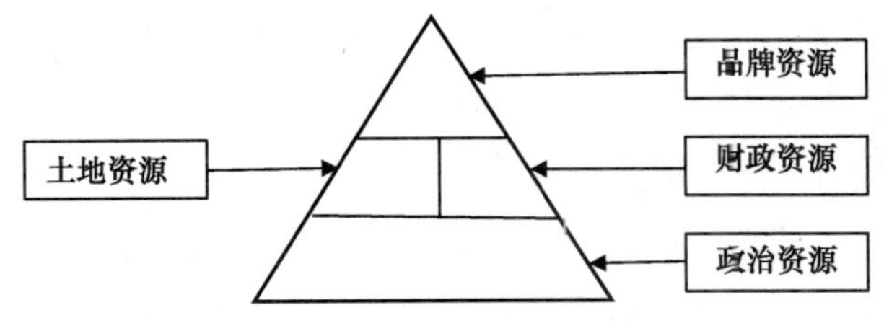

图 4—1　四类资源关系示意图

实际上除了以上四种形式，市制还蕴含着其他种类的资源。例如，在社保、医疗、最低工资、社会福利等方面，城市建制较非城市建制，

① 所谓城市的体制优位度指的是：在行政体制的运行之中，一个城市所能进入的政策议程的高度。例如，《城乡规划法》规定：直辖市的城市总体规划由直辖市人民政府报国务院审批。省、自治区人民政府所在地的城市以及国务院确定的城市的总体规划，由省、自治区人民政府审查同意后，报国务院审批。其他城市的总体规划，由城市人民政府报省、自治区人民政府审批。而县一级人民政府的规划要报上一级人民政府审批。能获得国务院审批，这个城市的优位度自然不低。

高层级城市较低层级城市，居民能够享受到更高的待遇。然而，一方面，这些差异有很大一部分被行政区之间的发展差异所掩盖；另一方面，这些差异较多的显现于居民个体层面，与市制环节存在一定距离。论证这些差异与市制的相关性，既存在着较大难度也没有足够的必要性。因为从对上述四项资源的论述来看，它们已大体能够涵括市制所凸显出的独特禀赋了。那么，围绕资源分配与争夺所展现出的市制形态到底应该在理论上怎样进行概括和体现呢？接下来，将尝试开展这项工作。

二　城市政治势差结构的内涵

“势”是一个具有丰富内涵的概念，在军事学、哲学、数学、物理学、文学、医学等领域都有关于它的应用。“‘势’之古字乃‘勢’，源于‘埶’，隐含人在种植过程中的劳力或能力之意”①。后来引申到对力、能量的描述上。在中国古代，“势”很早就被引入到了政治思想领域。以春秋战国时代的法家学派最具代表性。在该学派中，最早提出“势”思想的是慎到，随后韩非对这一概念做了系统论述。他指出：“夫勢者，名一而变无数者也。”② 这里的“势”指的是：君主相对于臣下和被统治者所拥有的权威、特权。当然，无论是政权性质还是立国宗旨，古代政权与中国共产党没有可比性。因此，显然不能用这层内涵来嵌套当代政治问题。但是，不可否认，这一内涵中所潜藏的政治学智慧对于认识当下的政治现象仍有一定的借鉴意义。

现代物理学认为：物体由于位置或位形而具有的能量即为势能。那么，依此类推，一个政治事物因在权力体系中所处的位置而具有的相对优势即为“政治势能”，其所处的位置则为“势位”。根据上文的分析，中国不同层级的城市在权力体系中所处的位置受到行政层级、政治地位、行政级别、职责权限等制度和非制度因素的交互影响。势位的不同导致了政治势能差异（即政治势差），进而引发获取优势资源③的不同。这样

---

① 仪德刚、冯书静：《“势”在中国古代表示与力相关的含义及其变化》，《自然辩证法通讯》2015 年第 2 期。

② （战国）韩非：《韩非子》，陈秉才译注，中华书局 2007 年版，第 233 页。

③ 优势资源可以分为两类：一类是优质的既有资源，如财政等；另一类是优质的机会资源，它是获取资源增量的契机。后者在帕累托改进时期显得更为重要。

最终造成了两项后果：其一，优势资源[①]从低势能的城市流向高势能的城市；其二，优质资源从非城市政区流向城市。在这一资源分配规则之下，对于城市个体而言，获得优势资源的最优选择就是争取高势位。当这种态势日趋稳定、固化之时，城市政府之间的政治结构也就随之形成了。另外，由于势差结构存在于诸多领域，为了突出研究特色，避免使此概念的外延过大，在势差结构前加了两个限定词，分别是城市和政治。这里的城市所指的并非统计意义和功能意义上的城市，而是行政意义上的城市；这里的政治则是为了凸显势差的政治属性，或可避免来自于其他学科的误读。

综上，城市政治势差结构（下文简称为势差结构）的内涵可以概括为：由于存在着行政层级、政治地位、行政级别、职责权限等方面的差异，一些城市拥有了比另一些城市更多的政治势能，当城市之间的势能差距逐渐常态化、稳定化的时候，所呈现出的一种相对稳定的城市关系结构（参见图4—2）。

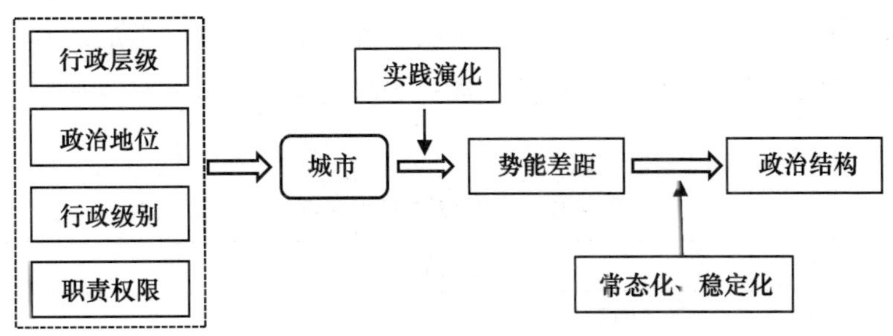

图4—2　势差结构内涵推导示意图

这一内涵有以下四个方面的特点：

第一，强调多因素作用。势能差距的形成是行政层级、政治地位、行政级别、职责权限四个因素综合作用的结果。第二，突出了两个逻辑递进。其一，行政层级、政治地位、行政级别、职责权限引发城市之间的政治势能差距；其二，相对固化的势能差距形成了政治结构。第三，注重

① 包括上文提到的四类资源以及伴生的其他资源。城市政治势差结构最独特的作用就是实现了对政治资源的分配。

逻辑递进中的条件设定。前一个逻辑递进强调了行政层级、政治地位、行政级别、职责权限的综合作用。后一个逻辑递进凸显势能差距的常态化和稳定化。第四，强调比较性和相对性。“一些城市比另一些城市”“相对稳定的”等语句的运用正是表明此概念是在对比分析中生成的。

三　势差结构的现实特征

为了多维度呈现势差结构的特征，本部分对照第三章的四维分析，分别从政治势能、“条条”作用、城市府际关系、非制度因素等四个角度来对势差结构下的运行逻辑展开了对应性描述。除此之外，还特别指出：中央政府在势差结构的形成中扮演了关键角色。

（一）政治势能左右着优势资源在城市间的配置

优势资源的稀缺性决定了必须要有分配规则来指导城市之间的资源配置。在计划经济时代，自上而下的指标划拨是一种规则；在市场经济环境下，城市按市场秩序展开竞争也是一种规则。政治势差结构则是介于二者之间的一种资源配置规则体系。在这一体系中，政治势能是规则得以运转的核心要件。它主要由政治因素和非政治因素①组成。其中，政治因素又可以进一步细化为制度因素和非制度因素（参见表4—2）。

表4—2　城市所含政治势能的构成因素

政治势能的构成因素		
政治因素		非政治因素
制度因素	非制度因素	
城市层级； 是否为行政治所的所在地； 隶属关系； 国家规划对该城市的定位	主要领导人的行政级别； 区域首位度； 所担负的政治功能	自然地理条件； 历史传统； 城市人口规模和流入水平； 城市的经济规模和产业结构； 产业辐射力和影响力； 市政建设、管理、服务水平等

① 之所以非政治因素也能对政治势能的形成产生一定影响，是因为这些因素构成了城市寻求政治势能的部分基础条件。但是，在市制的论述框架内，对城市政治势能产生影响最大的还是政治因素。政治因素才是城市政治势差结构的立论根基。

在这一体系中，政治势能借助下列三个机制发挥作用：其一，对资源获取顺位进行排序。政治势能高的城市政府能够优先选取和使用资源，反之，低顺位的政府所获资源的品质和数量往往大为降低。正如王生发的研究所表明的那样："中国县域经济发展不断扩大的根源在于政治权的不平等而非经济权的不平等。"① 其二，构筑机会竞逐的场域。中国很多改革方案是先确定一个宏观场域（例如，国家级城市群、国家中心城市、区域中心城市等），然后再在这些场域中对各种机会进行布局和配置。较高的政治势能往往是一个城市进入场域的"入场券"，不能进入也就意味着失去竞逐的机会。其三，自我强化机制。在制度方面处于有利地位的城市，会在非制度领域或非政治领域扩展自身优势，以巩固并锁定自己在势差结构中的位置。这也说明了即使并不具备先天条件，各级治所城市依然能够成为区域中心的原因所在。潘竟虎和戴维丽的研究成果也证实了这个论断。他们在对1990—2010年中国62个城市建成区各项指标变化程度的分析后发现："20年间主要城市的扩张速度与城市的级别成正比。"②

这样，政治势能成为在城市间进行资源配置的一个主要标尺。政治势能高的城市获得的优势资源也就多，反之获得的就少。优势资源与政治势能之间形成了正相关关系（参见图4—3）。当这种正相关关系趋于稳定且成为城市政府各方默认的一个共识时，势差结构也就走向了成熟。

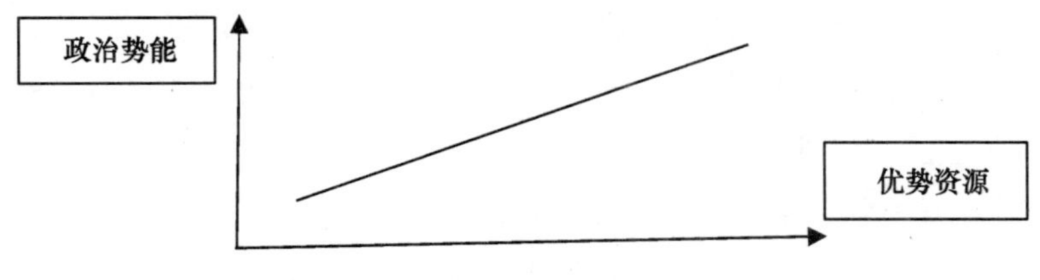

图4—3　优势资源与政治势能关系图

---

① 王生发：《中国县域经济差异不断扩大的根源：经济不平等还是政治不平等?》，《经济与管理》2016年第5期。

② 潘竟虎、戴维丽：《1990—2010年中国主要城市空间形态变化特征》，《经济地理》2015年第1期。

（二）“条条”发挥着资源传输与监管的作用

“条块”问题在市制运行中同样存在。那么，在势差结构之中，“条条”到底扮演着什么角色呢？将“条块”问题中与城市相关的部分剥离出来进行单独分析后发现，“条条”主要发挥着对各类优势资源的传输和监管作用。“条条”成为中央政府和省级政府（除直辖市外）对城市政府进行差异化资源汲取和政治控制的重要渠道。具体表现在两点：

其一，对存量资源的整合和传输。为了能够使全国600多个城市沿着中央政府的目标行进，一方面，通过对资源的甄别、取舍，“条条”将优势资源自下而上传输，使得中央政府和部分高势位城市政府拥有了对大部分资源的分配权。另一方面，通过左右优势资源的分配来促进存量资源的整合，引领各城市政府的努力方向。例如，中央各部委按照城市级别来提出不同的项目，城市政府要进行配套才能获得专项基金。其二，防止现有资源的流失。随着城市经济和社会的发展，城市政府不但获得了大量的城市资产，而且通过资本运作掌握了大规模的城市资本。如何防止这些国有资产流失并得到有效监管和利用是很重要的。借助于势差结构，相关“条条”可以根据城市政治势能的不同进行差异化监管。政治势能越大的城市受到的监管也就越大。可见，对资源的传输与对资源的监管是一个问题的两个层面，高势位城市在获得资源的同时，也必然会受到相应的监管。两类工作落实到微观层面，往往都是由“条条”来完成的。

总之，势差结构中的“条条”是作为一种资源传输和监管工具而存在的。而正是由于它的存在，才使得优势资源依据政治势能的不同进行差别化分配成为可能。

（三）城市府际关系的非对等性

在日常用语中，非对等也被称为不对等，但是不能将其等同于不平等和不公平。非对等府际关系指的是：存在非隶属关系的政府之间（含政府与部门之间）在相互交往中因行政级别、政治地位、职责权限、经济体量和经济体制的差异而形成的政治差别状态。[①] 而城市府际关系本质上是府际关系的一种类型化延展，重点强调的是城市政府之间的交往

① 何李：《非对等府际关系中社会保障体系的构建》，《长白学刊》2016年第2期。

状况。

具体来说，城市府际关系的非对等性主要表现在以下三个方面：第一，将行政级别等四个因素作为城市政府间进行工作对接的前置条件。如果两个政府的政治势能差异较大，那么在就某一事务进行接洽的过程中，相关事项、议程、执行都可能受到影响。例如，一个直辖市和一个县级市谋求合作，在对等性的约束下，往往是县级市和直辖市的某个部门或其个街道展开洽谈，这显然限制了合作的广度和深度。在北京市通州区和河北省三河市的一个教育合作项目的签约仪式上，通州区派出的是教委职成科、学前教育科等负责人，而三河市派出的却是教育局负责人①，从中可见一斑。第二，将上述四个因素作为政府间合作的筹码，以此换取有利于自身的合作方案。借助政治势能直接或者间接施压，要求对方给予自身与势能相匹配的利好。第三，将上述四个因素作为跨政区治理失败的挡箭牌和责任推卸理由。在跨区域问题上，谋求城市政府合作是大势所趋。然而，部分政府却以级别不对等而不情愿甚至拒绝合作。

（四）非制度因素对结构的塑造作用较为突出

倘若能够规避非制度因素的影响，市制的运行规律将表现为级差体系。所谓级差体系也就是城市严格按照制度所设定的等级来配置资源，城市之间不存在明显的“灰色地带”。然而，实际上非制度因素对市制的影响无处不在。正因为它们的干扰，级差体系才演变为势差结构。

非制度因素在塑造势差结构中作用突出是因为：第一，“摸着石头过河”执政风格的熏染。改革开放之后，中央对于应该怎样推进城市改革，怎样使市制顺应经济社会发展需要并没有清晰的思路。但是，在通过市制调整释放制度活力这一点上是达成了共识的。因此，尝试在政策、工作环节等非制度领域进行探索便成为了市制改革的基本手段。第二，制度建设的滞后。上文提到的影响政治势能的制度因素一般是计划经济时代遗留或者在原有基础上加以改进的结果。然而城市变化日新月异，针对这些变化，制度回应的速度明显不够。第三，中央政府对改革风险的敏感性。市制的运行和调整关系到国民经济的重要领域，中央政府始终

① 参见《通州区与河北省三河市正式启动职业教育战略合作》，2016 年 5 月，通州区教育局网站（http：//www. tzedu. gov. cn/n12561862/n12561972/c13713507/content. html）。

认为通过非制度手段的运用可以更为及时有效的控制改革中出现的风险。

对于非制度因素所造成的影响要从正反两个方面来看：在积极方面，对于打破计划经济时代的级差结构确实做出了一定的贡献，使非制度因素成为了城市体系中活力元素的“聚集地”。另外，意味着一些城市能够跨过制度性的层级障碍实现“势位”提升，进而获取到更多的资源，为城市竞争开辟新的渠道。同时，也为一些城市政府提供了与上级政府谈判的方法和筹码。然而，由其所产生的消极影响更应该引起重视：其一，使资源配置失去了制度保障，为城市政府的机会主义行为开了“绿灯”，于是便将主要精力放在了谋求“势位”提升上；其二，使市制调整缺乏程序，造成工作方式的粗糙、简单、仓促；其三，一些隐性规则逐渐渗入，为“官本位”的蔓延和腐败的滋生提供了土壤；其四，不利于城市政府的确权和职能转变，对于引导城市政府工作起到了不好的示范效果。如一些城市政府醉心于经营非制度因素，而对与城市长远发展息息相关的指标和领域则并不在意。

（五）中央政府是关键的外部影响力量

虽然中央政府并不是势差结构的构成要素，但是它对市制的产生和发展产生了其他主体难以替代的影响。甚至可以认为它是势差结构形成和运转的关键外部影响力量。原因是：

首先，中央政府是市制的审批主体。势差结构的形成与中央政府的审批密不可分：一方面，所有建制市的设立和升级都须经国务院及民政部审批；另一方面，一些重要的市制运行规则也由中央政府制定和修改。其次，中央政府是市制运行的日常管理主体。市制的日常管理由国务院组成部门——民政部负责。其中，民政部下设的区划地名司承担着界线、地名、政府驻地、规划建议等职责。再次，中央政府是优势资源的重要分配主体。中央政府在资源配置中所采用的方式、方法和规则本身就能够对势差结构产生塑造力。因此，分配资源的过程也就成为了强化势差结构的过程。最后，中央政府总是试图掌握城市发展的基本方向。一方面源于中央政府重申自身发展目标的期望，这在前文已有论述；另一方面源于中央政府推动城市发展的夙愿。因此，才有一系列城市规划、战略导向的出台。它们虽不直接涉及市制，却间接推动了势差结构的发展。例如，近来，国务院所提出的国家中心城市虽然游离于现有市制，却不可避免的成为了势差结构中的新构成要素。

鉴于上述理由，在市制改革中，中央政府有着不可推卸的责任。在市制研究中，也应该更多的将中央政府纳入分析范畴。只有这样才能够更好地解释城市政治中的诸多现象。

第二节　势差结构的支撑性认识

势差结构的形成既有实践层面的原因，也有认识层面的问题。在市制改革实践和相关研究中，存在着这样一些认识，它们往往将市制与多重目标的实现绑定在一起。这些认识固然有一定的合理性，可是当认识僵化为一种信条也就不可避免会走向偏差。只有充分挖掘这些认识的不足之处才能破除思想禁锢，进而推动市制改革走上良性的发展轨道。

一　加强中央政府对城市政府的政治控制

城市在区域中发挥着越来越重要的作用。得出这一判断源于：其一，城市辖区内以第二产业和第三产业为主，创造了主要的国民财富。城市不但改变了过去以农业为主的经济结构，而且使财富的生产和运营模式发生了革命性变化。其二，管理着众多人口。截至 2015 年底，中国城市人口达到了 7.71 亿，占总人口的 56.10%。[①] 其三，吸纳了周边区域最优质的资源。其中最值得关注的是对人力资源的吸纳。这三个特征在当前快速城市化的背景之下终将变得更加突出。

鉴于城市如此重要的地位，中央政府意图对其加强政治控制。具体来看通常是出于下列三项目的：第一，维护中央权威。要求城市政府向党中央看齐，“做到党中央提倡的坚决响应、党中央决定的坚决执行、党中央禁止的坚决不做”[②]。控制城市政府能在削弱省级政府的同时，让中

---

① 数据源于中华人民共和国统计局网站（http：//data. stats. gov cn/easyquery. htm？cn = C01&zb = A0301&sj = 2015）。

② 《增强“四个意识”维护党中央权威——二论学习贯彻党的十八届六中全会精神》，《人民日报》，2016 年 10 月 29 日第 1 版。

央精神得到更好的践行。第二，集中力量办大事。这要求完成两个步骤：一方面，必须能够使资源顺畅的传送到中央，为集中力量办大事创造物质条件；另一方面，城市政府能够在中央的统一布局之下，切实的围绕中央所设定的“大事”开展工作。第三，消除城市的不稳定因素。在中央政府看来，很多城市政府并不具备处理城市风险的能力，赋予这些城市过多的权力只会引发地方不稳。然而，这三个目标并不那么容易达成。因为，不但有着计划经济时代对城市管控过死的历史教训，而且受到管理幅度和管理成本的影响。中央政府所能直接管辖的城市数量是有限的，也难以对城市的各个方面实施管控。

在这种情况下，有观点认为势差结构能够为实现中央的上述目标提供助力。首先，它能使高势能城市在区域发展中扮演政治平衡的作用，中央政府只需加强对这些重点城市的政治控制便可以达到提纲挈领的效果。其次，低势能城市的自主发展空间是有限的，它们谋求发展必须借助“条条”向中央争取关键资源，这就增强了中央的权威性。最后，由于政治势差的存在，城市政府达成城市联盟的可能性大大降低，这给中央政府“各个击破”创造了条件。例如，人事任命。从直接层面来看，中央可以掌握势差结构中节点城市的人事任命权。由中央直接任命，这就削弱了省政府对节点城市的政治影响力。而从间接层面来看，官员在中央及各级城市之间的互换与交流也能够削弱城市政府在区域中的政治影响力。

可是，上述认识存在着一些不足之处：其一，政治控制有走向过度化的风险。能够对中央权威构成威胁的主要是省一级政府，而类似于县级市这样的低势能城市，所面临的往往是发展权限不足的问题，对这类城市应更多地强调“松绑”而不是控制，控制过度不利于激发其发展活力。其二，依循权责关系非制度化的旧路。由于在中央政府与城市政府之间尚未建立起法定权责体系，对城市的政治控制很容易陷入“一放就乱、一收即死”的怪圈。其三，欠缺对城市目标的尊重和支持。当前面对的主要还是中央管的过宽、过死的问题，特别是在公共服务领域。只有将相关权限赋予城市政府，才能更好地发挥城市政府的专业特长。将所有城市问题都上升到能够威胁中央权威的高度，本身就是对城市问题缺乏深入了解的一种表现。

二　借助“偏向策略”促进大城市的经济崛起

“城市偏向是指政府为实现特定目标而实施的一系列偏向于发展城市部门的政策”①。“二战”之后，一些刚刚获得独立的亚非拉国家（地区）为实现经济起飞，普遍实施了通过政府干预，优先发展大城市的策略。

（一）“偏向策略”的历史渊源

中国在1949年以后，一直受到限制大城市规模的理念的影响。从政策角度来看，这可以追溯到1955年国家建委给中央的报告，报告指出：“今后新建的城市原则上以中小城镇及工人镇为主，并在可能的条件下建设少数中等城市，没有特殊原因，不建大城市。”② 除此之外，实际上还有两个更为重要的理论和历史渊源：一方面，马克思主义经典作家对消除城乡之间对立的相关论述；另一方面，以毛泽东为代表的中国第一代领导集体对“备战”的考虑。这决定了改革开放前的城市发展思路基本上是限制大城市发展的。这一思路直到现在仍有很大的影响。例如，在2014年公布的《国务院关于进一步推进户籍制度改革的意见》中，仍有“严格控制特大城市人口规模”③ 的表述。这些说明：在历史上，偏向大城市发展的策略似乎并不存在。然而，实际情况却并非如此。

（二）“偏向策略”的实践结果

从实践来看，限制大城市发展的策略走向了反面。究其原因，恐怕要追溯到“赶超”发达国家的国家目标。在经济上实现赶超不能违背经济发展规律。大城市存在着规模效应和扩散效应的优势，对于实现产业升级、带动周边地区发展有着难以替代的作用。相反，在控制大城市发展上，采用的典型方法却主要是“严格的户籍管理和城市土地使用制度”④。这些方法存在着固有弊端，在人口迁徙放开的情况下很难产生预期效果。而另有诸多政策却实际上促成了大城市的发展，例如，产业布局、社保制度、劳动就业制度，等等。在二者的交互作用下，大城市获

---

① 王颂吉、白永秀：《城市偏向理论研究述评》，《经济学家》2013年第7期。

② 参见段小梅《控制大城市：措施的弊端》，《城市问题》2001年第1期。

③ 参见《国务院关于进一步推进户籍制度改革的意见》（国发〔2014〕25号），2014年7月，中国政府网（http：//www.gov.cn/zhengce/content/2014－07/30/content_8944.htm）。

④ 段小梅：《控制大城市：措施的弊端》，《城市问题》2001年第1期。

得更大的发展便不足为奇了。可见，在户籍和土地政策之外，脱离了中央政府的主观意志，偏向策略又是实际存在的。

在这一过程中，势差结构的贡献良多。关于这一点，范今朝将其提炼为政区体系和城市体系的同构。具体指的是："国家内部的城市发展及其相应城市体系状况直接与国家公共权力（尤其是行政权力）的空间配置方式有关。"① 只有在势差结构中占据好的势位才能掌握更多的政治权力，才能以此作为资源聚集的引力源。这也是各级政府治所所在的城市往往发展较好、规模较大的原因所在。2015 年，共有 34 个城市的经济规模超过 5000 亿。在这 34 个城市中有 4 个直辖市，18 个副省级或省会城市，只有 12 个普通地级市。中西部地区，入围的全部都是省会城市，而 12 个普通城市则全部来自沿海地区。②

（三）这一认识所引发的问题和隐患

第一，不利于中小城市的发展。在要素能够自由流动的环境下，当大城市经济发展到一定阶段之后会产生"溢出效应"，从而带动中小城市随之成长。但是城市政治势差结构却阻碍了这种溢出的发生，致使中小城市始终难以得到有效的发展，甚至还面临着被加剧"虹吸"的危险。大城市发展所带来的好处也没有能够与中小城市分享。与此同时，优势资源过度聚集的大城市，也出现了人口快速增加与公共服务供给之间的错配现象，不得不面临一系列"城市病"的困扰。

第二，城市经济崛起的质量堪忧。依托于"偏向策略"的经济崛起不是建立在市场竞争基础上的，而是有着浓厚的计划经济意味。这使得一些区位、资源条件较好的城市发展受到很大限制，而另一些缺少发展基本条件的城市却畸形成长起来，以至于不得不努力弥补这种缺陷。这种错配会造成资源的浪费和成本的增加，对于提升国家整体的经济质量并不是件好事情。

第三，势差结构也不利于大城市间的分享、匹配与学习。分享、匹

① 范今朝：《仁政必自经界始——中国现当代城市化进程中的行政区划改革若干问题研究》，浙江大学出版社 2011 年版，第 100 页。

② 数据源于国家统计局城市社会经济调查司编《中国城市统计年鉴 2017》，中国社会科学出版社 2017 年版。

配与学习是新的经济社会形势对城市间关系的基本要求。可是在势差结构之中，即使同为大城市，也仍然存在着政治势能差。另外，同一区域内的大城市之间也难以实现功能的互补。例如，在京津双城中，北京市的政治势能大于天津市，在城市功能选择上有优先权。只有自己不愿意或没有能力承担的功能才会让渡出去，但是这些又往往是天津市不愿意承接的。

三 利于统筹大都市区内的城市规划

（一）观点概述

城市规划是一项把握城市未来发展方向的动态过程。“城市规划由城市国民经济和社会发展规划、城乡规划、土地利用规划、生态环境保护规划等多个规划组成”①。城市规划不同于城市设计，它通常涉及各类资源的挖掘、使用和运营，由此可以延伸出大量的政府职责。因此，规划权是城市政府的核心权限。虽然从法律文件上来看，中国的各级政府都有规划权，但实际上并不是每一个城市都能具有完整的城市规划权限。一般而言，级别越高的城市政府，所拥有的城市规划权也越完备。

城市规划与城市化密不可分。因此，当城市化进入大都市区发展阶段后，城市规划也要随之进行调整。统筹城市规划就是将在地理上邻近、经济联系紧密的城市作为一个整体来做总体规划，其目的是为了缓解城市间恶性的规划竞争和由此带来的空间冲突，推动区域功能协调、空间布局合理、配套设施完善的城市体系的建立。然而，如何实现这一目标在学术界存在着很大争议。

统筹城市规划的支持者认为：由势差结构所建构的城市体系能够实现这一目标。首先，高势能城市可以有效利用城市规划权。这些城市不但资金充足而且有能力聘请优秀的城市规划专家来开展这项工作。这样既能有效促进对大都市区的统筹规划，也能减少低势能城市的规划成本。其次，不用设立新的机构，原有的政府体制就可以完全承接。既然一些高势位城市代管周边的中心城市，那么就可以充当整体规划的决策者。

---

① 姚尚建：《城市政治：正义的供给与权利的捍卫》，北京大学出版社 2015 年版，第 196 页。

由此看来，地级以上城市就适合扮演这种角色。最后，避免了下辖市辖区、县级市之间的规划冲突，能有效避免出现类似于西方国家的“巴尔干化”现象。与此同时，也推进了辖区范围内各分散城市建成区的一体化进程。

（二）这种认识所忽略的问题

首先，城市规划是一个综合性很强的领域。《城乡规划法》第十四条规定：“城市人民政府组织编制城市总体规划。”但是实际的城市规划却需要走层层审批的程序，也就是说中央政府、省政府也在处理城市规划的事情。“城市政府只有对城市详细规划的决定权，总体规划的决定权完全归属上级人民政府，这多少显得权责不一致”①。应该认识到：城市规划与城市设计完全不同，它不是几个规划师在工作室里设计几张图纸就能完成的，而是需要充分考虑辖区的民生需求和文化沉淀。这要求一个城市应在充分的民意表达机制的助力下实施相应规划，而不应由远离城市的上级政府来“凭空设想”。在经济领域推进城市间的统筹规划尚且有其必要性，而文化、治理、民生等范畴则应更多尊重每个城市的特色。

其次，势差结构恰恰是大都市区内城市规划不协调的原因，而不是解决办法。将高势能城市的辖区作为统筹规划的客体，实际上忽略一个常识性问题，那就是行政区与经济区域、功能区域②之间往往存在着错位现象。一个优质的城市统筹规划体系通常是以某种功能而不是以行政区为规划单位的。③ 在势差结构下的所谓统筹规划所造成的是一个闭合的体系，这会引发一种新型的“规划壁垒”。

最后，势差结构下的城市体系与自然形成的大都市区有着本质不同。势差结构下中心城市的形成和发展往往是建立在吸纳周边城市优势资源的基础之上，在这一城市体系下的规划本身就偏向于中心城市，甚至意

① 包盛中：《城市规划权分配优化问题探讨——以南昌市为例》，《规划师》2006 年第 7 期。

② 高宜程等人对三个概念进行了详细对比和论述。参见高宜程、赵培红《城市功能地域概念及其在规划中的应用》，《城市问题》2012 年第 9 期。

③ 例如，河北省和北京市交界的区县提出实施统一规划，在人口、住房政策方面开展政策协同。这正说明了大都市区问题跨越行政区的特点。参见潘文静《河北加强京冀交界地区规划建设管理 燕郊将控人口规模》，2017 年 3 月，新华网（http：//news. xinhuanet. com/2017 - 03/21/c_1120667679. htm）。

在束缚优势资源向周边扩散的手段之一。在这种情况下，应该给予周边城市更多的规划自主权，以打破这种束缚。相反，自然形成的大都市区的规划特点是“碎片化”，加强统一规划自然顺理成章。二者的情况完全不同，中国城市的多数情况属于前者而非后者。

以上三种情况表明，统筹一个区域内的规划并不是件简单的事情，更不可能成为势差结构存在的支撑依据。试图依托于势差结构来实现统筹大都市区内城市规划的目的本身就犯了方向性的错误，这很难在实践中行得通。

四　为公务员的晋升和调动提供载体和依据

这一观点认为，维持中国公务员系统的新陈代谢、良性循环需要有晋升和调动，而晋升与调动与公务员所具有的行政级别是分不开的。晋升通常意味着提高行政级别，而调动也需将行政级别作为参考依据。从《公务员法》对职务级别的规定来看，公务员级别与政府层级之间存在着对应关系。例如，公务员的十个领导职务级别分别参照五个政府层级设定正副职。而市制与政府层级之间恰恰也存在着参照、渗入与契合关系。[①] 由此便可以推断，公务员的行政级别与市制同样存在着参照关系，具体表现在：一方面，城市级别是城市政府内公务员级别设定的依据；另一方面，城市的政治势差也会影响公务员的行政级别，政治势能高的城市，将有更多的机会进行“高职低配”。总之，这些均导致城市体系在事实上支撑了中国公务员系统的激励逻辑。

因此，就有观点认为势差结构为公务员的晋升和调动提供了载体和空间。这一认识认为它能够满足下列要求：其一，便于在市制调整中，为行政人员做好后续安排。城市有一定的势位，官员也可以有一定的势位。那么，无论是撤销还是合并，这些官员都可以在势差结构下进行对等安排。[②] 这也是为什么每次市制调整，都会有人事调整方案作为配套的

---

① 具体可参见第一章中的相关论述。

② 例如，2011 年，撤销地级巢湖市后，安徽省政府采用“等高对接”的策略。原地级巢湖市的干部职级不变，工资待遇和保障标准提升。按照属地管理原则，分别安排在省直机关、合肥市、马鞍山市和芜湖市。参见周范才、吴玉宁《三分巢湖 论第一个被撤销的地级市》，《瞭望东方周刊》2012 年第 49 期。

缘故。其二，跨城市的公务员晋升与调动需要将势差结构作为依据。这既有利于选拔任用公务员，也构成了城市政治地位的一部分。其三，主要领导的级别能够作为市制调整的依据之一。例如，副省级市如何定位，势必要将其副省级领导纳入考虑范围。副地级市也面临着类似情况。

鉴于以上三个理由，该观点认为：如果没有势差结构，城市之间的级别差势必会缩小，也不需要借助官员的行政级别来争取势能。那么，在“行政区市制化”不断推进的过程中，讲求“级别”的公务员系统将失去体制依存空间。例如，在省直管县体制改革中，就有学者提出县级市领导干部的晋升问题。县级市与省之间没有了地级市，但县级市领导干部仍是县处级，缺少地级市的承接，这些领导干部就遇到了晋升的“天花板”。

为公务员晋升和调动提供载体和空间更像是一个维护既有体制痼疾的保守观念，因此并不可取。原因如下：首先，在中国的政府机构改革中一直都存在着行政人员的安置问题，这也成为机构精简膨胀循环的一个重要原因。“因人设职”“因人设级”是人治色彩的体现。在公务员级别因素难以改变的情况下，只有切断机构改革和人员安置之间的联系才有希望突破人治的桎梏。其次，公务员级别和城市级别应该在一定程度上分开。不能因为现在是这样的，就认为是合理的。干部人事制度的重点在于选贤任能，行政级别是对领导干部的一个激励手段，但如果过多与体制绑定，势必会阻碍体制效能的优化。应给予类似于“高职低配”、“低职高配”等现象以更多的理解和支持，加强对这些政治现象的规范化和常态化建设。最后，实现公务员系统的去“官本位”也需要去除这一载体。城市政府的去级别化将会淡化公务员系统的级别意识。这并不会影响公务员体系的正常运转，因为城市政府内的职务并没有由此减少。晋升与调动在没有“级别”因素的情况下，也会有其他因素（如业务相关度）补充进来，从而打破“唯级别”的行政惯例，促进公务员系统的体内循环和体外循环。在缺少城市级别的依附后，公务员个体的“官本位”意识才有希望逐步消散。

第三节　央地分歧对势差结构的形塑

本部分重点对势差结构理论做延伸探讨。在市制运行之中，势差结构并不是一个静态的体系，而是借助市制调整这一工具不断进行着更新和进化。而市制调整过程也并非下级申请上级审批那么简单。实践表明，在这一过程中，各相关主体之间形成了复杂的利益纠缠网络。其中，中央政府和地方政府是最为重要的主体。它们出于各自的改革动机，在网络中展开着激烈的博弈。而正是在博弈中所产生的分歧构成了势差结构的“外部形塑力量”。

一　市制政治化：中央发展逻辑的嵌入

所谓市制政治化，是指由于受政治因素的深刻影响，市制调整为实现国家目标服务，最终使市制功能呈现为强烈政治属性的变化过程。在这一过程中，中央政府有着将自身的发展思路嵌入市制之中的强烈愿望。

（一）中央目标与市制调整的融合

1. 从执政党目标到中央政府目标

改革开放以来，中国共产党在历次全国代表大会上都会阐述党的城市发展目标。例如十八大报告中提出：“构建科学合理的城市化格局。”十八届三中全会决议根据十八大精神，又进一步指出：“完善城镇化健康发展体制机制……推动大中小城市和小城镇协调发展，产业和城镇融合发展，促进城镇化和新农村建设协调推进。优化城市空间结构和管理格局，增强城市综合承载能力。”①

而上述执政党目标通过一系列政治程序上升为国家目标，进而从国家战略层面要求市制为实现这些目标服务。而各政府部门则根据对执政党目标的理解，来具体执行这些目标。实际上，从执政党目标到中央政府目标（以下简称：中央目标）总会发生一些变化。因为中央政府各职能部门及相关机构会根据现有条件、自身偏好、业务能力来选择性或有

① 《中共中央关于全面深化改革若干重大问题的决定》，人民出版社2013年版，第24页。

倾向性的理解和执行执政党目标。

2. 中央目标特性渗入市制调整之中

在第一章中已经梳理了百年市制历史上国家目标的变迁路径。从中不难发现，以国家目标为宗旨的中央目标[①]对市制调整进程产生了深远影响。这种影响集中体现在中央目标特性对市制调整理念的渗入上：

其一，综合性。中央目标并不是唯一的，它通常会涵盖经济、政治、民族、军事等非经济领域。这使得在市制调整中，中央政府很容易将与城市发展不相关的目标作为市制改革需要完成的任务。这种综合性与市制功能的单一性之间存在着尖锐矛盾。其二，变动性。中央的施政重点往往会随着经济社会的发展而变化，那么，中央具体的目标也会不断变换，这会直接导致市制调整的过度频繁。其三，服从性。服从性要求地方政府工作必须服从于中央目标。只有在完成中央目标的前提下，才能发展自己的目标，这间接造成了市制调整对城市自身目标的回应力不足。其四，整体性。中央目标倾向于从全部国土空间的角度来通盘考虑市制问题，意图实现各个地域整体的平衡。但是城市又必然是个性化的，由此便可能引发整体性与局部性之间的强烈碰撞。

正是在上述四个特性的作用下，市制调整过程才深深打上了中央理念的烙印。从这个角度分析，很多市制调整现象才能够得到更好的解释。

（二）中央目标影响市制调整的方式

由于市制调整的发生场域主要是在地方，因此，为了使市制调整更好的遵循中央目标，中央政府采取了以下四种方式：

1. 拟定设市标准和相关方案

表4—3中所列举的设市标准和相关方案均是由中央政府（含不同部门）拟定的，在这一领域地方政府并不具有权限。但是具体来看，各个文件的发文主体又有所不同。从表4—3可以看出，发文主体包括：全国人民代表大会常务委员会、中共中央、国务院（政务院）、国务院办公厅、民政部（内务部）、民政部办公厅，等等。宽泛来讲，它们都可以代表中央政府。中央政府并不是单一主体，而是一个多层次、多部门组成

---

① 中央目标是与地方目标相对的一个概念，侧重于执行层面。而国家目标是从政权角度来看的，侧重于决策层面。

的复合体。中央政府的权力结构呈金字塔式。因此，并不意味着所有的市制相关文件都从塔尖发出。不过，发文主体越是靠近塔尖，标准和方案的权威性往往也就越强。

表 4—3　　行政区划相关法律法规节选（1949—2002 年）

序号	法律法规名称	发文时间（年）
1	内务部关于统一行政区划变更权限的规定	1949
2	内务部关于县以上行政单位变更应报经中央核准的指示	1951
3	内务部关于调整市郊区行政区划应行注意事项的通知	1954
4	内务部关于行政区划图不得公开发行的通知	1954
5	内务部关于径报本部备查的地图范围的函	1954
6	国务院关于市辖区及县辖区公所的名称应改按地名称呼的批复	1955
7	国务院关于城乡划分标准的规定	1955
8	全国人民代表大会常务委员会关于直辖市和较大的市可以领导县、自治县的决定	1959
9	国务院关于调整行政区划必须同群众商量的通知（摘要）	1961
10	内务部关于行政区划变更时应附送有关资料的通知	1962
11	中共中央、国务院关于调整市镇建制、缩小城市郊区的指示	1963
12	国务院关于行政区划管理的规定	1985
13	国务院批转民政部关于调整设市标准和市领导县条件报告的通知	1986
14	民政部关于调整设市标准和市领导县条件的报告	1986
15	国务院办公厅关于征用土地和变更行政区划等行文问题的通知	1988
16	民政部关于加强行政区划变更审核工作的通知	1988
17	国务院办公厅转发民政部关于开展全国设市预测与规划工作报告的通知	1990
18	民政部关于开展全国设市预测与规划工作的报告	1990
19	民政部办公厅关于认真搞好设市预测与规划工作的通知	1992
20	国务院批转民政部关于调整设市标准报告的通知	1993
21	民政部关于调整设市标准的报告	1993
22	民政部关于对国发［1993］38 号文件具体问题的解释	1993
23	民政部办公厅关于办理设市工作的几点要求的通知	1993
24	民政部办公厅关于进一步做好小城镇发展工作的通知	1994
25	民政部关于行政区划工作有关事项的通知	1994

续表

序号	法律法规名称	发文时间（年）
26	建设部、国家计委、国家体改委、国家科委、农业部、民政部关于印发《关于加强小城镇建设的若干意见》的通知	1994
27	民政部关于行政区划变更需报送统计年鉴的通知	1995
28	民政部关于下发《中国设市预测与规划》的通知	1996
29	民政部关于重庆市的简称和在全国行政区划中排列顺序的通知	1997
30	民政部关于调整地区建制有关问题的通知	1999
31	民政部关于调整变更行政区划时审核行政区域界线问题的通知	2002

资料来源：中国行政区划网（http：//www. xzqh. cn/）。

2. 直接处理重大的市制调整事项

1985 年颁行的文件《国务院关于行政区划管理的规定》指出："县级以上行政区划变更由国务院审批，县级以下则由国务院授权各省、自治区、直辖市人民政府审批。"可见，依据上述规定，县级以上的重大调整事项属于国务院的职责范畴。不过，在实际的审批工作中，民政部也会分担少部分工作。例如，2016 年 1 月 13 日，民政部批复黑龙江省撤销抚远县设立县级抚远市。①

而对于直辖市的设立和撤销，往往需要提交到最高决策层来进行讨论和决定。以重庆升格为直辖市为例。从 1985 年邓小平提出可以把四川分为两个省开始，关于重庆设为直辖市的议题就一直在酝酿。20 世纪 90 年代，三峡工程的建设，使中央将这一议题纳入议事日程，先提出了四个方案，经过多轮的协商和协调才于 1997 年正式设立直辖市。可见，在直辖市设立上，中央政府非常审慎，突出表现了对重大市制调整事项的控制力。

3. 通过各级民政部门推动市制调整政策的执行

市制调整不是决策后就能立竿见影的，而是需要长时限、多部门协同配合才能落实到位。在政策的具体执行过程中，一般是由各级民政机

① 参见《民政部关于同意黑龙江省撤销抚远县设立县级抚远市的批复》（民函〔2016〕14 号），2015 年 12 月，中国行政区划网（http：//xzqh. mca. gov. cn/description？dcpid = 2016）。

构内从事行政区划工作的业务部门牵头，并联合相关业务部门共同负责。执行也是一个再决策的过程，诸多微观环节只有在执行过程才能确定下来。这可以从下面三点中得到印证。首先，对于涉及政区合并、拆分的市制调整事项，往往会伴随着人员安排、职务调动、机构撤并等问题，这在决策之前很难完全预料到；其次，在牵涉纵向府际关系因素的市制调整过程中，也会存在职权划分、资金分配等事项，这需要有相关部门的参与和配合；最后，市制调整过程也可能会引发一些争议和纠纷，而调解机构或者信息传输机构的介入是必不可少的。

因此，由各级民政部门负责上述事务，既能够使国务院从繁杂的事项中摆脱出来，又能够加强对执行过程的有效控制。

4. 借助中央垂管的相关业务部门来实施控制

在市制调整政策的执行中，民政部门往往还需要与民族、编办、城市规划、人力资源、财政等部门进行协商和配合。因此，这些部门就可以在自身业务范围内对市制调整过程施加影响。又由于这些部门多数是中央政府垂直管理的机构，中央政府可以借助它们的力量，自上而下来强化对市制调整的控制力。然而，从实践来看，中央政府并没有发展出一套独立而完整的控制体系。恰恰相反，这种控制往往是碎片化的，容易使相关配套方案出现“一个腿长，一个腿短”的现象。例如，在中央编办严格控制编制的情况下，人员调整、机构设置方案都要相应调整，而这很可能违背了市制调整的总体要求。从某种程度上说，这实际已由中央控制演变成了中央部门控制。正是各职能部门之间的“权责壁垒”，使统一、协调的控制行动变得困难许多。

二　势能竞争：地方发展逻辑的驱动

目前的城市政府既是外部责任政府，需要对外部任务负责，也就是“对上不对下”①；又在委托—代理关系下形成了较大的自主空间，谋求地方发展、满足地方需要成为城市政府的重要使命。然而，在由势差结构所塑造的资源分配体系下，城市政府只有取得更多的政治势能，

① 参见冯兴元对城市地方政府利维坦特征的论述。冯兴元：《地方政府竞争：理论范式、分析框架与实证研究》，译林出版社 2010 年版，第 220—221 页。

才能为当地发展谋求更有利的条件，也才能更好地满足地方需求。当这一逻辑成为城市政府的共识，那么由此而展开势能竞争也就在所难免了。

（一）地方政府将市制调整作为城市发展的重要手段

1. 城市经营是城市发展的重要实践模式

城市经营是产生于西方国家的一个概念，它自20世纪90年代引入国内至今在学界备受青睐。这可能与这一时期地方政府积极开展城市经营活动有关。然而，中国的实践与这一概念的原始内涵并不吻合。西方意义上的城市经营一般是将城市政府看作一个公共产品提供者，通过优化城市功能，为居民及外来人员提供需求。中国也有学者认为：“就提高城市资源价值来说，城市经营就是要对构成城市空间、城市功能和城市审美载体的各种城市资源进行聚集、重组和营运，以实现这些资源的价值和功能的最大化与最优化。”① 可见，典型的城市经营应该是一个有多元主体参与、多种形式并存的过程。但是，在中国的实践层面，城市经营主体却基本只有城市政府，城市经营的手段也局限在了出售城市资源，特别是出售城市土地资源方面。

既然城市政府是中国多数城市开展城市经营的主体，那么欲理解其经营行为，就要对经营者的动机进行理性分析。如前文所述，由于分税体制的影响，城市政府普遍遇到了事权和财权严重脱节的情况。在偏重经济指标的绩效考核体系下，城市官员为了获得晋升机会，急欲借助一些新的方式来扩大可供支配的财力，以此作为推进城市发展的支撑条件。在这些方式中，以融资平台最见成效。这些融资平台主要以城市投资公司的形象出现，它们“发起设立的主体是地方政府或国有资产管理部门，由地方政府直接主导或间接控制，代表政府进行城市建设资金的投融资，建设和管理城建相关项目和资产，具有极大的行政色彩”②。虽然多数城市都成立了政府投资公司，但是这不意味这些公司的运作水平没有显著差别。实际上，以此为中心的城市经营只有在政治势能的支持下才能得

① 洪银兴、周诚君：《城市经营和城市政府的改革》，《管理世界》2003 年第 8 期。

② 唐洋军：《财政分权与地方政府融资平台的发展：国外模式与中国之道》，《上海金融》2011 年第 3 期。

到充分发挥。

2. 城市经营需要借助政治势能

城市政府成为城市经营的主体，一方面有城市自利的因素，另一方面也是城市竞争之下的无奈之举。在部分城市通过城市经营实现成功之后，其他城市为了避免“不落伍”和争取发展机会，只能进行模仿甚至复制。城市经营的目的是为城市建设提供资金和其他力量支持，但是在优势资源由中央政府和上级政府控制的情况下，城市政府必须要在势差结构中争取到更多的政治势能。

第一，政治势能可以为城市政府提供更多的城市经营权限。例如，规划、土地、融资等经营权限并不是每个城市都能拥有的，势位越高城市所能拥有的权限越多也越全。① 第二，借助政治势能可以获取更多的城市经营资本。城市政府对城投公司进行注资的资金主要来源于政府财政收入。高势位城市政府可以从低势位城市政府截取财政资金作为本市城投公司的经营资本。第三，借助政治势能可以抵消一部分城市经营的风险。城市经营事项主要属于经济范畴，这就难免会伴有经营风险。然而，城市政府本身就有进行城市经营的合理性，而其他类型政府就不可以。越高级别的政府就越拥有更充分的理由来开展城市经营活动。这样，“当发生债务并且无法偿还时，将由上级政府承担偿还并且最终一直向上传递，中央政府将会作为最后的还款人，从而形成预算的软约束”②。

3. 市制调整通过增加政治势能来助力城市发展

市制调整能够增加政治势能这一逻辑在势差结构理论框架内是毋庸置疑的。无论是提高城市级别还是获得非制度因素都可以实现这一点。例如，目前很多城市将郊县（市）改为市辖区，从某种程度上正是城市经营对土地的需求快速增加所致。在此不再做详细论述。

不过，有了这一层推论，通过市制调整来助力城市发展的逻辑思路也就清晰起来。根据图 4—4 所示，市制调整能够增加政治势能，政治势

---

① 虽然实践中，一些低势位的城市政府也通过变相手段开展了某些城市经营活动，但这毕竟是违规、违纪的。

② 祝志勇、高扬志：《财政压力与官员政绩的牵扯：细究地方政府投融资平台》，《改革》2010 年第 12 期。

能能够有利于开展城市经营，而城市经营又是目前推动城市发展的一个重要实践模式。而本部分采用反向论证方式。首先，论证城市经营能够推动城市发展；其次，论证城市经营需要政治势能；最后，论证市制调整能增加政治势能。在此基础上就能够得出结论：市制调整可以有利于城市发展。

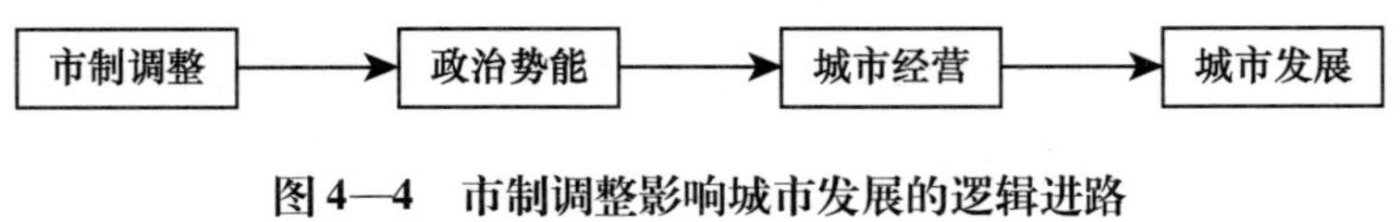

图 4—4　市制调整影响城市发展的逻辑进路

（二）市场、社会力量也要求城市政府在市制领域有所作为

在城市内部存在着大量的市场主体。虽然处于分散状态，但由于遵循着共同的市场规则，使得它们在商业决策和经济行动中能够展现出某种一致性。这种一致性能够凝结为一股力量，对政府的决策和施政产生一定影响。另外，城市之中的社会力量也不容小觑。公众是社会力量的构成分子，虽然社会组织的发育尚不健全，但是他们同样能够展现出一致性来影响政府决策。高势位城市能够为辖区内的市场主体和公众带来利益，这促使这两股力量通过自身行动来要求城市政府在市制领域有所作为。

一方面，市场主体借助“退出—选择”方式来表达诉求。市场力量的流动性较强，往往以退出作为选择方式来表达对一个城市的态度，从而间接维护势差结构。它们选择进入由势差结构所形成的城市制度空间，是因为这能够使其相较空间外获得更大的制度利好。市场的力量给当地带来很大的经济利益，从而促使城市政府维护由市制所创造的“制度壁垒”。一旦城市的“势位”丧失，其制度利好也会消失，市场主体便会“用脚投票”。例如，企业一般对城市的营商环境要求较高，对城市政府所能提供的优惠政策，对政府的信誉也较为敏感。当一个城市在谋求政治势能方面处于劣势的情况下，企业往往会选择离开或者不来投资，以此来体现自身的作用。特别是大型企业，它们对一个城市的地区生产总值影响很大，由此而引发的模仿效应更是会对城市政府及城市官员的政绩带来较大的损失。

另一方面，民众借助网络、媒体、组织（如政协、人大[①]、社会团体）等渠道来表达意见，甚至采取直接行动来维护作为城市共同体的利益。市制能够在不同城市之间构筑一种资源落差，能够构成社会利益非均衡分配的可见性阻隔。这既阻滞了优势资源的外溢，维护了城市内公众对优势资源的独占性享用，又构成了对低势位城市优势资源的进一步虹吸。在这一过程中，形成了两股社会性的市制维护者：其一，城市内原有的普通民众，他们构成了维护市制的主体；其二，通过付出“租金”而进入城市内的新居民，他们构成了现有市制更强大的捍卫者。因为一旦优势资源被稀释，他们还要付出更大的心理损失。像北京、上海等大城市的改革就显然受到了这股力量的干扰。这种现象在低势位城市同样存在。例如，在网络空间中，存在着大量要求其所在城市升级的言论。

（三）地方目标影响市制调整的手段

这里的“地方”不但包括城市政府而且包括地域型政区政府。为了实现地方发展目标，地方政府并不完全处于服从地位，它们可以通过一些反控制手段，推动有利于自身的市制调整。这些反控制手段包括：

第一，将城市发展目标与中央目标相绑定。也就是将地方议题上升到国家议题，论证自身的发展目标与中央目标是一致的，这样就更容易获得中央的批准。例如，近年来，河北省部分地级市极力将自身的市制调整方案上升到京津冀协调发展战略的高度。不过，这一手段主要还是运用于那些与中央市制改革思路相近的领域。第二，采用迂回方式推进低级别政区的调整。[②] 由于县以下行政区划的审批权限在省级政府，那么，类似于“镇改街”、“村改居”这样的小规模调整就可以在省内完成。相对而言，省里的审核标准要低一些。另外，地方政府还可以通过机构改革，在一些低级别政区实施城市管理体制。例如，在一些经济发达镇的核心区，虽然仍然由村民自治单位构成，但实际上已开始实施城市管理方式。第三，在执行环节寻求地方发展空间。例如，很多城市为了增加城市发展空间，对市辖区界线重新进行划定。而勘界工作一般是民政部门负责，那么在勘界工作过程中，就有更多机会争取到有利于自己的

① 在各地两会上，经常出现政协委员、人大代表应民众诉求而提出市制改革提案的事件。

② 这一点在第一章第二节的“行政区市制化”部分已做了前置论述，故在此不做赘述。

勘界方案。第四，直接弄虚作假。由于统计数据是开展市制调整的基础，而统计数据又主要由地方政府提供。那么，地方政府便可以修改向上呈送报告中的数据。这的确要承担一定的风险，但是从公开报道来看，还没有发现因数字造假而被撤销城市建制的案例，也没有领导干部因此受到处分。

上述手段在各地方政府之间的经验交流中不断传播。直接导致了各地竞相模仿，市制调整乱象丛生，使得中央不得不紧急“叫停”。

三　央地分歧是势差结构形成的强化因素

在市制调整过程中，中央政府与地方政府之间的目标不一致，很可能会导致二者之间出现行动分歧。围绕分歧而产生的博弈行为会反过来形塑势差结构。当然，央地分歧并不意味着公然对抗。在下级服从上级的政治原则下，分歧通常会以另外一些形式呈现出来。

（一）央地分歧的表现

在市制调整实践中，央地分歧集中表现在以下三对矛盾之中：

1. “控制”与“反控制”

央地分歧的后果往往不是市制调整方案的流产，而是中央政府凭借权威体制强力推行。可是，强力推行并不一定能够达到最佳效果，却往往可能导致地方改革的中止或走样。因为地方政府的权力虽然来源于上级的授权，但这并不意味着它们处于完全被动的地位。正如一些学者所发现的：“即使是单一制国家的地方政府，在选择地方政策和制定地方政策的重点上，不仅有很大程度的自治权，而且通常对全国性政策产生影响。”① 故可将这种自治权理解为“反控制”。在中国的市制改革中，地方政府也能够实现“反控制”是因为：其一，随着城市的发展，它们拥有了更多的资源来着力执行地方政策、选择执行中央政策，这些资源不但包括资金、资产等硬性因素，还包括社会认同、地方文化等柔性因素；其二，城市事务的日趋专业化，增强了城市工作的排他性，使得中央实施控制的成本越来越大；其三，城市政府在信息获取方面有着天然的便

① 郑永年：《中国的“行为联邦制”——中央地方关系的变革与动力》，东方出版社 2013 年版，第 32 页。

利。在信息爆炸的时代，及时、充分的信息是政府开展工作的必要保障，城市政府工作贴近城市一线事务，较中央政府拥有更便利的信息渠道。这构筑了地方政府实施“反控制”的信息支撑。

2. “回应力不足”与“执行偏差”

“回应力不足”与“执行偏差”的同时出现，是由于中央政府和地方政府之间缺乏互动使然。双方都将注意力集中于自己的目标，却往往没有意识到与对方目标之间可能存在的冲突。下面将着重论述这对矛盾的两个方面。

一方面，中央政府对地方政府市制改革需求的回应力不足。现阶段，市制审批主要遵循自下而上的申报程序。可是，申报并不能够完全代表地方需求，因为它可能只是部分官员、部门或上级政府的意见。为了了解地方的真实需求，需要中央政府深入调查。另外，中央政府的个别部门为了规避风险往往选择“不作为”。地方政府在申报过程中的确存在数据造假等问题，但是如果主观认为所有城市政府都是如此，那么“不作为”就可能伤害到真实的改革需求。当前部分地区出现的市制调整滞后便是这种“不作为”在作祟。

另一方面，地方政府在执行中央目标的过程中也会发生执行偏差。这种偏差既可能是主观上不愿执行引发，如上一点所提到的反控制手段，也可能是执行能力不足所致。城市建设与城市治理对城市政府的专业能力要求日渐提高，同时，部分政府机构及其工作人员却并没有实现与之相匹配的专业水平和职业技能提升。在制度上实现了市制调整并不意味着在运行中也能实现。目前，一些城市有城市之名而无城市之实便说明了这点。

3. 央地分歧可能发生于中央政府与不同层级政府之间

由于势差结构的存在，不同层级的地方政府对市制调整的要求可能是不同的，也就是说并没有一个统一的地方目标。那么，这种分歧也可能最终演化为中央政府与某一或某些层级政府之间的分歧。由于缺乏刚性的制度保障，地方的目标最容易受到侵害。最终，往往会造成严重的后果：一方面，高层级政府压制低层级政府的目标。表面来看中央与地方已经达成一致，但是低层级政府可能并不认同，勉力为之可能会损害地方的积极性。例如，江西省南昌县几次申请改市都遭到南昌市和江西省的否决，原因是中央和省、市都期望它能够改为市辖区。南昌县作为有悠久历史的千年古县和江西省第一个百强县，对于改为市辖区的方案始终有着排斥心理，毕竟这会削弱自身的文化根基和独立地位。在这种分歧之下，本应进行的市制调整只能向后推迟，这种滞后只会继续制约当地的城市化进程。另一方面，目标协调难以达成。每一级政府的市制改革诉求是不同的，欲在同一个纵向政府序列下同时满足这些利益诉求较为困难。虽然，从审批角度来看，县级政区可以跨过市和省政府直接谋求中央政府的审批。但是实际上，县级政区一般不会绕过上级政府，否则是违背党政工作惯例的，上文南昌县的案例就能说明这一点。既然目标协调困难，那么只能是牺牲某一层级的利益，越往下受损的可能也就越大。这一现象也在间接上塑造了势差结构的形态。

（二）央地分歧强化势差结构的方式

1. 运动式改革

前文已指出，现阶段市制调整力度惊人，呈现为一股改革浪潮，故可称这一现象为“运动式调整”。因为它呈现出下列四方面特征：第一，批准中央政府提倡、地方政府满意的调整方案较为迅速，如设立地级市、县改市、县改区等，而并没有对方案展开充分考察，也没有履行意见征询程序；第二，鉴于实践中出现的一些负面状况，又会全面叫停问题较多的改革形式，而且不会给出恢复的时间表甚至不说明叫停原因，如1997年对“县改市”的全面叫停；第三，随政治形势变化，市制调整出现波浪式起伏，政治上支持就突飞猛进，政治上忽略就暂时放缓；第四，市制调整内容随时代不断转换，根据中央对城市化的最新理解，以及地方对市制的最新需求而不断转换调整重点。例如，20世纪90年代末到21世纪初的调整重点是设立地级市，目前则是县（市）改区。

这种运动式的调整直接导致了市制调整节奏的严重紊乱：一方面，地方政府在诉求无法得到满足的情况下转而寻求变相调整的方式，如撤县改区、将乡镇划归功能区等；另一方面，虚假城市化无法得到及时纠正，而城市建制不足问题却在不断累加。调整节奏的紊乱加剧了城市间的内在矛盾：使得高势位城市对低势位城市及其他行政区实施资源剥夺。例如，部分地级市对所辖县级市的财政截留，北京市、天津市利用行政区划调整对河北省水资源的剥夺等。同时，也加剧了城市对农村的剥夺。

虽然统筹城乡发展战略为广域型市制的大范围设立提供了理论支持，但是实际上，城市优先战略始终处于主导地位，城乡合治更便利了农村优势资源特别是人力资源向城市的集聚。

2. 应急式妥协

由于央地分歧造成了府际矛盾、地方发展受限、对中央目标的消极应对等问题。因此，中央政府不得不提出一些应对方案，期望达成双方之间的妥协。可是，这些方案往往应急性较强而稳定性不足，一般缺乏制度保障。随着形势的变化，双方之间的互惠“协议”往往会走向终止。

从实践观察中，最常见的妥协方式包括三个：其一，由层级到级别。例如，设立中间级别的城市建制。副省级市、副地级市的设立都可以理解为妥协的产物。二者虽然都在相关文件中有规定，但是均没有相关法律的支撑。其二，由市制到扩权。如强镇扩权、强县扩权等。在市制调整无法达成一致的情况下，转而向一些层级较低的城市或非城市建制下放经济社会管理权限。这些权限基本上都是与当地的城市建设、城市治理相关的部分，是市制的基本内容。其三，由制度到个人。在设市、扩权要求都无法满足的情况下，通过激励地方的主要领导干部来暂时满足地方的改革需要。例如，提升主要领导的行政级别，提高他们的政治待遇等。

结合第三章对市制运行现状的分析，这些妥协方式反而在客观上强化了非制度因素在势差结构中的影响力，使势差结构朝复杂、多变、网络化的方向演变。

第四节　势差结构所存在的问题

势差结构是对中国市制运行规律的一个理论提炼，它所描述的是一种主要存在于城市之间的政治现象。借助这一理论，不但能够更好地把握市制运行的总体特征，还能够更好的透视由理论背后的政治现象所引发的问题。进一步讲，通过透视这些问题的内在机理和产生原因，有助于找到祛除相关消极影响的方法。

一　市制受到了中央政府的过度控制

中央政府对市制的管控通常在日常的市制管理事项中得以体现。实践中，这种管控往往会超出必要限度，并主要表现在政治化过强和专业化不足两个方面。

（一）市制管理的政治化过强

无论是理论界还是实务界，在强调市制重要作用的同时，却往往会忽略对市制运行的日常管理工作。所谓市制管理就是借助管理手段，对市制运行中的相关要素进行整合、维护和提升，从而实现市制发展目标的过程。而市制管理的政治化过强指的是中央政府将这一管理环节提升到政治高度的现象。这种现象包括两种形式：

1. 将市制问题上升为政治问题

在中国的政治话语中，政治问题往往指代那些政府认为十分重要的问题。一个问题一旦被确定为政治问题，就会引起领导高度重视，就会受到特殊关照，甚至允许采取非常规手段加以解决。同时，将市制问题上升为政治问题也就意味着地方政府以及其他主体不得涉足其中。

的确，有些市制事项需要在政治层面加以考量，如直辖市设立等。但实际上，大部分的市制问题（特别是县级以下）属于城市发展中的技术性事项，它们是管理问题，应该交由地方政府和专业部门来处理。“要充分发挥法律、规则、程序等‘形式’的作用，善于使用管理和服务职能这样的‘常规武器’来解决社会问题”①。但是，一旦上升为政治问题，一方面会使市制承担太多政治功能，另一方面也会使中央政府承接很多没有必要承接也没有能力处理的事务，进而挤占地方政府在市制运行中的自主空间。例如，在城市化推进的过程中，有越来越多的城市政府感觉到区划空间对发展的束缚。从很多城市政府近年来的政府发展报告中，经常能看到“努力推进行政区划调整”的字样。市制问题的政治性越强，地方政府可作为空间就越窄以至于转而寻求在灰色地带搞些“小动作”。这一状况对于城市的良性发展是很不利的。

---

① 朱光磊、于丹：《论对政治行为的社会化处理》，《天津社会科学》2015 年第 1 期。

2. 将政治问题的解决与市制相关联

上文曾提到，为了解决政治问题而设立一些特殊类型城市建制。民族问题、边疆稳定经常被认定为政治问题，这些问题的产生与经济发展滞后的确存在着某种关联。但是，这些地区发展落后是多方面因素综合作用的结果。将市制作为解决这些问题的“救命稻草”：一方面会因对问题缺乏全面认识而造成改革方向的偏差，反倒不利于问题的真正解决；另一方面还可能牺牲掉市制的基本要求和本源特性，使这些地区徒有市制之名，难有市制之实。更可能是的，还会引发一些新的问题。例如，在新疆自治区的“师市合一”市，军事管理与城市管理由一套人马、一套机构承担，二者相互影响在所难免。

将政治问题的解决与市制相关联说明：部分地区在政府管理体制创新上仍然存在着严重不足，动辄诉诸市制改革有“病急乱投医”之嫌。另外，这也是对市制本源内涵的严重误读。市制主要是为经济、社会事务服务的，这是其专业精神的基本方面。倘若一遇到问题就“政治挂帅”而枉顾方法本身的适用范围，很可能会徒然无功。

（二）市制管理的专业化不足

市制管理的有序开展是市制运行的重要保障。然而，从实践来看，“重决策，轻管理”依然是市制领域的主体景象。市制管理部门的专业化不足与市制运行对专业技术要求提高之间产生了越来越尖锐的矛盾。

1. 以工作标准代替法律法规

工作标准多、法律法规少是市制改革依据的一个总体特点。工作标准和法律法规有着明确的专业分工，任何一方面存在短板都是专业化不足的表现。工作标准具体指的是政府在施政中所采用的为工作服务的基本尺度。它的基本特点有：其一，强制力弱，惩罚机制少。对于违背工作标准的行为（包括制定者自身），并没有严格的惩罚措施作为保证，这与其法律效力不足有很大关系。其二，数量多，变动快。由于无需繁杂的论证程序，制定工作标准的时间成本相对较低。又由于具体的施政环境和施政内容也在剧烈变动，因此需要制定数量较多且能及时跟进的标准。其三，实施过程中的规范化和体系性不足。一方面，工作标准很容易临时中止且不会加以特别说明；另一方面，各工作标准呈碎片化特征，并没有形成一个完整的体系，甚至出现前后不一、相互矛盾的现象。其四，解释权在制定方。地方政府达到工作标准的要求也并不一定能够获得制定方所允诺的条件，它对制定方往往不具有约束力。也就是说，它实际上更类似于一个工作参考。

能够在市制领域制定工作标准①的只能是国务院及相关部委。根据民政部网站所公布的市制调整依据，通知、条例、方案、办法、意见、函、批复占绝大多数。除了《宪法》和《地方组织法》中的零散规定外，对市制问题做出规定的最高文件是《国务院关于行政区划管理的规定》。规定只是一种规范性文件，同样不属于法律范畴。这些工作标准避重就轻，没有对市制做出体系化、细致化的规定。当工作标准连制定者都不遵守的时候，市制调整的频繁、随意也就在所难免了。

2. 市制日常管理的部门局限

在中央层面，民政部区划与地名司负责市制的日常管理工作，但是这个部门所能负责的市制管理工作也是较为有限的。区划地名司共有四个处：综合处、区划管理处、地名管理处和界线管理处。其中区划管理处负责市制管理的核心环节，但它的主要业务职能还是以审批为主，缺少必要的监管职能和信息收集职能。② 国家部委尚且如此，在“职责同构”之下，地方民政部门也很难有大的改变。部门局限性与专业要求高形成了巨大落差。

首先，市制管理要求较高的技术水平。例如，界线划分中所需要的遥感技术、勘测技术，信息普查所需要的统计技术，等等。随着经济社会的发展，市制管理对全面、动态、多维信息的要求将更为急迫。以人口信息为例，常住人口是进行市制决策的关键信息之一，但是在人口流动快速、产城分离普遍的情况下，如果在统计技术上不能及时跟进，恐怕都很难准确收集到这一数据。然而，目前日常市制管理不但没有在技术更新、信息共享等方面与时俱进，而且仍然严重依赖自下而上传输的数据。这既给信息作假提供了机会，也为错位市制管理和决策埋下了隐患。

---

① 市制中的工作标准并不仅指设市标准，还包括各种类型的相关政府指导文件。

② 参见《区划与地名司业务职能》，中国行政区划网（http：//www. xzqh. cn/index. php/Article-detail-id－4531. html）。

其次，市制管理要求更强大的协调能力。以边界争议为例，随着城市的蔓延，城市之间及内部的行政界线不明晰问题日益凸显。“中国自秦朝设置郡县以来，已有两千多年的行政区划史，但省与省、县与县之间的行政区域界线却从未全面勘定过”①。直到21世纪初才在民政部门的努力下基本完成了全国省、县两级陆地行政区域界线的勘定任务。然而，这才只是开端，边界争议并没有就此销声匿迹，非标准化的地理空间习惯仍然深刻影响着地方行政，这在人口密集、空间狭窄的城市建成区表现得尤为明显。由于牵涉利益分割和历史遗留问题，处理边界争议已不是各级民政部门就能完全胜任的事情了。

最后，市制管理要求一定的强制力。日常市制管理同样是利益分割和利益协调的过程，如果市制管理中的行政举措不能得到相关方的遵从和执行，那么市制管理工作就会出现混乱。可是，民政部区划地名司并不具有足够的强制力。这一方面与缺乏赋权有关，市制管理的依据以工作标准为主，很难对其他部门产生效力；另一方面与现有市制管理部门行政位阶过低有关。在典型国家（地区），往往由较为重要的部门实施相关市制改革和后续管理。例如，日本的地方分权委员会。

3. 市制管理的“多部门掣肘”

如前文所述，市制调整不但是一个决策问题，而且是一个执行问题。能够对市制执行施加影响的不仅包括国务院和民政部，还包括规划、国土、人力资源、编办等中央政府及党中央的机构。那么，在市制管理过程中，这些部门出于自身利益考虑往往会对民政部门的管理工作形成掣肘。例如，围绕中小城市培育问题，需要中央编办在人员编制与机构设置上，财政部在资金保障上，国土部门在建设用地指标分配上跟进。这些实际上都是市制管理的题中应有之义。但是受职权所限，民政部门很难对上述部门提出强制要求。目前来看，只能借助于“块块”的大力支持，才能在各部门之间暂时充当协调者的角色。可是，这往往只适用于那些地方政府认为事关重大的事项。而其他事项在缺少统一协调的前提下，因多部门的掣肘，很可能会出现市制管理偏离既定轨道的现象。显

---

① 《行政区域勘界》，2004年10月，新华网（http：//news. xinhuanet. com/ziliao/2004 - 10/28/content_2149649. htm）。

然，这一问题呼吁一个综合协调部门的出现。

二　重城市间的“势能差距”而轻“功能分工”

城市不应是孤立的共同体。城市的繁荣只有在城市间相互交往、互利共赢中才能实现。然而，由于势差结构的存在，城市之间的距离正在逐渐拉开，城市之间进行优势互补、资源共享、协同治理的基础也受到了一定的破坏。

（一）势能差距强化了城市之间的资源剥夺

所谓城市间的资源剥夺指的是部分城市借助行政区划优势从其他城市汲取发展资源的现象。① 在势差结构中，政治势能会成为部分城市实施剥夺行为的有力凭借。因为，政治势能不但有一定的强制性，而且有着貌似合理的制度来维护。

具体而言，存在于势差结构场域中的资源剥夺可主要分为两种类型：第一种即存在隶属关系的城市之间的资源剥夺。例如，部分县级市改为市辖区的缘起就是为了解决中心城市发展空间不足的问题，但县级市政府可能并不情愿。浙江省萧山市（现杭州市萧山区）政府，就在是否改为市辖区的问题上与杭州市政府产生了分歧。因为一方面，浙江省在改革开放后一直实行的是省直接对县的财政管理体制；② 另一方面，萧山市的经济发展良好，有相对独立的行政体系。这样，改区后，其在城市规划、财政税收等方面的职权将受到削弱。虽然最终还是实现了改制，但围绕两级政府间的职权博弈却并没有就此结束。因此，“强市与强区并存的策略不见得就能够在市与区之间寻求均衡，有时反倒成为新矛盾产生的诱因”③。第二种即同一区域内没有隶属关系的城市之间的资源剥夺。政治地位高、获得中央特别授权的城市在资源争夺中往往能占得先机。最突出的例子就是北京对天津、河北诸市的“虹吸效应”，北

① 与资源剥夺相类似的概念是区域剥夺。方创琳等人指出：区域剥夺指强势区域凭借区域之间的空间位置关系，借助强制手段从弱势区域掠夺资源等要素的不公平行为。参见方创琳、刘海燕《快速城市化进程中的区域剥夺行为与调控路径》，《地理学报》2007 年第 8 期。

② 贠杰：《浙江“省管县”财政体制及其对我国行政体制改革的启示》，《江苏行政学院学报》2008 年第 1 期。

③ 林拓、申立：《中国城乡区县重组：风险及其超越》，《中国行政管理》2012 年第 11 期。

京的繁荣和天津、河北诸市的相对衰落形成了鲜明对比。然而，三地的合作塌陷又反过来使协调发展和跨域治理陷入瓶颈，北京亦成为受损方。

从长远来看，城市间的资源剥夺是一种负和博弈（即两败俱伤的博弈），不利于资源的优化配置，破坏了城市政府间合作的经济基础，最终将会制约区域的整体发展。

（二）城市分工的缺失限制了大都市区的良性成长

大都市区是城市化的高级阶段，它具体描述的现象是："一个城市人口中心以及与其有着密切社会经济联系的邻接地域的城市空间组织形式。"① 大都市区特别强调中心城市与周边城市之间有实质性关联。中国城市化正逐步进入大都市区阶段，相应的，城市竞争也在进入到大都市区竞争阶段。只有大都市区内的各个城市找到合理的功能定位，在竞合中相互促进，才能使大都市区整体上共同进步。

然而，在中国的很多大都市区，城市之间的分工体系并没有完全建立起来。这里的城市分工包括三个层次，三个层次之间是一个递进的过程：第一，产业分工，指的是同一地域内的不同城市发展不同的产业或者是发展产业链的不同环节；第二，功能分工②，借助于对城市自身优劣势、区位条件、外部环境等因素的把握来确定区域内城市的功能定位，从而可以发挥各个城市的比较优势；第三，政府职责分工，这是在功能分工基础上实现的，根据一个城市在大都市区中所发挥的功能来调整政府职责。一个区域③之所以需要城市分工，是因为不同城市所具备的条件不同。当区域中心城市人口爆炸、成本增加之时，周边的中小城市则可以弥补上中心城市的缺陷。同时，"随着城市间网络关系的不断加强，核心城市职能要从资源控制向资源流通转变"④。只有这样，区域内的城市

① 易承志：《大都市与大都市区概念辨析》，《城市问题》2014 年第 3 期。

② 下一点要论述的城市功能与功能分工是前后相继的关系。先有城市功能，而后才可能按照这些功能进行分工。但是，下文的城市功能侧重于整体论述，这里的功能分工则侧重于实际操作。

③ 区域是国家与地方之间的中间层次，位于纵向政府层级体系中某两个层级间，区域的范围大小不一，但都涵盖了若干行政区。参见杨龙《中国国家治理中的区域治理》，《中国社会科学报》2015 年 10 月 14 日第 7 版。

④ 汪阳红：《促进城市群城市间合理分工与发展》，《宏观经济管理》2014 年第 3 期。

才可以实现优势互补，共同发展。一个良性成长的大都市区才会成为现实。

然而，由于势差结构的存在，在大都市区内往往存在着不同势位的城市。其中，行政中心所在的城市往往是政治势能最大的城市，这不但使其能够借助政治势能汇聚越来越多的城市功能，还能够借助行政手段阻滞部分功能的外溢。在这种情况下，势位高的城市功能过剩，而势位低的城市却功能不足，它们相互之间缺乏互补共赢的基础。到头来，大都市区内城市封闭、彼此排斥，无法实现资源共享和优势互补，也很难同其他大都市区展开竞争。即便如此，在一些省会经济占比不高的省份依然提出要继续大力发展省会经济，增强省会辐射带动作用。[①] 从中可见，行政力量在资源配置中依然扮演着不恰当的角色。

（三）对政治势能的追逐背离了优化城市功能的要求

城市地理学认为，城市功能是："城市在国家或区域中所起的作用或承担的分工。"[②] 城市功能的内容并不是恒定的，它会随着城市的发展和城市外部环境的变化而变化。但是，可以对现有的城市功能实施归类。美国城市学家刘易斯·芒福德（Lewis Mumford）将城市功能归纳为三类：容器、磁体和文化。[③] 在三种功能中，他最为看重的是文化功能，甚至认为文化功能是城市发展的最终目的。中国的城市是否应该沿着他指出的方向前进暂且不论。但他的城市功能学说至少指明了一个城市发展的方向，那就是：通过优化城市功能可以促进城市发展。这个优化路径更为尊重人本身，以人的幸福和发展为目标，而不是用手段代替目的。而研究市制问题、推动市制改革从根本上来说也是解决人本身的问题。从这一目的出发，芒福德的观点是可取的。

然而，在势差结构中，城市政府追逐政治势能，实际上是在强化着城市对周边区域，大城市对中小城市的政治控制力，它所力图扩展的只

---

① 定军：《多省区提出强化省会城市群 多中心拉动经济发展》，《21 世纪经济报道》2017 年 2 月 9 日第 7 版。

② 周一星：《城市地理学》，商务印书馆 1995 年版，第 5 页。

③ 容器指的是接受机制，磁体则指的是吸收能力。参见［美］刘易斯·芒福德《城市发展史——起源、演变和前景》，倪文彦、宋俊岭译，中国建筑工业出版社 1989 年版，第 101—106 页。

是芒福德所提到的磁体功能，相反，城市的其他功能却受到了很大限制。在这种场域下，城市不再是一个包容性的存在，也不是一片文化浸润的土地，而变成了一个掠夺性、吸纳性的实体。这并不是人类所期待的理想城市。虽然，势差结构不是导致这一后果的唯一原因，但它所赖以存在的思想和制度元素却能浸润到城市发展的各个环节，如果不加以清理将可能成为促成上述后果的重要推力。

三　城市建制的经济区分强而服务区分弱

在中国，用以区分城市建制的，除了政治、行政因素外，就是经济因素了。前者毋庸多言，后者特指城市政府所发挥的经济职责。然而，当经济社会发展到一定阶段以后，政府职责应该转向公共服务领域。近年来，国家大力推进以服务型政府建设为特色的政府职能转变正是为了顺应这种变化。可是，在当前的城市建制设立过程中，这些服务型职责却没能很好地体现出来。

（一）城市建制的强经济性

城市建制的经济性也就是将一个地区的经济发展水平和经济结构作为设立城市建制、确定城市建制层次、给予政策倾斜的基本依据。那么，强经济性也就是对经济因素的关注过强，以至于忽略了对自然、历史、文化，特别是服务因素的关注，进而造成这些因素被忽视甚至被破坏。具体表现在：

第一，存在着以实现特殊经济功能为目的的城市建制。如资源型城市、农垦型城市等。在中国，这类城市已不仅仅是一类具有特定经济特征的城市，而是一类正式的建制类型。① 国家会根据类型设定给予相应的政策倾斜，如为支持资源型城市转型，“安排资源型城市吸纳就业、资源综合利用、多元化产业培育和独立工矿区改造试点中央预算内投资专项，支持资源型城市转型发展”②。显然，这些城市的经济功能并非市场竞争

① 这一点在计划经济时代表现得更为突出，这在早期的设市方案中均有体现。即使在目前的学术界，亦有不少学者将资源型城市看作一种城市职能类型。参见刘云刚《中国资源型城市界定方法的再考察》，《经济地理》2006 年第 6 期。

② 参见《全国资源型城市可持续发展规划（2013—2020 年）》，中国政府网（http：//www.gov.cn/zwgk/2013－12/03/content_2540070.htm）。

环境下自然选择的结果，而是国家出于战略考虑自上而下植入的结果。因此，在这些城市，国有经济、集体经济成为主体，城市建设围绕资源开发展开，而其他城市要素则明显滞后。第二，存在着以经济发展水平为依据的设市原则。当城市的经济发展规模达到一定程度后，会用特定的城市建制来对其经济成就进行确认。例如，现存的五个计划单列市都不是所在省的省会。它们实际上就是由于经济发展水平高而获得现有城市地位的。在中华人民共和国成立后的历次设市标准中，经济类指标都占据着最重要的位置。经济发达往往是获得特定城市建制的前提之一。第三，通过建制调整来推动经济发展。由于城市之间的行政区划界线对区域内的经济活动产生着刚性约束，因此，“希望通过相应的城市建制调整达到突破诸侯林立的‘行政区经济’，建立全国性或者区域性统一市场的目的”①。当然，在不同时期，经济增长点也会存在差异：改革开放初期主要是招商引资；后来又发展到经营土地，现阶段又找到了新的经济增长点——经营城市化。② 经营城市化的基础是地理空间，那么欲拓展地理空间，建制调整便首当其冲。

（二）城市建制的弱服务性

城市建制的服务性也就是以一个地区所承担的服务职能或者为满足某些公共服务需要来作为设立城市建制的基本依据。弱服务性也即表现为：市制运行没有考虑服务因素及其相关需求，服务型政府建设与市制运行之间缺乏互动。在发达国家，城市政府一般不直接参与经济活动，而是将工作重心放在为城市社会提供公共服务上。因此，它们的很多城市建制体现了服务色彩，例如，学区、治安区等就属于服务导向的准城市建制。然而，在中国，受到势差结构的影响，还没有出现专门的服务型城市建制，亦缺少凸显服务职责的城市建制。这从现实视角思考并不难理解：一方面，由于市制的制度刚性不足，中央政府和地方政府都还不具备设计和管理服务型城市建制的条件；另一方面，因为服务职责属于事权，服务职责的增多一般不能增加城市在势差结构中的势位，反而

---

① 赵聚军：《中国行政区划改革研究：政府发展模式转型与研究范式转换》，天津人民出版社2012年版，第197页。

② 参见折晓叶《县域政府治理模式的新变化》，《中国社会科学》2014年第1期。

会增加城市政府的财政负担。因此，有着竞争压力的城市政府不会“自寻烦恼”。可是，这种弱服务性实际上背离了建设服务型政府的总的政治发展方向[①]，从某种程度上造成了城市政府缺乏服务定位，忽视服务职责的履行，最终会损害公众所能享受到的公共产品和公共服务。

倘若在城市建制方面做一些创新，将某些城市设为服务型城市建制，在城市政府剥离部分经济职责的同时，转而强化服务职责的履行（以后在制度建设到位的情况下，服务型城市建制之间在地理空间上还可以交叉），那么，这不失为一项推进政府职能转变，构建服务型政府的有力举措。

（三）强经济与弱服务归根结底还是强政治使然

在社会主义初级阶段，强经济是强政治的基本要求。发展经济被城市政府认为是最大的政治，这与中央政府的激励和政策导向有着密切关联。为了鼓励城市政府发展经济，对于那些在经济领域取得一定成绩的城市给予政策“奖赏”便成为一项政治激励机制。在这个机制中，市制也被作为一种激励手段：对在经济领域取得预期目标的行政区给予设市或者升格的奖励。可见，强经济性是特定政治形势下的产物。但是，它只看到了城市建制的经济层面却忽略了其他层面，在经济发展达到一定阶段后应该进行必要调整。

弱服务亦是强政治的必然结果。在强政治逻辑下，经济发展、增强国力成为核心追逐目标。这一由中央政府所设定的宏大使命往往左右着市制的运行。而政府职责却属于工作任务的层次，服务型政府职责更是环境保护、卫生、教育等“小事情”。在宏大使命的思维定式中，为了解决这些“小事情”来调整市制显得有些“大材小用”。实际上，恰恰是在“小事情”处理中的不精细、不周到，才使得市制运行中的政府工作显得层次不突出、重点不明确，使得城市建制无法顺应当前改革命题的新需要。发展经济在现阶段固然十分重要，但是在城市中营造良好的服务环境，同样有利于经济的增长与升级。不能将二者看成此消彼长的关系。

---

① 相关论述参见朱光磊《中国政府职能转变问题研究论纲》，《中国高校社会科学》2013年第1期。

四　城市政府间的“伙伴关系”难以建立

跨行政区、跨经济区域治理成为当前地方治理的重要内容之一。同时，随着“行政区市制化”的推进，城市型政区之间的合作治理需求也变得越来越迫切。治理主体之间的对等关系是开展治理行动的前提条件。然而，在势差结构下所形成的非对等府际关系却对城市政府间合作伙伴关系的建立形成了威胁。

（一）城市间合作治理的紧迫性

由于经济联系日益紧密，人口流动日益频繁，公共问题“外溢”愈加普遍，跨城市的公共事务也逐渐增多。其中，较受关注的有雾霾治理、垃圾处理、社保统筹，等等。这些跨城市公共事务与老百姓的日常生活紧密相关，是政府十分重视的民生要点。目前，很多公共事务已被纳入政府政绩考核之中。

当前的跨城市合作治理主要依据中央部门颁行的合作政策来具体展开，然而这一带有较强计划经济色彩的中央供给模式，在实践中面临着严重制约：其一，“条条”受“块块”限制。“中央职能部门往往只能对自己直接归口的下属厅局级单位进行协调，对于牵涉到其他职能部门的事务则无能为力。”① 技术的进步和时代的发展使区域公共问题变得日益复杂，对跨职能部门合作治理的需求也愈益迫切。在这一过程中，城市政府的协调配合是必不可少的。然而，它们往往借此与中央职能部门“讨价还价”，以便从中谋取最大利益。其二，城市政府的歪曲执行。中央的政策制定者一般是从政治全局出发来考虑问题，致使很多合作政策带有浓厚的政治目的却忽略了其所能带来的地方共赢。而由于自上而下的推行模式，给政策添加了一层强制性色彩。这既不符合合作精神又可能打击到地方的积极性，为歪曲执行埋下隐患。其三，中央与城市的信息不对称。对城市情况不了解，使得中央对城市的合作政策供给明显滞后于区域合作的发展要求，许多公共问题无法得到及时解决。然而，单一城市政府又只能在辖区内施政，而无法就区域发展问题施加有效影响。

---

① 刘亚平、刘琳琳：《中国区域政府合作的困境与展望》，《学术研究》2010 年第 12 期。

（二）伙伴关系是城市合作不可或缺的因素

在经济社会活动比较简单，经济社会主体之间的联系并不紧密的阶段，城市是基本可以实现独立管理、自成体系的。这在计划经济时代表现得尤为明显。但是，市场经济的发展使这一局面发生了根本改变。城市内的经济、社会事务变得日益复杂，城市政府所要承担的职责也相应扩大。在这种情况下，单个城市政府已无法单独胜任所有工作。此时，增进城市政府合作便更为紧迫。而伙伴关系便是合作导向的实践产物。“在西方发达国家中，伙伴关系一词已被广泛运用到政府间关系的具体工作方式中，成为政府间关系模式变迁的趋向之一”①。

伙伴关系之所以对城市合作如此重要是因为：其一，它强调政府间的取长补短、优势互补，充分尊重各个城市的禀赋和意愿。这不但能够破除政府之间的非对等性，还能够疏通城市合作中的制度梗阻。其二，它将着眼点放在促进经济发展、优化市场资源配置和增进公共事务治理上。市场与社会本身就是培养合作的良好场域，按照其自身规律来处理市场和社会事务本身就有利于培养城市政府的合作思维。其三，它既能推进横向府际合作也能理顺纵向府际关系。势差结构下的城市府际关系兼有纵向府际关系和横向府际关系的特征。伙伴关系的上述特性，能为纵横两个方向上的城市府际合作创造良好的制度保障。

（三）势差结构削弱了伙伴关系建立的基础

政府间伙伴型关系得以建立的基础是平等与双赢观念。建立新观念往往较为困难，因为这会遇到旧观念以及支撑这一观念的制度因素的阻碍。这里的旧观念主要是“官本位”，而势差结构则是支撑这一观念的制度因素之一。

一方面，在势差结构下，城市政府间的关系更突出的表现为非对等性，这造成了城市政府双方不是处在平等的位置上。即便双方有开展合作的动议，也会被官员行政级别是否对等、服从高势位城市发展需要等建立在等级观念基础上的非平等意识所左右。在民主化建设过程中，当舆论界和理论界一直在呼吁政府与市场主体、公民之间的平等地位时，

① 张志红：《地方政府社会管理创新中的伙伴关系研究》，《南开学报》（哲学社会科学版）2013 年第 4 期。

更不要忘了政府之间所存在的不对等现象。在科层制下，有隶属关系的政府之间，命令与服从关系贯穿始终，它们与平等产生天然隔阂是可以理解的。但是，城市政府本不应如此，因为在多数情况下，它们之间并没有隶属关系。可是，由于在势差结构下，不同政治势能塑造了不同的势位，使不同城市政府之间也出现了强力作用，这直接削弱了它们之间的合作基础。

另一方面，在势差结构下，城市政府之间的零和博弈占据主流。在当前的一些跨城治理中，高势位城市总是希望甚至要求低势位城市来配合自身治理问题的解决，却没有站在互利共赢的角度去思考问题。总认为将自己的资源交给别的城市就意味着利益受损，这是典型的零和博弈思维。这种思维很可能导致低势位城市的抵制，使本可以实现“各取所需”的合作破产。例如，“垃圾围城”是中国多数城市的通病，填埋则是处理垃圾的主要手段之一。但是限于空间不足和成本压力，大城市已无力解决自身的垃圾处理问题。这些问题本可以通过互利合作来解决。“在本地的垃圾处置能力饱和的状态下，不妨参照排污权交易方式，与仍有垃圾处置余量的地区协商，由垃圾产生方出资将垃圾转运异地并科学处置”①。这既解决了自己的问题又给周边城市带来了收益和就业。可是，很多大城市却通过自身所具有的高政治势能对周边中小城市施加压力，认为配合解决自身问题是周边中小城市应该承担的义务。这一现象在首都、各行政中心所在的区域表现得尤为明显。随着中小城市权利意识的增强，它们越来越不愿意做诸如此类的无偿付出了。于是当垃圾管理的碎片化逐步蔓延，垃圾跨界倾倒、垃圾处理不足等问题就严重了起来。

① 王欣：《杜绝垃圾跨界倾倒应三管齐下》，《中国环境报》2016 年 7 月 8 日第 3 版。

第五章

“平衡—伙伴—协调”：中国市制的改革方向

由于承载着政治稳定、经济发展和公共服务等多项使命，市制不应该迁就于其中的任一逻辑。那么，将祛除势差结构中的负面因素作为目标的市制改革也需要充分考虑三项逻辑的不同诉求。在恰当调试三者关系的基础上，结合已经具备的条件制定出具体的改革方案。

第一节　“平衡—伙伴—协调”导向的内涵和现实逻辑

“平衡—伙伴—协调”导向是一种三层次的改革策略，它的提出既是立足于对势差结构的问题认知，又是基于对市制本源属性的一贯认同。一方面，阐述这一导向的内涵，意在缕清其实施主体、相互关系和操作原则；另一方面，论述导向的现实逻辑，则意在将其放入市制改革的现实场域之中，进一步明确这一策略的指向目标及实现路径。两个方面互为表里，现实逻辑是内涵映射出来的具象，内涵则是现实逻辑的理念支撑。

一　“平衡—伙伴—协调”导向的内涵

从词源学来看，平衡原为物理学概念。它指的是：“两个或两个以上的力作用于同一物体之上，各个力相互抵消，使物体处于相对静止状态。”① 从中可以做延伸理解：实现平衡需要在特定事项上，作用主体之间达成默契关系。而这里的伙伴就是合作伙伴关系的简称。理论界，合作伙伴关系较多用于国际关系范畴。但运用于国内政府范畴则指：不同政府之间能够跨越级别、类型的限制，围绕特定事务开展顺畅的合作。协调则倾向于描述组织内部各环节配合得当的现象，“协”有相互协助之义；“调”有逐渐改变以使合适之义。二者搭配使用能够折射出中国传统的和谐文化。虽然平衡、伙伴、协调三者之间有着迥异的内涵，但它们却有种微妙的共性关系：其一，均需要多主体共同参与；其二，均强调主体之间的平等性，而忽视命令—服从性；其三，都着重长期性与动态性；其四，都关注细节和方法。正是基于这四点共性，才尝试将三者构成一个策略组合。

所谓“平衡—伙伴—协调”导向就是：第一，中央政府弱化对市制的直接控制，转而注重各类城市之间的政治平衡和政治稳定；第二，努力构建城市政府间的合作伙伴关系，通过职责明确、市制创新、合作平台搭建等方式来缓释其相互间的势能差距；第三，推动地域型政区政府（主要指省、自治区政府）剥离城市职责，使之侧重于协调辖区内城市间的发展和治理问题，在这一过程中，省直管县级市改革将作为辅助举措。作为一项策略组合体，这一导向有着以下四个方面的特征：

首先，每一层次都有一个具体的实施主体，而不是将这一使命简单赋予一个模糊的“共性政府”。“平衡”的实施主体是中央政府，“伙伴”的实施主体为城市政府，“协调”的实施主体是省、自治区政府。这样，各个主体就有了明确的行动依据，在行动中也会有所侧重。相互间的行为边界也能够在磨合中清晰起来。

其次，平衡、伙伴与协调既是一种策略也是一种目标。从每一个目标的实施主体看来，它是一个目标，但在其他主体看来，它是实现自身目标的策略。这一“二象性”要求三类政府之间既要彼此互补又要相互制约。任何一方想要实现自身的目标都要依靠他者，反之，也可以在助力他者目标实现的过程中换取实现自身目标的条件。这要求三个主体之

① 卢正涛：《论政治平衡的构成要件及其表现形式》，《贵州大学学报》1997 年第 3 期。

间不能割裂开来，而应互为倚靠，相互支撑。

再次，它确立三个主体在市制改革中的不同职能定位。中央政府把握城市平衡，城市政府追求伙伴关系，省、自治区政府协调中央—城市以及城市之间的关系。从这点出发，又可以进一步明确三者之间的职责配置，这可以为纵向政府职责体系的构建提供助力。

最后，平衡、伙伴与协调的实施有着先后次序。中央政府的平衡作用是市制改革的先导性力量。伙伴关系的建立则是市制改革的基本方向。而省、自治区政府的协调则是必要的补充。先后次序并不意味着只有前者实现后，后者才能跟进实施。而是要将前者作为市制改革策略组合的“排头兵”，通过中央政府施加第一推动力来撬动“改革窗口”，使伙伴、协调力量依次进入。三股力量在改革中再产生良性的“化学反应”。平衡与伙伴二者可以构成一个相互作用的次空间，省级政府则对这个次空间施加影响（参见图5—1）。

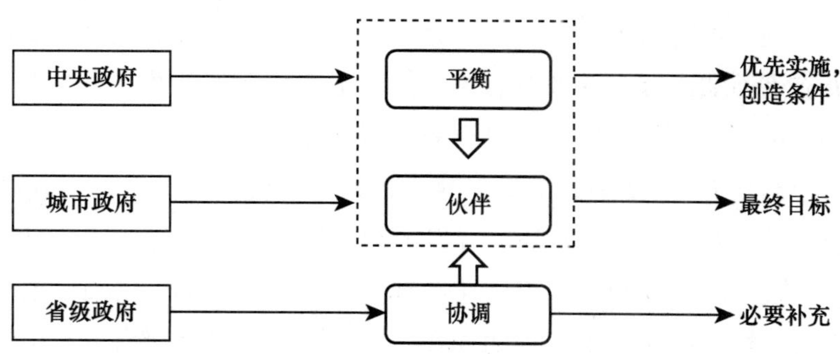

图5—1 “平衡—伙伴—协调”导向关系示意图

二 现实逻辑：通过缓释势能差距来优化市制功能

依据前述分析，“平衡—伙伴—协调”导向的内在逻辑就是通过缓释势能差距来优化市制功能。缓释势能差距是手段，优化市制功能是目的。这一逻辑是潜藏在“平衡—伙伴—协调”导向背后的因果链。

缓释势能差距也就是平缓的释放城市之间所存在的政治势能落差。它有三个要点：其一，消除势能差距是终极目标。在势能差距背后是优势资源的畸形配置，将这一目标作为方向是在探究市制本源和提炼他国经验后所得出的基本结论。承认它是终极目标是因为意识到达成这一目标存在很大难度，因此要在策略选择上将眼光放长远，既关注当下问题又不忘关照长期目标。其二，平缓推进是方法。也就是不急于改变现有势差结构的总体格局，但可以在部分体制环节、运行机制等方面做小范围的改革。在时间尺度上，不设置时间表。而应在解决小问题中积累缩小势能差距的条件，平稳推进有针对性的改革方案。其三，释放压力是条件。这一要点认为消除势能差距的改革将面临着外在压力。压力主要来源于两个方面：既得利益者的阻拦和改革承接者的无能。前者较好理解，高势位城市自然不希望优质资源流失。而欲理解后者则要放到中国纵向政府间“权力集分反复”的大背景中来思考。低势位城市在优质资源的利用效率上往往存在着不足，于是便经常被扣上“无能”的帽子，反对者便借机提出终止改革，收回授权。因此，缓解既得利益者的阻拦和提高改革承接者的行政效能应作为整体来共同推进，它们能够为释放改革压力提供必不可少的条件。

在中国，市制到底应该承担什么样的功能是必须要首先明确的。不能随意在上面加诸过多的政府意愿，但又不能简单地认为市制就只有一个单一的服务主体——城市。在现有的认知中，有一个明显的误区，那就是将市制功能与行政区划功能相混淆。后者主要表现在：“巩固政权建设、提供社会管理、促进经济发展以及加强民族团结等方面。”① 市制虽然属于行政区划的一部分，但它主要侧重的是城市领域。因此，在市制功能中，应更为凸显城市因素的作用。优化市制功能也就体现在：缩小中央政府目标的作用范围，从而凸显城市政府自身的目标。

势能差距的缓释有利于市制功能的优化是基于以下三个理由：第一，城市之间势能差缩小，优势资源就可以从纵向聚集逐渐转换为横向流动。这样，城市发展要素成为决定资源流动方向的主要动因，良好城市竞争环境的营造也为资源的充分利用创造了条件，市制的功能也能够得到充分体现。第二，市制功能是中央政府、省级政府和城市政府三者目标的合体。在中国的制度环境下，市制不可能纯粹为了城市发展服务，它需

① 刘君德、冯春萍、华林甫：《中外行政区划比较研究》，华东师范大学出版社 2002 年版，第 325 页。

要特别兼顾另外两者特别是中央政府的目标。因此，只有在逐渐缓释的过程中，才有足够的回调空间，以免严重损害任何一方的目标及其相关利益。第三，认识到了方向性和策略性的关系。缓释势能差距认为：缩小势能差距是实现市制功能的必然方向，但同时又承认这个过程很漫长，需要讲求改革策略。阻滞势差的继续扩大本就可能触动很多群体的既得利益，而要做到消除政治势差就更需要细致、连续、稳定的改革行动。与此同时，也有时间培育出精简高效的行政主体来承接市制功能释放后的相关工作。

第二节 改革依据：“平衡—伙伴—协调”导向的应然性和可行性

渐进式改革是中国改革的显著特点。[①] 它要求改革既要有先有后，有重点有方向，又要有突破口有配套措施。具体到单个改革层面，只有对这一层面的实际情况作出深入调查，并据此制定个性化的改革方略才可能避免改革中的盲目性。目前，中央政府和相关部门针对城市事务，一再强调的“因城施策”“一城一策”的指导方针，也恰恰印证了这一点。

一 导向的提出是条件限制和形势需要下的应然选择

选取市制改革策略既需要对外在的改革形势做出判断，也需要摸清内在所具备的条件。当前，经济社会形势变化迅速，要求市制及时做出调整。可是势差结构却不是能够一朝破除的，因为在结构上已经附着了太多的惯性因素，这些因素对改革构成了多方面的阻力。只有把握现有体制中的积极因素来激发、释放制度活力，才能顺应新形势，进而推动城市发展。

（一）经济社会新形势期待城市府际关系的提升

改革开放40年来，中国的经济社会形势发生了巨大变化，这些变化

① 布成良：《渐进式改革的张力——中国改革的特点、风险及前景》，《当代世界与社会主义》2008年第5期。

期待着城市府际关系能够有相应的提升：

首先，区域经济一体化的诉求加强。“这主要表现在资金、劳务等经济要素和商品的跨行政区流动越来越频繁，区域内要素整合、区域市场的统一等要求越来越明显”①。然而，“行政区经济”现象却阻碍了区域经济的一体化进程。在中国，一方面，经济的市场化在朝深度发展，企业之间的竞争日趋激烈，这要求最大限度地降低生产成本，实现资源的合理配置；另一方面，新经济形态（如共享经济、“互联网+”等）的出现和发展既要求生产要素能够快速流通，又要求经济体之间的深度合作甚至相互融合。上述变化期待着区域经济一体化的实现。而提升城市府际关系的频率和质量则是区域经济一体化的题中应有之义。

其次，新技术革命对旧有的政府管辖模式造成了巨大冲击。近十年来，高速铁路、大数据、云计算、互联网、人工智能等新技术逐渐成熟并开始渗透到人们的日常生活之中。它轻易地跨越了传统的行政边界，并在更大空间范围内产生了影响。然而，城市政府乃至整个地方政府的管辖模式依然是属地化、分割化的。这对政府治理构成了很大挑战，给高科技犯罪、恐怖主义等不良因子提供了可乘之机，使城市风险急剧增加。

再次，建设服务型政府成为中国政府发展的基本方向。② 服务型政府建设提出的背景是：一方面，2001 年中国加入世界贸易组织（WTO）。为了适应入世后市场经济的变化，学术界和实务界普遍认为，政府的管制观念应转变为服务理念。另一方面，2003 年的“SARS 危机”，政府开始反思原先偏重经济的工作思路，并意识到要在公共服务方面承担更多的义务。在服务型政府建设中，各级、各类政府所扮演的角色是不同的。随着城市化的快速推进，城市集中了全国一半以上的常住人口，但是这些常住人口中有相当大的比例并没有获得与城市居民相同的福利待遇。因此，城市政府在公共服务提供和相应的政府职能转变方面应发挥更大的作用。

最后，跨区域公共物品和公共服务的供给需求不断增加。以医疗服

---

① 杨龙、郑春勇：《地方政府合作中的政府创新初探》，《天津社会科学》2011 年第 3 期。

② 朱光磊：《中国政府职能转变问题研究论纲》，《中国高校社会科学》2013 年第 1 期。

务为例，“候鸟式”人口迁移①、异地养老等现象的扩展使户籍人口离开原居住地的情况日渐增多。可是，属地化管理的医疗保障体系却没有及时与之对接，给人们的生活带来了诸多不便。另外，由于城市政府对所处城市的基本情况有更充分的了解，因此跨行政区问题的解决往往要化约到城市政府层面。但是，势差结构却使得城市政府之间开展对等合作的机会大为缩减。

上述形势变化要求城市府际关系应该朝伙伴型关系转变。而想要实现这种转变，打破由势差结构所构筑的不对等空间则显得确有必要。

（二）势差结构有着深厚的文化、制度和利益支撑

在第二章的历史分析中已经表明，势差结构的形成并不仅仅是百年积淀的结果，而且与几千年的文化基因相链接。因此，想在中国的文化土壤上建构起脱胎于西方自治文化土壤上的市制模式并非易事。对于文化因素，要有客观的态度：一方面，要承认它对制度形成所发挥的基础性作用，祛除文化糟粕需要在更长的实践尺度上计议；另一方面，又不能认为在文化面前不能有任何作为，实际上，一些有效的改革措施能够限制糟粕文化的影响范围。

在制度方面，由于势差结构并非孤立的存在于城市制度之中，而是与其他制度环节相互扭结。它们之间往往存在着较为密切的依存和联动关系。当对势差结构进行改革时，很可能也会对其他制度造成冲击。一项制度的“惰性”可能并不强大，但一张制度网络的“惰性”就很大了。因此，欲使市制改革取得预期效果，就要辅之以相关制度的配套跟进方案。在为改革提供条件的同时，也能减少来自于这些领域的阻力。

利益因素对政府行为的影响将比文化和制度更为直接。具体表现在：一方面，从静态来看，高势位城市能够通过政策倾斜获得相对较多的利益，城市政府乃至城市内的既得利益群体会努力实现自身利益不被剥夺。另一方面，从动态来看，势差结构同样也是一个为各级政府普遍接受的利益分配机制。它对当前的城市政府而言是较为熟悉的，打破这一规则

① 例如，在每年10月到次年4月，海南省三亚市都会有大批来自东北等地区的人前来短期居住，居住时间为1个月至6个月。参见孙涛、赵岩、翟磊《社会融入视角下的城市流动人口服务管理研究——基于三亚市的实证研究》，《公共管理学报》2014年第4期。

势必会造成其工作习惯、晋升路径的改变，利益获取成本也随之增加，这显然是他们不愿看到的。

从上述文化、制度和利益等对势差结构的支撑中，可以认识到：必须要从中国的实际出发，在有效规制文化、制度限制并处理好利益关系的基础之上渐进式地推动市制改革。

（三）改革稳步推进需要依托于现有的体制要素

依托于现有体制具体指的是：既不着意于改变基本的体制架构，也不力求在体制各环节进行“地毯式”的改革，而是将现有体制中的一些关键的、积极的要素作为改革推进的力量源泉和突破口，从而为体制的新陈代谢和自我革新提供必要条件。依托于现有体制的改革有如下益处：首先，使改革更有针对性。因为能够对现有条件和改革阻力有清醒的认知，所以在改革实施中也更讲求策略，往往采用由点到面，先易后难的方式。其次，能够降低改革成本。“外科手术”式的改革可以将改革资源集中于较小目标范围。这样既能避免不必要的改革支出，又能避免无差别改革所造成的无谓损失。最后，借助现有体制中的力量，并从中培育自发的改革动力。上文已经提到改革将打破既有的利益格局，那么改革就要避免“树敌太多”，而欲采用各个击破的方式就得解决改革中“依靠谁”的问题。从现有体制中挖掘积极因素，通过使相关主体获益并使其发展为改革的支持力量将是更为明智的选择。当然，完成这项工作最为重要的是找到这些积极要素。经过分析发现，“层”政府中的中央政府和省级政府内含有此类积极因素。

选择中央政府的原因是：其一，中央政府对城市发展的思路是势差结构形成的关键原因之一。前文已经论述了，中央政府对市制实施过度控制，将一系列政治目标加到市制上，造成了市制的政治化过强。因此，只有推动中央政府转变这一思路，才能削弱政治因素的过强干扰。其二，中央政府在市制上最大的利益在于实现中央目标，并不像地方那样可以获得更为丰厚的利益。中央政府受现实利益的影响要小得多，因此处在一个相对“超然”的位置。除此之外，中央政府具备市制决策权，能够对改革施加第一推动力。中央政府也对日常市制管理产生着重要影响。这两点已在前文多处提及，故不再赘述。

选择省级政府则有如下原因：其一，省域面积广大、人口众多，省域内的城市合作能自成体系。因此，这些城市之间的协调问题是可以在一省之内解决的，而无需诉诸中央政府。其二，省（自治区）政府直辖城市政府，能够对城市政府的工作给予更为直接的指导，相较于中央政府和城市政府，它既不会像中央政府那样“鞭长莫及”，又不会像城市政府那样“身在其中”。随着省直管县级市改革的推进，由省级政府来协调县级市和地级市也更为恰当。其三，省（自治区）政府拥有较多的资源。一方面，是城市政府（直辖市除外）的上位政府，拥有无可争辩的权威性；另一方面，可为城市政府之间的合作提供必要的政策和资金支持。其四，涉及直辖市的协调事项，省（自治区）政府出面更是必不可少的。由于二者级别对等，从短期来看，能够充当不同势位城市间合作的桥梁。

总之，在现有的体制之下，欲推动城市间伙伴型府际关系的建立，争取中央政府和地方政府的支持并推动其积极作为是更为可行的改革方略。

二 三者之间协同推进的现实可能性

前文已经指出了三者之间所存在的目标差异。“平衡—伙伴—协调”导向并不意味着三种理念并行不悖，相互之间毫无瓜葛，而是要求三种理念能够协同推进。虽然有较大难度，但现实中的一些条件为实现这一目标提供了可能性。

第一，三类政府主体虽然在市制问题上存在着分歧，但是从根本上来说它们有着共同的期望，那就是希望城市获得良好的发展，且城市发展收益能够在纵向政府间得到合理分配。这构成了三者之间协同推进的基础。例如，在市制领域出现管控过度并不是中央政府主观限制城市发展的结果，而是在追求中央目标的过程中所产生的意料之外的后果。因此，只要打消各个主体的顾虑，并充分照顾三者各自的目标，那么三者协同推进便是有可能的。

第二，国外已经有了类似的成功经验。城市化快速发展必然伴随着大量人口进入城市，同时城市空间布局、治理现状也会发生重大转变。在中国的一些经济发达区域出现了与西方发达国家（地区）较为相似的城市现象和伴生问题，如城市蔓延、大都市区、治理碎片化，等等。在前文对域外典型国家（地区）的分析中就提到了不少针对上述问题的成功案例。例如，英国通过上下联动式的改革方案，对伦敦大都市区体制进行调整。这表明上下级政府之间完全可以在共同目标的指引下，借助于严格的法律、制度建设，通过各自分工负责，实现纵向政府间不同目标的均衡发展。由于所遇问题的相似性，因此有理由相信作为后发展国家，中国的市制改革也可以借鉴这些国家（地区）的成功经验。"平衡—伙伴—协调"导向在酝酿过程中，也确实吸收借鉴了其中的部分经验。

第三，在部分领域已经开展了成功实践。首先，在省直管县级市改革方面。目前，一些省份尝试将部分经济发达的县级市改由省政府直接管辖，直管的方式可分为部分直管①和全面直管。实践表明，这项改革尝试虽然仍存在着诸多问题，但是在缩小县级市和地级市的政治势差，释放县级市经济活力方面确实收到了良好的效果。其次，在城市合作方面。一些城市也在努力打破势差结构的框囿，自发尝试开展了城市合作实践。例如，2003 年举办的以推进长三角经济一体化为宗旨的"长江三角洲旅游城市 15 +1 高峰论坛"。② 最后，在城市的平衡布局方面。改革开放初期，为了改变计划经济时代城市布局偏重资源因素的格局，中央政府逐步加大了对东部地区的倾斜。同时，也放宽了对西部地区的设市标准。这些表明平衡理念是一直存在着并发挥了积极作用的。平衡理念的提出不是凭空得来，而是希望这一理念能够在此基础上继续扩展和规范。

第四，在国家战略层面已经意识到了市制改革和城市差别化发展的重要性。《国家城镇化发展纲要（2014—2020）》中有许多重要表述，例如，在指导思想部分提出："中央政府统筹总体规划、战略布局和制度安排，加强分类指导；地方政府因地制宜、循序渐进抓好贯彻落实；尊重基层首创精神，鼓励探索创新和试点先行，凝聚各方共识，实现重点突破，总结推广经验，积极稳妥扎实有序推进新型城镇化。"③ 中央—地方—基层三个主体有着不同的分工，它要求中央政府不要管得过细，只要在规划、布局和制度方面做好宏观管理即可，同时鼓励基层的创新和试

---

① 一般是在财政上由省政府单列管理。

② 参见赵慈杰《长三角旅游城市 15 +1 高峰论坛开幕》，2003 年 1 月，杭州网（http：//www. hangzhou. com. cn/20030101/ca267698. htm）。

③ 参见中共中央、国务院印发的《国家新型城镇化规划（2014—2020 年）》，中国政府网（http：//www. gov. cn/gongbao/content/2014/content_2644805. htm）。

点工作。另外，在发展目标中则提出"城市发展个性化，城市管理人性化、智能化""义务教育、就业服务、基本养老、基本医疗卫生、保障性住房等城镇基本公共服务"① 等内容。这些表明，中央不但已经意识到推动城市差别化发展的重要意义，还意识到公共服务在城市中所发挥的独特价值。

第三节 "平衡—伙伴—协调"导向的指导性原则

明确了"平衡—伙伴—协调"导向的应然性和可行性只是解决了这一导向"应该做"和"可以做"的问题。而为了实现"如何做"，则还要明确指导原则，从而为出台具体举措提供界限和规范。

一 中央政府从深化控制到把握平衡的思路转换

如前所述，中央政府在市制领域有着自身的目标。为了实现这些目标，中央政府往往采用政治控制的方式。实践表明，这不但不利于目标的真正实现，而且会限制城市的发展。针对这点，可以提出市制改革的一个指导原则：中央政府要在目标实现方式上实现思路转换——由深化控制转向把握平衡。

（一）深化控制与把握平衡之间的特性差异

控制与平衡并不是截然相反的两种方法，它们有着不少相似之处。例如，二者都有一个实施主体也就是中央政府，也都试图提升中央政府对市制的影响，从而使其能为中央目标服务。不过，这一部分将论述重点放在二者的差异性上。

深化控制的特点主要表现在：其一，直接性。也就是由中央政府及中央部门亲力亲为，对市制的运行和调整施加直接作用，对中央认为关系重大的市制事项实施全面掌控。其二，微观性。也就是将与市制相关

① 参见中共中央、国务院印发的《国家新型城镇化规划（2014—2020 年）》，中国政府网（http：//www. gov. cn/gongbao/content/2014/content_2644805. htm）。

的微观环节也纳入管控范畴，较类似于改革开放前的计划管理方式。其三，政治性。一方面，凸显中央目标的重要性，地方需求要服从于中央目标；另一方面，“小题大作”，主观夸大部分市制环节和问题的重要性。

与深化控制相比，把握平衡的特性则要显得柔性一些：其一，作用的间接性。不由中央政府直接出面，而是借助其他主体（如节点城市、省政府等）来达到平衡的目的。中央政府只需加强对这些主体的布局和管理即可。其二，改革的调试性。汲取“运动式”市制改革的教训，不着意于对城市建制、层级架构等市制的外在形式做大范围调整，但着意于对市制运行环节做增量式、试验式的调整。其三，方法的多样性。不局限于自上而下的命令—服从模式，而是综合采用行政、财税、法律等方法对城市政府施加影响。其四，风格的弱政治性。不过分要求地方绝对服从于中央目标，而是将中央政府和地方政府看成平等合作的双方。通过明确中央政府和地方政府的职责边界来实现二者目标的平衡。

（二）推动平衡的主要层面

平衡是实现一个架构持续稳定运转的手段，它需要在特定的主题下实施。十八大报告提出了政治、经济、社会、文化、生态这一新时期治国理政的五大方面。从市制角度来看，中央政府应该主要把握的是政治和经济方面。而限于中国的整体发展阶段，在社会、文化、生态等方面开展市制平衡则不宜强调由中央统筹。当然，这并不排除部分发达地区可以率先试点的可能。

第一，政治平衡。政治平衡应从央地关系角度来谈，即“在调整中央地方关系的过程中，确保双方力量对比的变化表现出稳定的平衡状态”①。这里的地方指的是城市政府。把握政治平衡要采取“抓大放小”的策略，例如，在城市合作机制的建立过程中，直辖市、副省级城市和部分区域中心城市之间的合作平台建设应由中央政府主导。因为这既可以维护中央权威，又可以使平台具有足够的权威性。然而，对于其他的中小城市之间的合作事务，则应尊重地方政府特别是省、自治区政府的自主性和积极性，中央政府只需扮演好监督角色即可。因为中小城市没

① 梁木生：《政治体制改革需要把握政治平衡——兼析我国政治体制改革的艰难》，《南京社会科学》1998 年第 7 期。

有威胁中央权威的政治资本，而中央政府也缺少足够能力满足如此众多的地方合作需求。这样，既能强化中央政府对市制体系的政治控制力，又不会因管得过死而限制中小城市之间的合作。

第二，经济平衡。经济平衡主要包括两个方面：城市之间的经济平衡和城乡之间的经济平衡。推动城市之间的经济平衡最重要的是打破存在于城市之间的各种制度壁垒，保障发展要素在城市之间自由流通。另外，为了补偿因势差结构而已经造成的资源错配，市制改革还应以政策组合的方式为那些势位较低但又拥有良好发展禀赋的城市提供制度优惠和财政支持。把握城乡之间的经济平衡也是市制改革的任务之一。广域市制意在推动城乡统筹发展，但是如何将这项改革落实到基层政府能力提升、城市管理技术和理念推广以及城市基本要素培育上，仍需要后续的市制管理来提供细节支撑。

第三，文化、社会和生态平衡。从整体情况来看，目前中国的市制改革还不具备推动文化、社会、生态平衡的能力与条件。因此，在中央政府的平衡任务中可以暂时不涵盖这三个方面。但是，这三个领域同样是中国未来的城市发展所难以绕开的。当城市发展进入到后现代阶段，市制改革将不得不考虑此类问题。实际上，部分发达城市已经开始采取了行动。例如，2015 年北京市延庆县、密云县实现撤县设区。二者撤县设区与北京其他市辖区不同，因为它们的城市职责中，生态保护职责是重中之重。它们的设立目的之一就是为了实现北京全市范围内的生态平衡。撤县设区后，北京市政府就可以对这些地区的生态问题进行统筹管理。相信以后还会出现生态型城市建制，它将成为推动区域生态平衡的“升级版”。

（三）规范偏离现象：中央把握平衡的落脚点

规范偏离现象指的是：纠正那些违背市制法律、法规及其他相关权威性规范的政府行为。中央政府通过规范偏离现象，能够将平衡的把握落到实处。它的作用对象主要是中央部门和地方政府。因为如果不能对部门、地方在市制领域的偏离行为作出必要纠正，那么偏离积少成多，最终会导致市制运行的紊乱，中央政府也会由此错失平衡目标。

规范偏离现象的前提是：能够准确地界定什么是市制偏离。因为任何一项政策在执行过程中都会根据当时条件进行必要调整，产生偏离是难以避免的，总不能将偏离现象“一竿子打死”。为此，可以将以下两项内容确立为衡量标准：其一，是否遵循了现有法律、法规的基本原则。强调这一点是因为现有的市制规定杂乱无序，且并没有得到及时的调整，同时也欠缺明确的效力区间。其二，是否符合地方的整体利益。如果一个城市的获益是建立在周边地区利益受损的基础之上，那么这样的改革就会偏离整体利益。当然，实际操作要比设立标准复杂得多，因此还是需要在实践中摸索出细化准则来。

在依据标准对偏离现象作出判断之后，可在以下两个方面做出努力：一方面，在市制运行过程中，加强对城市平衡性的监测。既要拓展中央政府的信息来源，又要制定公开透明的利益表达机制。这样能够实现信息的上下贯通，增强监测的准确性。这点将在下文的保障机制部分做进一步论述。另一方面，对地方和部门的偏离行为实施必要的惩罚。惩罚的实施主体应该是中央政府及其管理部门。最直接的惩罚就是撤销之前的市制改革决策，或者在若干年内不接受该地区的设市申请。另外，也要体现在对地方官员的惩罚上。例如，轻度的可给予记过处分，严重的可降职，等等。这在目前法律、法规制定相对滞后的情况下，对于强化市制规范的权威性显得尤为必要，也能够起到维护中央权威的效果。

二　淡化城市级别，强化城市差别

淡化城市级别并不是急于从制度层面取消城市的级别设置，而是在找到影响城市级别形成因素的基础上，尝试采取措施清除这些因素生长的土壤。反之，强化城市差别则是通过市制建设来营造制度氛围，从而挖掘、培育城市的独特性。淡化城市级别与强化城市差别互为因果，须共同推进。

（一）观念层面的转变

“级别观念”是“官本位”的表现形式之一。它不但促使干部队伍中产生了以“级别”作为单一价值尺度的局面，还使得一些制度安排沾染了似乎难以克服的“麻烦”。在这种观念的影响下，各个城市也被贴上了“级别”的标签。级别高的城市就理应得到更好的资源。不但领导干部的工资、福利待遇会相应提升，而且就连公共政策的实施都可以“堂而皇之”的受惠于较高的级别。这导致各城市政府不得不以提升级别和扩大权限为竞逐目标。而与级别观念相对应的就是“差别观念”。它具有完全相反的特征：其一，尊重并鼓励城市的多样性，不着意于城市政府在权力体系中的位置，而注重依据城市禀赋来配置相称的权限与职责；其二，认识到城市管理工作的专业性和复杂性，拓展更科学全面的城市工作评价体系；其三，承认城市之间具有互补性，推动城市之间由“升级竞争”向常态化的伙伴型关系升华。

观念是在长期的制度运行中养成的，这使得转变观念并不是一件容易的事情。频繁的外在呼吁往往并不能实现观念的内化，只有在认识深处做系统革新才能有效地指导实践。具体可以在以下两个方面着力：其一，将观念的源头理性化。当前，理论界和实务界对城市级别观念的认识仍然还处在模糊阶段。尚未将其与干部人事制度、官僚主义等之间的关系做细致的分析。对观念本身的形成与影响因素认识不清，奢谈转变观念只能是“纸上谈兵”。其二，以观念置换观念。也就是用“差别”观念来置换“级别”观念。级别观念之所以存在是因为它在实践中发挥着特定功能。只有当差别观念也能承担这些功能的时候，观念的置换才能最终完成。

（二）工作层面的行动

淡化“级别”观念不能停留在宣传层面，还要在工作层面采取切实的行动：

一方面，做好推动观念转变的制度建设。首先要认识到哪些制度是与“级别观念”相关的。由于城市级别是官场文化在城市政治中的映射，因此，干部人事制度首当其冲。目前的干部人事制度围绕“级别”建构起了一套工资、福利和干部激励机制。“级别”与公务人员的生活水平、个人价值都息息相关。① 他们由此产生“级别”观念在所难免。另外，党政机构也有级别设置。“机构级别是指用法规或规范性文件规定的机构的行政地位，它主要用于行政机关和其他有上下指挥和服从关系的机构系统”②。中国共产党、人大、政协各级组织机构的级别也参

① 谢治菊：《论官僚制等级的异化及救赎》，《河南大学学报》（社会科学版）2016 年第 2 期。

② 参见中央机构编制网（http：//www.scopsr.gov.cn/zlzx/bzcs/201203/t20120326_55602.html）。

照政府系统机构级别设置。而事业单位和部分国有企业本不应该有级别设置，但由于受到工资制度和干部制度的影响也套用了级别。从中可以看出，以干部人事制度为源头，“级别观念”扩展到诸多机构之中。这些机构之间有着明显的参照关系，相互参照使它们逐渐演化为以级别为纽带的制度网络。面对这一情况，既要抓重点，即干部人事制度；又要重协调，即在上述领域协同推进，配套施行。在持续推进制度改革过程中，才可能逐渐改变人们头脑中的“级别观念”。

另一方面，在对城市的认知上做好扎实工作。首先，了解城市差别。目前，区分城市的依据，除了人口、面积、级别之外，在其他方面显得乏善可陈。“千城一面”问题的出现与这些工作的不细致有很大的关联。了解城市之间的差别，要在历史、社会、经济、文化、区位等多个方面做深入挖掘。而不是机械的学习其他城市的所谓经验。只有将这些因素纳入到市制决策之中，才能在差别意识层面获得着力点，对城市差别的强化工作也才能落到实处。其次，丰富城市差别。实现城市差别并不是多几个地标建筑，多几个名誉头衔那么简单的事情。只有摸清城市差别因素的发展规律，才能制定出拓展差别内涵的行动方案，也才能将城市特色扩大化、显性化。最后，尊重并鼓励城市差别。一方面，尊重城市基层组织、社会力量的积极性。各级政府都没有足够的想象力和执行力来为每一个城市量身定做“个性化”的城市名片。反倒是政府的一些凸显城市特色的行为消灭了城市自身的个性。城市特色归根结底还是城市社会多元发展，城市文化传承与碰撞的结果。政府既不应该干涉基层组织、社会力量的差别化尝试，也不应以固定的标准来否定或漠视那些推动城市差别的行动。另一方面，推进城市差别的宣传和奖励工作。在不干涉的基础上，政府所能做的就是加大对这些差别化的宣传。以杭州市为例，近年来杭州为突出“生活品质之城”这一城市品牌，利用广告、视频、标识、公共设施等多渠道进行宣传，从而塑造了杭州识别度很高的城市形象。政府的宣传与引导离不开城市自身所具备的独特城市要素。今后，完全可以将这些要素作为市制运行的一环。

没有城市的多元化发展，没有对城市的科学评价体系就难言城市差别，更不会有“差别”观念的强化。将这些工作做细，给决策者和公众提供级别之外认知城市的多维视角，淡化“级别”观念才可望真正实现。

三 着力推进市制构成要素的创新与调试

日常改革不等于创新，前者的应急性更强，而后者则不但需要创造性思维，而且需要对市制进行前瞻性构造。为了达成一种积极而稳妥的方案，创新应集中在市制的构成要素方面。市制构成要素包括：城市建制、城市名称、市政体制、市内区划体制等。

城市建制、设市模式和市内区划体制在构成要素中最为重要。城市建制创新指：突出某一类城市建制在特定领域的功能，而这些功能则以城市职责的形式表现出来。而市制模式创新则指的是：突破现有三类市制模式的禁锢。原有的三类模式划分过于简单化，例如，同为广域模式的城市，其空间布局往往差异巨大①。尝试对三类模式进行细分，或者尝试构建兼具三类模式特征的式样。这类模式创新应该更好的解释城市内空间布局的变化。而市内区划体制则与市政管理紧密相连，它重在围绕城市辖区的整体发展与治理，理顺城市内不同政府层级和派出机关、基层自治组织之间的关系。由于城市人口、空间结构复杂且多变。因此，这项工作更为特别强调与时俱进，推陈出新。

上述两方面的创新固然有其价值，可是为了缓释城市间的政治势差，将主要精力放在城市建制的创新与调试上则是更优的选择。原因是：其一，设市模式和市内区划体制主要是对一个城市内的空间结构和管理体制进行调整，并没有明显触及城市之间所形成的势差结构；其二，城市建制创新是对城市类型的创新而非对市制架构的颠覆，也就是说这一创新是在现有的势差结构框架内进行的，它会在潜移默化中消解势差结构的支撑要素；其三，城市建制创新能够更好地凸显出城市之间的差别。城市建制是一种显性的制度，它要求对城市职责、政治地位做出明确的规定，能够较好的保障城市政府的职权。这也是当前很多县级市即便在“扩权强县改革”中获得了部分权限却仍然急于升级的原因所在。

开展市制创新不能凭空设想，而是应该掌握一些基本的条件和规律：其一，将对中国市制的认识作为开展创新行动的前提条件。势差结构是

---

① 例如，市管县体制下的市就属于两圈层广域市，一些较大规模的市甚至发展出三个圈层，这与一般广域市（县级市）有着显著差异。

现有城市体系运行中的一个不容忽视的现象。这一现象直接关系到开展市制创新的制度基础。如果对这一现象的运行机理缺乏认识，那么此时的创新就可能缺乏实践经验，即使诉诸实施也会面临严重的“水土不服”。其二，创新方案要以稳定为基本前提。创新理念付诸实施，要慎之又慎。首先，市制创新可能会带来较大的风险。市制创新属于制度创新的一种，它对城市政府之间的职权划分，对各级官员的职业生涯，对普通公众的个人福利都可能产生重要影响。其次，中国各地域间差异巨大。实践已经表明，将单一标准、规则运用于整个国土空间上会引发许多意想不到的后果。最后，当前经济社会依然在剧烈变动之中。因此，在行动之前开展必要的试点和调试工作就是必不可少的。在这方面我国已经有了不少尝试。例如，改革开放后设立的经济特区市、不设区的市、较大的市、计划单列市乃至各种类型的准城市（例如，经济开发区）。虽然效果各异，但毕竟为后续改革提供了许多宝贵的镜鉴。其三，实施创新有必要借鉴国外的经验教训。与 20 世纪初全盘吸纳西方市制模式不同，现阶段应以问题导向作为吸收借鉴的准则。上文提到的典型国家（地区）普遍遇到了大都市区治理、公共服务供给等城市问题，并以此作为市制改革的动因。鉴于中国有同类问题，因此可以密切关注它们在这个过程中的行动、成功和失误。其四，要明确创新的主体和试验范围。进行市制创新并不是要求中央政府和省级政府用自上而下的方式来强制灌输。而是鼓励城市政府采取创新行动，由中央政府和省级政府从中挑选出可行方案并上升到制度建设层面。然后再在全国其他有条件的地区推广。在这一过程中，要框定好创新试验的范围，避免因创新失控而引发地方政府之间的冲突。

四　凸显省级政府在城市伙伴关系构建中的协调职责

省（自治区）政府是位于中央政府和大部分城市政府之间的中间层级政府。中央政府的政令往往要通过省（自治区）政府下达和实施。因此，在涉及中央政府和城市政府之间的利益冲突时，省（自治区）政府可以起到一定的协调作用。这种协调是从纵向府际关系角度来讲的。而从横向视角来看，省（自治区）政府也可以扮演城市政府之间的协调者角色。履行协调职责的题中应有之义就是省（自治区）政府的职能重心向这一领域转移。

在市制运行中，推动省（自治区）政府实现角色转换将有以下四项益处：首先，省（自治区）政府能够承担类似于大都市区政府的功能。解决中国的大都市区问题不宜再创设一个大都市区政府。因为一个协调各城市的大都市区政府其级别、地位都需要设定，否则相关工作很难具体展开。可是中国城市政府层级已经达到了五级。在势差结构现象没有较大改观的前提下，大都市区政府很可能会演变为一级新的城市政府层级。而由省（自治区）政府承担协调职责则可以有效避免这一问题。其次，使省（自治区）政府能够从微观的城市管理工作中脱离出来，进而强化其对城市的宏观管理。这一工作方式的改变，既有利于激发城市活力又有利于减轻省（自治区）政府的工作负担。再次，在特定范围内淡化了“职责同构”现象。协调职责只归属于省（自治区）政府，而不是各级政府均有，这从一定程度上实现了“职责异构”。最后，为省（自治区）政府的机构改革指明了方向。在省（自治区）政府内部可以根据协调职责设立协调机构，既可以是综合性机构也可以是围绕具体事项的议事协调机构，甚至可以考虑在省际之间也成立类似机构。

然而，从实际情况看来，省（自治区）政府在协调方面却严重不足。具体表现在：其一，协调主要发生在经济领域。只看到了“行政区经济”问题，而没有看到行政区的治理分割问题。因此，当不同城市在公共事务方面发生冲突时，省（自治区）政府只是进行应急处理，而并没有形成常态化的协调机制。例如，在城市生活垃圾日益困扰城市环境治理的情况下，垃圾跨省偷运现象屡禁不止。针对这类问题，目前多是停留在处理当事人上，而省（自治区）政府并没有做出协调动议。① 其二，以命令代替协调。由于省（自治区）政府与城市政府（除直辖市）是上下级关系，针对城市政府之间的冲突，省（自治区）政府往往习惯于采用命令的方式，而没有深入了解各城市之间的冲突原因和实际需求，甚至认为“需要协调”本身就有问题。其三，跨省协调严重不足，省（自治区）政府的协调往往只发生在本省辖区范围以内。如果将跨省协调事项全部

---

① 谷岳飞：《上海垃圾偷倒苏州背后：垃圾围城催生灰色商机》，《新京报》2016 年 7 月 29 日第 16—17 版。

诉诸中央政府，那么将会使其不堪重负。因此，在一些经济、社会事务上，完全可以将省（自治区）政府作为城市政府之间开展沟通协调的桥梁。其四，依赖于“条条协调”。实践中，“条条协调”不但很难跨越“条条壁垒”的限制，而且没有能力解决复杂的城市间协调事务。因此，由省（自治区）政府所主导的“块块”出面协调应更为合适。

与协调不足相伴随的是：省（自治区）政府承担了大量不必要的城市职责。例如，城市规划、城市治安、城市公用事业，等等。省（自治区）政府是一级典型的地域型政区政府，不应承担具体的城市职责，这是由其管辖区域的特点决定的。由其兼管城市事务似乎只是为了表明省（自治区）政府对城市工作的重视，但是却剥夺了城市政府开展自我管理的机会。这实际上并不利于城市自我管理能力的提升。

城市伙伴关系的构建前提是不同势位的政府能够有一个对话与合作的平台。在这个平台的基础上，再根据内容推进制度化建设。没有突破口，单纯的呼吁是没有用的。明确省（自治区）政府的协调职责就能成为现有体制框架内的一个突破口。把握好这个突破口，它就能成为推动城市伙伴关系建立的外在动力源。另外，省（自治区）政府发挥协调功能不应该是一种临时性的应急任务，而应该有长期而稳定的机构设置、人员配置和资金保障等作为配套。这一点将在下文的操作环节做具体阐释。

第六章

“平衡—伙伴—协调”导向的操作化和保障机制

“市制改革就是行政区划调整”的观念容易使人们只在一个平面上看待市制问题，而不会将其看成是一个立体的、动态的系统。折射到改革环节就是只针对设市、升格这些表层环节提出建议。这些建议未免如“隔靴搔痒”，恐难以真正化解市制中的深层难题。本章在第五章的思路指引下，主张从政治平衡、政府职责、城市建制和合作平台等四个维度来配合推进改革，并以五项相关机制的调整作为配套保障。将操作化和保障机制作为一个两层次方案来协同推进改革导向的切实落地。

第一节 “平衡—伙伴—协调”导向的操作化

操作化就是具体化，就是将“平衡—伙伴—协调”导向的思路细化到具体环节的对策建议。从思路到操作并不是一个直线的过程。这是因为，在操作化阶段不但要明确改革主体、改革步骤，而且要就改革可能遇到的困难和可行性做进一步的思考。

一 中央政府分类推进城市平衡发展

在操作中，实现从政治控制到“管理平衡”的转变不得不面对势差结构的掣肘。将直辖市、省辖城市建制（副省级市、副地级市、地级市、县级市）、县辖城市建制作为三个类别，在平衡度、平衡策略的把握上加以区分，或许能更有利于实现中央政治目标与城市发展目标之间的和谐共进。

（一）慎重增设直辖市，侧重内部平衡

上文已经提到，直辖市在中国整个的市制架构中有着较为重要的地位。目前，学术界有很多提出增设直辖市的声音。但是，轻易增设可能会造成一些不利影响：其一，加重势差结构，直辖市位于势差结构的顶端，如果贸然开启增设直辖市的动议，那么其他环节也会参照进行，这可能会诱发更为激烈的城市“升级锦标赛”。其二，破坏区域内的政治平衡。直辖市与省、自治区平级，但政治地位要高于它们。增设直辖市不可避免会导致省区重划，这势必会破坏原有已经较为成熟的区域制衡体系。其三，影响到中央的重要人事布局。如何在高层权力结构中安排新设直辖市的“一把手”将是个棘手问题。

当然，也不能完全无视当前直辖市所面临的问题。因此建议：其一，远期来看，以重庆直辖市设立过程为样板，进行系统论证，有秩序、有梯度的增设，甚至可以尝试采用准直辖市的过渡方案。其二，近期则应主要侧重于直辖市内部的市辖区（县、自治县）平衡。目前的四大直辖市内部空间结构都较复杂，市辖区类型多样，重庆市甚至仍辖有数量不少的县、自治县。另外，四市还均辖有不同类型的国家级新区、自贸区、功能区等准建制形式。当前，理顺这些复杂关系，激活管辖范围内的空间活力显得更为急迫。其三，超越市制思维解决直辖市问题。不着意于通过简单的行政区划调整来处理直辖市所面临的问题，而重在思考如何优化直辖市与周边省市的合作交流机制，以此来逐渐打破由市制引发的行政壁垒。例如，可优先在关系民生的社保、通信、交通等领域寻求突破。

（二）省直管县级市改革的推广实施

目前由省（自治区）政府直管的市主要有两种，分别是：地级市和县级市。[①] 在这一改革领域，应主要在两个方面着力：其一，逐步取消地

---

① 实际上还包括副地级市和副省级市（在人事、行政上），但它们在行政区划层面可归入地级市。而这里的县级市只有少部分实现了省直管。

级市对县级市的代管关系，地级市和县级市都由省（自治区）政府直管，给予县级市较为完整的城市管理权限；其二，破除级别分等，这一点将在下文做专题论述。本节重点论述第一点。

县级市与普通县不同，除了个别地区之外，县级市一般是所在区域内人口最多、经济最为发达的地区。因此，推动县级市直接由省直管，将进一步释放县级市的发展活力。这对于实现国家推动中小城市的发展战略有着很大的帮助。当然，也不能“一刀切”。因为之前市制改革的不到位，一些县级市是虚假设置，实际上并未达到相应的标准，所以省直管县级市改革也要按照一定的标准对县级市进行甄别。与此同时，县、自治县仍可以由地级市直辖，对于那些经济较为发达的县，则可考虑先设为过渡型县级市，经过一定的培育后，再由省直管。在目前理论界对省直管县（市）的对策建议中，往往将县和县级市不加区分，这当然有他们特有的考虑，但这难免会忽视市制改革对二者发展的不同作用。如果不加区别的直接由省直管县，而抛开市制改革环节，那么，省（自治区）政府的职责定位也可能会出现混乱。普通县也可能因缺乏从县政到市政的必要过渡而出现“不适应”。

可见，推广省直管县级市改革最主要的目的是：减少地级市与县级市的政治势差，平衡二者之间的发展差距。这既能避免地级市对县级市的资源剥夺，又能赋予县级市较完整的城市管理权限。然而，改革也可能产生一些副作用，这是改革中需要注意的地方。例如，会导致城市地理空间的碎片化。在一省（自治区）之内，由于县级市为省直管，那么原地级市管辖的范围就会出现破碎化。不像以前那样呈块状分布，有可能出现蜂窝状、锯齿状分布。这会给市管县工作带来麻烦。改革产生负外部性在所难免，关键是在利弊之间求得最佳的平衡。

（三）取消对县级以下（含县级）市制改革的直接控制

目前，中央政府仍通过行政审批继续强化着对县级以下（含县级）市制改革的控制。其中，既直接审批县级的市制调整方案，又采用其他方式对县以下市制要素的调整施加着限制。[①] 县虽未设市，但是这不意味

① 这种限制往往是设置一些改革禁区或者通过其他文件来引导。例如，不允许县辖市出现。这实际上严重削弱了省级政府的市制管理权限。

县以下的行政区划调整与市制就没有关联。例如，县改区后，区下所辖的乡镇村要不要、什么时候也改为城市型的街道办、居委会等派出机关、自治组织将不得不提上日程。

这种直接控制是没有必要的。原因是：其一，县级以下（含县级）的市制改革影响范围较为有限，特别是对中央所期望的政治稳定基本上不构成威胁。因此，将这一领域的问题上升到政治问题会加剧市制管理的政治化。其二，由于在中央政府与县级政府之间隔了两个政府层级，中央政府对县级政府的了解是较为有限的。上文已经提到了，目前市制改革采用的是自上而下的报批程序，这不但会导致对地方需要的回应力不足，还极易造成中央的控制力失效。

鉴于此，拟提出两项建议：其一，将县级以下（含县级）的市制审批及管理权限授权给省级政府（直辖市除外）。对于此类市制改革举措宜采用备案制，中央政府则将重点放在相关法律、法规、标准的制定上。县级以下市制改革符合上述规定就可以由省级政府批准。其二，将部分市制构成要素的调整权限赋予城市政府和基层政府。一方面，城市政府能对辖区事务有更大的自主权。例如，市辖区界线调整、街道办撤并与体制改革等，无需层层报批。由城市政府对辖区区划事务负责，而中央政府和省级政府只需做好必要监督即可。另一方面，基层政府或城市派出机关亦可提出与自身相关的市制改革方案，而不是使城市政府成为一个封闭的决策系统。只有充分挖掘城市基层组织的改革智慧，才能为城市内空间结构优化提供实践和智力支持。同时，这也是引入城市自治因素的一个良好契机。

（四）注重城市平衡布局，促进地域均衡发展

地域均衡发展是中央政府的一项重要目标。这项目标关系到全国的政治稳定，因此意义不可谓不大。为了实现地域均衡发展，推动城市平衡布局便成为一个重要选项。在这一过程中，中央政府适宜施加间接影响，而不宜进行直接控制。具体可在以下两个方面采取行动：

其一，普通城市的平衡布局。原有的城市布局受计划经济影响，对资源、行政等因素考虑的较多。而对城市要素综合考虑不足导致了布局的不平衡。现阶段，进行城市布局不能为了均等而平衡。也就是不能机械的按照比例配置，例如，北方设 40 个，南方就要设 50 个；东部设 100

个，西部就要设60个。① 而首先要调查清楚不同地域的要素禀赋，以促进禀赋发挥为目标来设立匹配的城市建制。可优先在相对落后的地区设立较多基于某些特色和发展要素的城市建制。反之，则要求发达地区必须达到规定的指标要求才能设市或升格。这样既能匹配发达地区的经济社会现状，又有针对性的为落后地区的城市化提供支撑。在条件允许的情况下，甚至可以施行“一城一策、一城一案”的方略。这种建立在充分调查研究基础上的平衡方式才是更值得期待的。

其二，特殊功能市的平衡布局。鉴于现有功能型市制出现的诸多问题，故不建议为了达到某些政治目的而随意设立特殊功能城市建制。如果确有必要设市，可遵循以下三项原则：首先，可先设为准城市建制，给予一定的城市管理权限，待培育出必要的城市要素后再行设市。其次，要经过专业论证和系统评估，在布局中要注意其对周边地区经济、政治格局的影响。例如，在边疆地区的自治州设市，就可能会使建制市吸纳过多的州内资源，从而扩大贫富差距，不利于边疆的稳定。最后，处理好特殊功能市与周边行政区的功能协调。在同一地域内，不同行政区的功能往往存在着同质性。特殊功能市设立后，其城市功能定位将发生转移，周边行政区是重新定位还是坚决固守往往没有考虑在内。其后果可能是诱发同一地域内不同行政区之间的功能定位竞争。②

总之，上述举措的实施还是要从中央政府的市制管理体制入手，改变政出多门和专业化不足的问题。这点将在下文的保障机制中做进一步论述。

二 以城市功能为导向明确各类城市政府的专属职责

城市功能亦称城市职能，是指城市在一个国家或一个地区所承担的

---

① 实际上，中国的很多城市布局就是按照类似的比例关系来做的。这会导致发达地区建制不足，落后地区建制过剩等问题。

② 赖迪辉等人认为：谁先建立优于其他城市的功能定位，就能在竞争激烈的大环境中具有较强的竞争力，政府也可因此获得“超额利润”。参见赖迪辉、朱星毓《新常态下地方政府城市功能定位竞争的演化博弈分析——以京津冀为例》，2014年中国城市经济学会年会暨“新常态下中国城镇化及城市发展的新思路”研讨会论文，2015年3月，第230—238页。

政治、经济、文化等方面的任务和所起的作用。[①] 城市政府与一般政府的不同之处主要在于辖区性质。根据辖区的功能属性匹配相应的职责，是彰显城市政府特性的应然举措。

（一）以功能促互补：大中小城市协同发展

城市之间存在互补关系是构建良好城市体系的关键要素。然而，在势差结构下，城市更容易同质化发展。这是因为它强调了城市间的零和关系，势位越高的城市发展越充分，功能也越全面，它不需要低势位城市来分担功能。但是，在城市功能理论看来，中小城市也具有大城市所不具备的优势。首先，大城市的规模经济效应是有限度的。在某些领域达到一定限度后就会走向规模不经济，反而其周边的中小城市具有这些领域的成本优势。其次，城市功能也是城市自主选择的过程。城市拥有自己的生命，它可以根据自身的发展宗旨和内在形势来做出功能取舍。此时，部分城市功能就可以转移到周边的中小城市，实现大中小城市的互补发展。城市互补需要政府作为，这是打破势差结构不可或缺的基础性力量。

以京津冀协同发展为例，2015 年由中共中央政治局审核通过的《京津冀协同发展规划纲要》确立了京津冀三地的功能定位。其中北京市为全国政治中心、文化中心、国际交往中心、科技创新中心；天津市为全国先进制造研发基地、北方国际航运核心区、金融创新运营示范区、改革开放先行区；河北省为全国现代商贸物流重要基地、产业转型升级试验区、新型城镇化与城乡统筹示范区、京津冀生态环境支撑区。[②] 这一战略的突出特点就是：提倡功能互补、错位发展、发挥比较优势。而在战略的实施过程中，则有必要将市制因素考虑在内。因为在一个区域内，城市规模和城市格局的最终形成往往是市制因素使然。从某种程度上来讲，北京恰恰是得益于其行政地位，才在中华人民共和国成立后一跃成为北方经济中心的。只有从降低势能出发来纾解功能才能切实实现三地的功能互补，否则，政治势差的拉力作用同样会再次将优质资源集中到首都。

---

① 孙志刚：《城市功能论》，经济管理出版社 1998 年版，第 1 页。

② 《京津冀协同发展规划明晰 三省市明确功能定位》，2015 年 8 月，新华网（http：//news. xinhuanet. com/politics/2015－08/24/c_1116344709. htm）。

（二）以功能定职责：明确城市政府的专属职责

对城市区域进行专门化管理是市制改革的追求目标之一。与专门化管理相对应的是一般化管理，在政府工作中，过于强调管理的一般化实际上是对城市工作的特殊性缺乏深入了解使然。因此，为了提升城市工作的精准性，理应继续推进以专门化为目标的市制改革。实施专门化管理不一定局限于窄域市和适域市。在广域市，城市政府同样可以借助明确城市专属职责来达到此项目的。而确定专属职责的主要依据是这个城市所发挥的城市功能。

在确定城市专属职责的过程中，需要注意以下五个事项：其一，要有特定的实施空间，也就是将城市建成区及后备区域作为实施区域。而不要以统筹发展的名义，将实施范围无限扩大到整个辖区范围。其二，根据城市的发展阶段来对应施策。由于在部分城市功能的履行上，一些城市尚不具备足够的条件。那么，就可以暂时不将这些职责纳入其政府工作范畴。例如，博物馆、剧院等以履行文化功能为目标的公共设施建设需要大量的投入，可这对于部分欠发达地区来说是很难承受的。其三，专属职责要有专业人员、专业技术作为配套。如果没有这些，专属职责就很难被真正的承接起来。其四，专属职责需要特定的机构来承担。上文已经提到，在部分城市已经出现了城市管理专门机构。但是，如果采取“一职责一机构”的方式，又将引发机构膨胀问题。因此，在可以预见的未来，在现有机构内部或者小范围的机构间进行职责归并应该是较为可行的策略。其五，注重培育准城市区域的相关政府职责。这主要针对的是大镇的未来发展问题，“明确、承担并汇聚（大镇）所在区域的行政、经济、社会治理功能是优化其政府职责，从实质上推动‘大镇设市’的必由之路”①。

（三）以职责划财税：推进省（自治区）政府与城市政府的财税分配制

正如前文所述，1994 年的分税制改革只是解决了中央政府和省级政府之间的财税划分问题，而没有解决省级以下政府间的相关问题。由于省辖政区中还包括自治州、地区等地域型政区，因此，是按照政区类别

① 何李：《城市功能：“大镇设市”改革的应然导向》，《领导科学》2016 年 1 月中。

还是按照政府层级来确定财税分配呢？如果按照层级来划分，那么由于“中国纵向政府层级过多，客观上不具备在五级政府间进行税权和财权划分的条件”[①]。如果寄希望于减少政府层级后再行分税，那么就很可能面临继续搁置的局面。因此，是否可以考虑率先在省（自治区）政府与城市政府之间进行分税制改革呢？

这里的城市政府包括地级市、副地级市和县级市政府，而不包括直辖市和副省级市政府。将上述三类城市政府作为省（自治区）政府的整体对应面。根据其在纵向府际关系中所获得的职责来确定相应的财税比例。由于工程量巨大，这一财税分配制同样很难在短期内完成。因此，可以采用先财政后税收的方式。设立专属职责专项资金，在城市专属职责领域进行差别化分配，然后在一般职责领域实施划分工作。这样做主要还是为了保证城市专属工作的专款专用。而在税收领域，恐怕要等到房地产税实现稳定征收后才能实现。房地产税主要取自于城市建成区的有产居民，用之于相应空间的治理，因此，它应成为城市政府财政收入的重要来源，成为“解决中国地方税体系不成型的问题而提供地方层面的支柱税种”[②]。

整体来看，以上分税制改革方案不但能与城市化相链接，而且有省直管县改革的经验支撑，在可以预见的阶段有着较强的可行性。

（四）以功能确权属：建立城市内的纵向政府职责体系

由于在城市内部存在着层级划分，因此，也就存在着纵向的职权配置问题。在设区的市有“市—市辖区”两级或者“市—市辖区—镇”三级城市政府，而在不设区的市则有“市—镇”两级城市政府。另外，还存在着与镇平级的派出机关——街道办事处（以下简称“街道办”）。每一级政府及派出机关的职责应该构成一个完整体系，相互之间既有分工又有配合。具体可从四个方面努力：

其一，在突出城市整体性的指引下，明确市级政府的职责配置。虽然在广域型市制之下，市级政府管辖着大面积的非城市建成区，但是仍

---

① 王雪丽：《中国“省直管县”体制改革研究》，天津人民出版社2013年版，第239页。

② 贾康：《房地产税的作用、机理及改革方向、路径、要领的探讨》，《北京工商大学学报》（社会科学版）2012年第2期。

可以将城市建成区看作一个整体。由市级政府对其进行整体性治理就需要与之匹配的职责。与此同时，城区型市辖区的类似职责就应被收回。其二，要根据市辖区类型确定职责归属。市辖区可分为市区、近郊区和远郊区。由于市区的大规模城市建设已经完成，其职责重点应是辅助市级政府提供城市公共服务。近郊区涵括城乡接合部，城市建设多、人员结构复杂，政府工作重心正面临转型。因此应特别突出城市管理的刚性化，建立稳定的秩序，使郊区稳步转变为市区，避免在郊区和市区的边界区域形成“贫民集中区”“治理梗阻地带”①。远郊区尚是独立于主城区之外的行政单元。因此暂时还是保证其职责的完整性，不要急于将职责上收到市级政府。其三，派出机关在完全剥离经济职责的同时，转而重点承担服务职责。一方面，限于机构性质，街道办并不具备承担经济职能的专业能力；另一方面，其贴近市民生活，故拥有承接公共服务职责的天然优势。其四，明确区辖镇的定位。部分市辖区设区较晚且属于郊区，在辖区内还有镇建制。处在市辖区范围内的镇作为一种准城市建制，其未来走向和职能定位要提前做好规划。从各地的实践经验来看，先将部分具备较多城市要素的镇转变为过渡建制，待人员培训、体制建设到位后再行设为街道办就收到了较好的效果。例如，北京市设立的地区办事处。②

三 多样化城市建制类型的设计和分类改革

强化城市之间的差别，要由注重纵向分级转为注重横向分类。进行横向分类就要重视挖掘城市所具备的发展要素。用相应的城市建制，来给这些要素配备恰当的政府职责，从而使这些要素得以充分展现。这是通过设计多种城市建制来达到城市分类目的的原因所在。

（一）减层虚级：城市建制多样化的前提

在现有的势差结构之下，欲实现同层分等，还要先实现城市建制的

① 何李：《市辖区边界区域空间冲突的治理难题与改革方略》，《社会主义研究》2017 年第 1 期。

② 地区办事处是北京市的市辖区政府派出的对城乡接合部进行管理的行政机构，是农村地区“乡镇建制”向“街道办事处建制”过渡的特殊事务机构。也有其他城市借鉴了这种做法，成立了类似的过渡性基层组织。如天津市津南区的长青办事处。

“实层虚级”①。在中国，“级”与“层”有着天然的联系。政府有了级别，往往也会倾向于成为一“层”，地级市就是典型代表。所谓“减层”就是减少地级市这一“层”而保留直辖市、省辖市两层。② 而“虚级”则是在“层”的内部，淡化由政治、行政因素所界定的城市级别。“减层虚级”首先要消除的是“层”与“级”之间的参照关系，然后才是消除“级”在市制中的具体影响。

做到“减层虚级”可以在以下四个方面努力：首先，恢复以“层”为本位的城市名称，如地级市、县级市可统称为省辖市等。名称的变化看似难以撼动城市级别的地位，但它却能够传递一个明确的信号，那就是城市之间只是管辖主体不同，而不存在地位差异。这将对人们的观念产生潜移默化的影响。其次，撤销副省级市、副地级市这类以“级”命名的称谓，在此前提下再给予其基于国家城市战略的名称和职责定位。至于是何种类型，下文将给出具体答案。再次，取消地级市作为一“层”的法律地位。城市层级过多问题，最集中体现在地级市这一领域。取消其“层”的地位不等于立即撤销“地级市管县（县级市）”体制，而是为省直管县级市提供法律和制度空间。最后，不以提升或降低城市级别来反映城市统辖关系的变化，使二者实现一定程度的分离。例如，中央辖市不一定都是省级，也可以有副省级、地级的“直辖市”。

然而，“减层虚级”主要还是从大的方向上进行论述的。在“减层虚级”的基础之上，还须加以分等、分类才会使对城市的关注点从“级别”因素转移到其他发展要素上，进而促进城市建制的多样化发展。

（二）同层分等：对同层级城市进行排序和分类

同层级城市分等（简称：“同层分等”）指的是：依据国家城市化战略，对处于同一行政区划层次的城市进行排序和分类。目前，中国城市主要是依据级别来做区分的，这只能反映一个城市在行政区划中的等级，而不能综合反映其他衡量城市价值的因素。由于中国地域广阔，差异巨大，为了应对这一问题，历朝历代多采用行政区分等的方式。“各正史的

---

① 关于层和级的区别可参考第三章第三节的相关论述。

② 目前来看，县辖市尚不具备条件，这一层目前不宜做实。待省辖市的分等工作成熟之后，可再考虑实施。否则，只会使势差结构问题进一步恶化。

《百官志》大都记载有关于不同等级政区的组织规模和官员品俸的具体规定”①。例如，宋代，将县分为赤、畿、望、紧、上、中、中下、下八等。②“将县按照一定标准区别其等第，实际上是中央政府对国力国情的一项调查和统计，以作为施政的依据”③。不过，中华人民共和国成立后却并未沿用这一行政区划管理方法。

建议继续在市制中推行“同层分等”，是出于这样四个方面的考虑：首先，在推行省直管县（县级市）之后，省级政府将面临数量众多的下属政区，管理幅度也会随之大幅度增加。在这种情况下，行政效率可能受到削弱。“同层分等”则可以通过分类管理化解这一难题。其次，“同层分等”能够为政府职责的差别化配置提供依据。各市所具备的条件和发展水平是不同的，那么其政府的职责也应有所差别。再次，“同层分等”可以为机构设置和人员编制的确定提供量化支撑。最后，“同层分等”为城市“能上也能下”提供条件。这样，“发达的县市无需升格就能获得相应的行政与经济管理权限，不达标的市县则相应地降低等级，县市间实现有序管理、有序竞争”④。

“同层分等”依然会在城市之间划分出高低等次，但是它所依据的是城市发展要素，而不是政区级别、行政级别等政治行政因素。“同层分等”较注重城市之间的差别化，并根据这种差别来配置职权、编制、财政等要素。然而也要意识到，进行“同层分等”可能面临“将一般市细分等级，只能越分越乱”⑤ 的风险，甚至因此而产生新的政治势差。为了不重蹈覆辙必须在分等标准上做足文章。首先，“同层分等”的标准应该更多倾向于客观指标，如常住人口、财政收入、经济总量、辖区面积，等等。这样审批机关所能够掌握的自由裁量空间就会较少。城市政府只需依标准施政即可，而不用去考虑那些非指标因素。这实际上也为政绩

---

① 黄忠怀、邓永平：《行政管理体制改革背景下市县分等研究》，《北京行政学院学报》2011 年第 1 期。

② 马春笋：《县分等的历史研究》，《华东师范大学学报》（哲学社会科学版）1996 年第 2 期。

③ 周振鹤：《体国经野之道：中国行政区划沿革》，上海书店出版社 2009 年版，第 133 页。

④ 史卫东、贺曲夫、范今朝：《中国“统县政区”和“县辖政区”的历史发展与当代改革》，东南大学出版社 2010 年版，第 202 页。

⑤ 宫桂芝：《我国行政区划体制现状及改革构想》，《政治学研究》2000 年第 2 期。

考核体系开辟了一条新的路径。其次，加强指标数据收集工作中的体制机制建设，不能过度依赖于现有的层层上报的信息传输系统。实践表明，在后一系统下，数据失真的可能性很大。最后，建立完善的等次变动制度。既然以客观指标为主，那么经过审核符合相应规定，城市等次就应在履行完必要程序后获得提升。反之，当已不符合标准，其等次就要降低。

（三）增加弹性因素，设置过渡型城市建制

所谓增加弹性因素，就是在对现有的城市政府间权力体系不做根本性改变的前提下适当增添新的体制机制。弹性因素的增加：一方面可以缓冲不同层级城市间的政治势差，但又不以增加级别为手段；另一方面能够在紧绷的势差结构之间楔入一个灵活的转换空间，从而给滞后的市制调整提供突破口。例如，建立市制升格及回调制度。升格与回调是赋予制度以弹性的两个要件。升格机制是一种正向的鼓励良性竞争的手段，而市制回调机制也能够发挥补救、激励、协调、适配等功能。① 另外，还可创建过渡型城市建制，在多层级城市间制造缓冲地带。

现阶段，设置过渡型城市建制显得更为紧迫，因为它可能成为疏通目前僵化市制环节的关键举措。前文已经分析过，在中国古代就曾长期存在“过渡型政区”，主要作为边疆少数民族地区在归化为中原王朝之前的一个培育阶段。近代“中华民国”时期，在市制产生后也出现过类似的城市建制，这表明相关改革确有先例可循，完全可以从历史中汲取改革智慧。

“过渡”可以做两方面理解：一方面，中间状态；另一方面，暂时的，非正式的。因此，过渡型城市建制亦可细分为两种类型：其一，固定的城市建制。指在现有建制之外，设置一种新的不拘泥于级别，而是根据城市功能设立的低政治属性的城市建制。由于市制政治化，城市级别升高也就意味着政治地位提升，因此，现有的城市建制往往是高政治属性的。这客观上增加了市制改革的难度。因此，不宜过多采用通过提高城市级别来突出城市重要性的手段。如可在直辖市和副省级市之间设立与直辖市拥有大致相同权限（除政治地位外）的准直辖市。既不对政

---

① 何李：《市制回调：行政区划改革的弹性因素》，《理论与现代化》2016 年第 2 期。

治格局造成大的冲击，又释放了这些大城市的发展潜力。其二，准城市建制。这一方面，可为一些超级大镇的设市问题提供可能的解决方案。既避免了在城市权力体系中又增加一级——镇级市（或副县级市），又为中小城市的培育提供了制度空间。既然是过渡，那就要设定一定的考察时段，经过系统评估，再考虑将其升格为县级市、回调为镇抑或继续考察。另一方面，也为一些城市改变隶属关系提供了思路。例如，在省直管县级市改革中，可将这些改革的县级市设为过渡型城市建制，既能保证其有固定的试点时限，又为其出路划定了明确的可能性。

总之，设立过渡型城市建制必须要在严格的标准内执行，否则如果“过渡”演变为一种没有期限的“中间状态”，那么过渡型城市建制将会退变为两个城市级别中间的一个新的城市类型，最终只会使势差现象变得更为严重。实际上，当年计划单列市、副省级市的出现就有这种过渡的意味。但对这两类城市建制的定位始终不清楚，导致最后竟成为了一个固定的类型。

（四）按需要分类设立服务型城市建制

服务型城市建制就是特别突出一类城市在某一或某些公共服务方面拥有不同于其他建制的职责权限，并以行政建制的形式予以确认。从前文对域外典型国家（地区）的分析中能够看到类似的设置。例如，日本用以支援公众健康和医疗卫生的保健所设置市。实际上，部分中国城市所设立的功能区也与之相仿。例如，位于天津市津南区的海河教育园区就是以发展培育教育资源为工作重点。① 但不同的是，这些功能区采用的多是管委会模式，因此并非正式的行政建制。这一特点使其在推进某项公共服务的过程中缺少自主性和稳定性。

鉴于服务职责的复杂性和政府职责配置的粗糙化，在中国尚不具备像发达国家那样基于一种服务职责来设立城市建制的条件。不过，却可以尝试将一类服务职责作为相关设立依据。当前，基本公共服务中的教育、卫生医疗、社会保障是很多城市政府工作的短板。那么，可以根据不同城市发展公共服务的需要，通过设立服务型建制来助推这一城市在此类公共服务上紧跟整体步伐。以社保为例，由于社保事项的不同，统

① 参见天津市海河教育园区管委会网站（http：//www.thep.gov.cn/）。

筹单位[①]也会有所差别，目前是以政府级别来作为统筹单位的判别依据。而实际上，部分行政区并没有足够的财力来实施社保统筹。中央政府也很难按照统筹单位进行精准的财政补助。如果将这类职责与城市建制绑定，二者或可相得益彰。城市建制可以为社保职责的履行提供机构、资金等方面的支持；社保职责可以突出这类城市建制的宗旨和职能。参照这一原则，还可以设立环保型城市建制、医疗卫生型城市建制、教育型城市建制等。

服务型建制并非主张抛弃其他服务职责而仅发展一类服务职责，而是一方面意在对公共服务的轻重缓急、发展变化做出回应。一个城市对公共服务的需求重点往往处在不断变动之中，例如，随着人口老龄化，养老、医疗服务将越来越重要；随着城市基础设施的完善，市政设施服务将相对变弱。另一方面，意在“以点带面”，突出一段时期内的改革重点。在行政建制上突出服务职责有利于推进“职责异构”，指明不同城市的改革重心。当然，上述特点通常意味着这类建制并非永久设立，不过这也恰恰彰显了城市建制对经济社会的反作用力。

（五）依据城市要素禀赋设立各类特色城市

特色城市也可以称为特殊类型城市，在前文的综述部分已做过简要介绍。与“同层分等不同”，它既不是依据那些基础指标（如人口、经济规模等）来对城市进行分类，也不是像计划经济时代那样将城市塑造成只拥有特定功能的城市。而是在尊重城市一般性的基础上，重点突出城市的部分要素指标，如区位条件、特色产业、政策环境、服务水平等，并将其作为城市分类的依据。在此基础上，再进行职责配置、机构设置、编制倾斜和财税支持。然而，目前来看，中国的特色城市还似乎只是停留在对一个城市客观特征的描述上。目前在理论界和官方话语中所讲的特色城市还仅是“具有某一特色的城市”，而并没有在行政建制上予以确认，也不属于职责划分的考虑范畴。

以旅游城市为例，目前各地所谓的旅游城市一般是国家旅游局的评比产物。地方上，无论是否是旅游城市，通常会设置旅游局等机构，机构职能也大体类似。评选为高等级旅游城市，地方政府职能也不会因此

① 所谓统筹单位，就是在一定的行政区范围内，独立结算，统收统支。

有多大改变。全国城市“一拥而上”都在发展旅游业，造成了旅游产业雷同的状况。而如果将旅游城市设定为一类建制，给予其与之相配套的职责。那么，在旅游活动日益集中到城市的过程中，不但会对规范旅游市场产生积极影响，还会对旅游资源保护与开发，对推动城市规划与旅游需求相匹配提供有力支撑。① 这一方式同样可以类推到其他发展指标上。由于特色城市所涉及的职责较为单一，因此，在设立时既可以和其他建制相重叠也可以不重叠。特色城市对于培育中小城市和相对落后地区的城市显得更富价值。因为这些城市往往属于低势位的城市，在城市综合竞争中很难脱颖而出。只有充分挖掘自身特色，才有希望走上发展的捷径。在这一过程中，市制确实可以起到一定的助推作用。

四　省级政府推动城市政府间合作平台的搭建与协调

随着城市化的快速推进，在一些相对狭窄的地理空间内形成了城市集聚区。由于城市政府间的不对等性，跨城市公共事务的治理受到了严重制约。这一形势迫切要求构筑起基于“伙伴意识”的城市政府间合作平台。然而，在目前的中国，合作平台主要依赖于中央政府的供给模式。

（一）城市合作中央供给模式的问题

由中央政府主导合作动议是目前最为常见的一种城市政府合作模式。例如，国务院通过成立京津冀协同发展领导小组来试图打破京津冀三地不同城市间的势差界限。这些平台主要借助中央的政策推动，形式包括干部交流、对口支援、信息共享等。② 后来也发展出了论坛、洽谈会、联席会议等形式。

但是，这一模式有诸多不足之处：其一，多数的城市合作无法上升到国家战略层面。现在由中央主导的合作平台主要存在于副省级以上城市之间。而多数的城市合作集中于地级市和县级市层面，它们则很少纳入基于国家战略的中央平台之中。其二，中央政府试图将自己的目标植入平台之中，这可能侵蚀城市之间的互利空间。中央的政策制定者一般

① 可参考朱竑等人关于旅游“城市化”和城市“旅游化”的相关论述。朱竑、贾莲莲：《基于旅游“城市化”背景下的城市“旅游化”》，《经济地理》2006 年第 1 期。

② 陈瑞莲、刘亚平：《“泛珠三角”区域政府合作与创新》，《学术研究》2007 年第 1 期。

是从政治全局出发考虑问题。这致使很多合作政策忽略了其所能带来的城市共赢，如对口支援政策。又由于自上而下的推行模式，给政策添加了一层强制色彩。这既不符合合作精神又可能打击地方的积极性，为歪曲执行埋下隐患。其三，中央主导实际上是中央部门主导。“中央职能部门往往只能对自己直接归口的下属厅局级单位进行协调，对于牵涉到其他职能部门的事务则无能为力”①。其四，中央政府与城市政府之间存在着信息不对称。对城市情况的不了解使中央政府对城市合作的政策供给明显滞后于区域合作的发展要求。由此，许多公共问题无法得到及时解决。然而，单个城市政府的施政范围又局限于辖区，而难以就跨界事项施加权威影响。

（二）城市政府间自发合作的局限性

当前，为形成完善的大都市体制做好铺垫，一些理论界和实务界人士主张推动城市政府自发建立合作机制。例如，城市政府间合作论坛、常设协调结构等。但是，受势差结构影响，自发合作机制的运行和发展往往面临着很大困难。

一方面，自发合作机构需要动因。只有城市政府间共同认为的公共事务才能开启建立合作机制的议程。但是，由于区划壁垒和区划剥夺的作用，在同一区域内的城市可能处在不同的发展阶段。例如，北京市的工业化已经完成，对于后现代的环保需求提升，而北京周边的河北诸市尚处于工业化中期，对经济发展的需求更为迫切。那么，围绕环保问题，如果完全基于自发，它们之间就很难达成协议。这种动因上的错位从根本上来说还是势差结构使然，是它阻断了高势位城市资源自然的“外溢”过程，使得同一区域内的不同城市出现“发展代差”。

另一方面，自发合作机制需要条件。首先，它可能带来一定的政治风险。城市政府特别是高势位城市政府之间的联合从某种意义上构成了对中央权威的威胁。这一思维也可以向下推移，较低势位城市政府的自发联合也会削弱省级政府的权威。那么，此类城市政府合作就可能引致中央政府和省级政府的担忧和阻挠。其次，要克服势差结构难题。势差结构所构建的权力不对等空间使合作局限于同势位的城市之间。而跨势

① 刘亚平、刘琳琳：《中国区域政府合作的困境与展望》，《学术研究》2010 年第 12 期。

位合作，单纯依靠城市的自发力量是很难做到的。再次，自发合作的协调成本高企。城市合作的参与主体往往是多个城市，在缺少组织者和协调者的情况下，多重博弈格局下的城市需要耗费大量的时间和精力来协调各方利益。最后，以经济议题为主，而对城市治理议题则较为忽视。这也正说明了中央与地方在合作领域的“供需错位”。

上述两大方面表明，期望城市之间通过自发方式建立合作机制有着很大的局限性。这在当前的政策环境下，只应该是一种必要补充而很难成为主流模式。

（三）以体制促协调：省级政府协调应对城市合作问题

突出协调而不是管制，意在表明政府相对超然的角色定位。也就是不干涉具体的合作环节，而只是为合作提供支持，在城市政府间产生摩擦的时候，出面进行必要的疏导。而能够在城市政府合作中扮演协调角色的首推省（自治区）政府。这主要基于以下三个方面的原因：其一，省（自治区）政府之间并不存在明显的势差，由其出面更有利于避免合作中的不对等现象。其二，由于只是对省（自治区）政府的职能进行调整，因此不会对现有体制造成过大冲击，实施成本也较低。其三，是推进省直管县级市改革的一项配套举措。这项改革实施后，协调县级市和地级市的任务将直接摆在省（自治区）政府面前。县级市数量一般多于地级市，如果不推进政府角色由直接管理到协调的转变，那么省（自治区）政府将因管理幅度过大而不堪重负。

省际协调可以包括两个方面：一方面，协调省内城市合作。《国民经济和社会发展第十三个五年规划纲要》中提到重点建设发展或培育的19个城市群。其中，在一省内的城市群有10个。[①] 省内城市群占据了半数，可见省内城市合作的重要性。另一方面，协调省际城市合作。省际城市合作由省（自治区）政府出面协调也更为合适。省政府对辖区内的城市政府要更为了解。对于合作的达成和执行，省（自治区）政府还可以给

① 分别是：珠三角、山东半岛、海峡西岸、中原地区、关中平原、晋中、黔中、滇中、宁夏沿黄、天山北坡城市群。其他跨省城市群则为：京津冀、长三角、东北地区、长江中游、成渝地区、北部湾、呼包鄂榆、兰州—西宁、天山北坡城市群。参见《国民经济和社会发展第十三个五年规划纲要》，2016年3月，新华网（http://news.xinhuanet.com/politics/2016lh/2016-03/17/c_1118366322_8.htm）。

予必要的财税和政策支持。到了操作环节，为了推动协调职能的落实，应注意加强以下三个方面的工作：首先，由现有省（自治区）政府的职能部门承担所在领域的协调职责。这表面来看是中央供给模式的一种“下移”，深层次却赋予了这些部门具体的协调职责。其次，设立日常协调机构。这一机构应该是一个综合机构，由各省（自治区）政府派出工作人员入驻办公，负责各类合作事项的协调事宜。再次，建立省际信息共享机制。信息共享能够为合作的产生提供培育土壤。

当然，省（自治区）政府也不是无所不能的协调者。因此，在一些协调事务上还需要其他主体的参与和配合。涉及直辖市的城市合作应由中央政府出面协调。而城市政府以下层级的协调事项，如省际市辖区、省际县辖镇的协调问题，则可以交由相关城市来处理。另外，要尝试吸纳社会团体、企业、事业单位作为协调的参与方。部分非紧急事务先由这些主体开展前期的信息搜集、合作框架探索不失为一项灵活的、多元的协调思路。

第二节 “平衡—伙伴—协调”导向的保障机制

保障机制指的是市制改革的技术性环节和相关配套举措。保障机制的建立是为上文提出的对策建议提供辅助条件。其中，法律法规、信息公开、改革标准、政策评估、党政机构和干部人事制度是可以优先考虑的领域。

一 提高市制的法治化水平

市制的法治化主要包括两个方面：一方面是体系的法治化，也就是形成一个关于市制的完备法律法规体系，做到有法可依；另一方面是能力的法治化，也就是让法律法规的运用内化到市制管理行为之中，习惯于用法律手段解决市制问题。

（一）市制相关法律法规的出台和修订

目前，除了《宪法》和《地方组织法》中有少量的市制相关规定外，其余法律均未涉及，这造成了市制法治建设的严重滞后，具体表现在：其一，对市制在行政区划中的地位缺少规定，没有突出市制较一般政区的特殊性；其二，缺少对部分重要城市建制的规定，如副省级市；其三，尚无对设市升格标准、程序规范和日常管理的法律规定；其四，对现有城市等级体系下各级城市政府之间的职责划分缺乏法律依据。这些均需要一部系统完善的《行政区划法》或者《市制法》（《市组织法》）来完成。而在这之前要对作为上位法的《宪法》和《地方组织法》进行修订。

《宪法》第三十条提到了直辖市、较大的市、市、区等四种类型。但是它们分别指的是什么并没有权威解释，这给相关行政体制改革提供了过大的“可作为空间”。因此，加强宪法解释力度是从法理层面推动市制改革的首要任务。可以率先从解决“市领导市”这一违宪问题入手，增强宪法的权威性。另外，《地方组织法》中提到了直辖市、设区的市、不设区的市、市辖区。这从某种程度上确立了地级市的法律地位。但是这一规定与《宪法》之间所存在的冲突也需要及时解决。

在上位法修订的基础上，还要推进相关法规细则的制定与完善。目前已经出台的市制法规和规范性文件从数量上和质量上都还有很大的提升空间。规范这些细则的制定和实施，对于指导改革实践同样具有积极意义。另外，在此基础上，还要开展相关法律审核。审核这些法规、文件是否与上位法相抵触。及时纠偏、废止相关法规、文件也是法治建设所必不可少的步骤。

（二）以市制管理的刚性化来助推法治化

法律法规体系的完善仅是市制管理法治化的第一步，它所解决的是有法可依的问题。接下来，需要解决有效执行的问题。然而，法律、制度的完善是一个漫长而动态的过程，不能等法律完备了再来解决现实问题。同时，纵然有完备的法律法规，若缺少刚性的执行也是徒然的。

鉴于此，现阶段应着重以市制管理的刚性化来为法治化创造条件。市制管理的刚性化要求：首先，在清理现有市制规则的基础上，申明必须严格执行的部分，树立市制管理规则和市制管理部门的权威。其次，建立市制违法、违规惩罚机制，实现从行政约束到法律约束的转变。例如，针对地方上报信息造假，取消其已获得的城市建制和相应权限，并给予若干年内不得再次申报的惩罚。再次，要有刚性化的联合行动。进行有效的市制管理已不是一个民政部门就能胜任的了，它需要与国土、规划、人社等部门共同行动。这样才能使刚性化管理成为一张处理违规行为的“网”。在这一进程中，国务院及各级政府的统筹协调也是必不可少的。最后，刚性化与精细化互为支撑。没有细致入微的操作程序，刚性化就会浮于表面，甚至会被恶意利用。而刚性化则为精细化注入权威性。通俗来讲，就是既有原则又细致入微，做到“大志小心”。

二　分阶段实现市制改革过程的公开透明

理论界和实务界，对于是否公开市制改革过程均存在着不小的争议。从大环境来看，简单的公开透明是一种“冒进”，会带来难以预料的风险。但是，由此就一概否定政策公开的价值同样也是不可取的。

（一）现有市制改革保密机制的价值和弊端

目前，多数的市制改革过程仍属于“政策黑箱”。改革结果公布前，在官方渠道几乎无法获得关于市制改革的任何信息。甚至连地方的申报方案、申报意向都属于公众舆论猜测的话题。

在市制改革过程中采取严格的保密举措一般出于这样三个原因：其一，市制改革涉及干部人事调整、资产移交等敏感事项。由于改革本身通常伴随着机构的撤并与调整，这关系到官员个体的晋升机会，老百姓的日常生活，市场主体的生产经营活动等内容。例如，2010 年北京市东城区和崇文区合并为新东城区，就减少了 48 个单位，并有 50 个部门迁址。[①] 如若提前公布，就有可能会造成人心浮动，并诱发不必要的舆论混乱。其二，因市制改革标准和程序不健全，提前公开会使得很多利益相关方采用非正式手段开展运作、公关等活动，由此甚至会带来严重的腐败问题。其三，从法理上讲，就地方行政区划调整事宜，当地人大应该有一定的话语权和发言权。可是，由于目前市制日常管理主要由“条条”负责，所以实施严格保密也可避免一些“条块矛盾”。

然而，对这一保密机制所存在的弊端却不可视而不见：首先，由于时间仓促，缺乏评估和听证，决策质量可能会受影响。在践中，甚至出现

---

① 李佳：《北京新东城班子首亮相 50 部门变更办公地点》，2010 年 8 月，新华网（http://news.xinhuanet.com/2010－08/13/c_12443281）。

了后续配套方案还未制定，而决策却已做出的情况。其次，并未争取民意，也没有经过地方人大、政协的讨论就直接公布了决策结果。这在公众权利意识不断增强的今天，显然会愈加受到诟病。最后，对所有的相关信息都实施保密，阻隔了不同相关部门之间的信息共享。如果连涉事主体都不清楚改革进展情况，那么既可能削弱决策本身的利益平衡能力，也可能使执行过程遇到“抵触”。

（二）信息分级制度实施和分阶段信息公开

现阶段，采用这种“暗箱操作的方式”的确有很多无奈之处。但是这种方式所存在的固有弊端是与法治政府建设相违背的。因此，必须要将这一问题提上改革日程。其中，保密信息的分级制度可以率先实施。可首先公开市制改革中那些牵涉利益范围不大的事项，如政府驻地迁址等。而那些与百姓日常生活密切相关的事项也应提前公开。经过各方充分讨论并由地方人大审议，然后再行上报。例如，地方政区更名。要知道部分城市的突击更名实际上是引发了广泛不满的。[①]

另外，还要逐步扩大信息公开的范围。以前的信息公开只局限在公布市制改革决策这个单一环节。但是决策只是改革的开始而非结束。对于那些执行、监督、评估事项也应有进一步的公开计划。当然，信息公开既要与市制改革、管理的刚性化程度相同步，也要与信息分级制度相配合。在此基础上，再将改革信息放在不同的阶段逐步向社会公开。这样，不但可能避免出现上文所提到的相关改革难题，还能够收获由此而带来的一系列政策红利，如政府公信力提升、改革成本降低等。

三 市制改革标准和市制调整机制的精细化

设市标准已经成为市制的代名词之一。可即便如此，标准的单一、滞后、粗糙等问题却并没有得到根本解决。改革标准虽然是市制的技术性环节，但是它是市制这部机器内必不可少的“精密零件”。因此，加以“打磨”和“维护”对于市制运行同样重要。

① 参见彭卓、黄小希《“任性”改地名，何处载乡愁?》，2015 年 6 月，新华网（http：//news. xinhuanet. com/politics/2015 – 06/03/c_1115501026. htm）。

（一）建立动态的市制改革标准

完成此项工作并不是确定几项指标那么简单，而是需要一个科学指标体系的指导。这个指标体系需要符合以下三项要求：

首先，综合性。指标体系应该主要包括两个方面的内容：设市标准；升格和降格标准。目前，对前者较为重视，而对后者则明显忽视。最近的设市标准是1993年制定的，[①] 距今已有20余年。在此期间，中国的城市化率从28.10%提高到2015年的54.77%。[②] 原有标准中，部分指标特别是关于财政收入的指标已无法适应新阶段的需要，亟需修订。与此同时，1993年报告中只规定了县级市和地级市的设市标准，其他类型城市建制是否也应该有设立标准，有待深入论证。与设市环节相比，在升格和降格标准方面则显得更加薄弱了。这一标准的不足既是城市政府“升格锦标赛”愈演愈烈的原因之一，也是假性城市化始终得不到纠正的原因所在。在升格标准方面，除了考虑传统的人口、经济因素，还要就其在区域和国家战略中的重要性进行评价。在降格标准方面，在相关指标已不符合最低门槛的情况下设定一个考察期，依据考察期的变化做出是否降格的决定。

其次，指标体系内的指标应有两大类：一类是定量指标，一类是定性指标。前者的数据可以通过现有的信息收集系统来获得，主要需要注意的是数据的真实性问题；而后者则主要依据相关决策部门的判断力，这就需要着力对决策的体制机制进行完善。例如，增加决策协商、评估等程序，在充分论证的基础上提请国务院、全国人大做表决。在这方面，重庆市的升格过程就是一个良好的表率。挖掘这些经典案例，将其中的成功经验提炼为工作准则甚至上升为法律法规不失为一项好的方法。

最后，及时性。指标体系要有一个调整周期，这个周期应与经济社会发展变化相适应。考虑到这种变化不是一个恒定的过程，因此可以采用定期审核的方式。改变中国目前市制标准调整滞后的局面，必须要首先考虑将市制标准升格为法律。有了法律作为保障，就能构成对市制审批部门的一种压力，使其更为慎重的做出决策行为。这样，不作为、乱

---

① 1999年，在1993标准基础上对地级市的设市标准做了修改，但县级市的标准未做变动。

② 数据源于国家统计局网站（http：//www.stats.gov.cn/）。

作为的状况就会得到一定程度的缓解。

（二）“自下而上”与“自上而下”相结合的调整机制

在目前市制调整的“申报—审批”机制之下（参见图6—1），申报主体从自身利益出发提出要求，审批主体只是给出是或否的回答，二者之间的“互动匮乏”制约了市制改革中“央地互惠”关系的达成。鉴于此，可以考虑建立“自下而上”与“自上而下”相结合的调整机制。

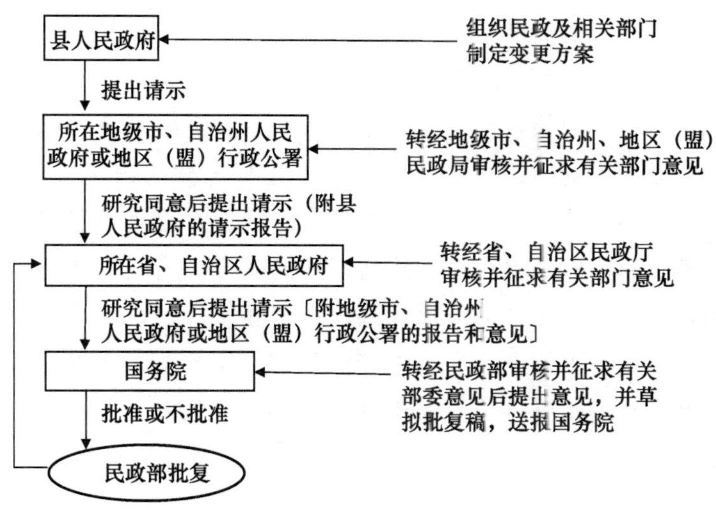

图6—1 行政区划变更申报程序流程图（以撤县改市为例）

资料来源：戴均良：《行政区划与地名管理》，中国社会出版社2009年版，第146页。

“自下而上”的调整机制，也就是当某地达到了法律法规所规定的设市升格标准后，地方政府可自行启动设市程序的一项机制。这一般适用于较低层级。待该地政府上报同级人大并通过设市方案后，即获得某一准城市建制身份并取得部分与此建制相匹配的职权。上级政府和国务院主管部门，可就准城市建制再进行审议，决定是赋予其正式建制还是撤销其准建制。这一机制借鉴于台湾地区，它给予了地方政府一定的改革自主性，同时中央政府也没有失去审议权和否决权。

目前，中国已经有了“自上而下”性质的市制规划方案，例如，《国家新型城镇化规划（2014—2020年）》，但这些规划还是原则性的。因此，这里所讲的“自上而下”的调整机制指的是：中央政府和省（自治区）政府出于全国、地域的城市布局考虑，所提出的更具针对性、可操作性的设市、升格建议方案。也就是“将涉及行政区划（市制改革）重大变革、改革试点、特殊地区的行政区划调整等领域的主导权控制在中央政府手中”①。当然，这些建议方案又不宜过多、过细，应主要运用于那些符合国家战略需要的地区。实施这一机制，既能够及时推动战略要地的市制发展，又能够给当地政府带来机遇。

两种调整机制都有自身的适用范围，要谨防越过适用边界，否则所收到的可能是相反的效果。

（三）赋予“块块”更多的市制管理权限

市制改革是一项综合性很强的系统工程，它需要多个部门的信息整合和协调配合。现有的以“条条”为主的工作方式难以突破信息孤岛、技术力量薄弱的窘境。虽然目前省级政府（块块）掌握着县级以下行政区划的调整权限，但是除直辖市政府以外的城市政府则没有任何相关权限。而城市辖区空间布局与城市规划应该是相辅相成的，城市政府理应在其内部的行政区划问题上有与之相匹配的话语空间。当然，考虑到城市在国民经济中的特殊地位，又不能一放到底。因此，可否考虑将县级市制调整权限赋予省级政府，县级以下调整权限则给予城市政府。另外，市制日常管理事务向“块块”倾斜。

需要“块块”更多地参与市制管理是因为：其一，它更贴近于市制运行过程，对于市制运转的了解程度要优于“条条”。城市职责是市制的关键构成要素，但是目前来看，民政部门并不涉足这一领域，这属于“块块”的工作范畴，将这些要素纳入市制管理需要“块块”的参与。其二，它的专业能力更为综合。既可以协调辖区内各个“条条”，打破信息孤岛，使市制运行更顺畅，市制调整更贴合实际；又可以调动资源将一些新的技术手段引入到市制管理之中。其三，它能够借助同级的人大、政协、社会团体等机构和组织将地方民意反映到市制管理过程中。而同级“条条”则需要层层上报，显然并不具备上述能力。

---

① 浦善新：《中国行政区划改革研究》，商务印书馆 2006 年版，第 321 页。

四 加强市制评估和监管的机制建设

市制评估就是特定主体依据一定的标准对市制的各个阶段、环节的执行效果进行检测和评价，从而判断其是否达到预期效果的相关活动。上文在市制的运行现状中已经指出，中国市制评估尚处于主体不清、分散进行的阶段。为了使市制评估能够在预定轨道内进行，加强对市制管理部门的监督也是必不可少的。

（一）市制审批部门的角色转换

市制审批部门具体指的是各级民政部门。虽然全国人大、国务院对于重大市制改革也有审批权限，但是它们是决策机关而非具体执行部门。实际上，在重大审批的具体执行中，各级民政部门才扮演着主体角色。

要积极推进市制审批部门由目前的准入式审批向后续监管、过程评估的角色转变。其中，评估作为监管的前置条件，有着更为突出的价值。那么，欲实现这一转变需要做到：首先，审批职能的标准化①、精简化。缩减审批部门内部相关机构和人员的数量。其次，市制审批向备案制转变。随着市制改革法治化的推进，设市升格标准将作为设市的基础依据。此时，市制审批部门只须进行必要的登记备案，并审核有无重名和是否符合相关规定即可。最后，审批部门应将主要精力放在评估和监管领域，并继续强化在人力、物力和财力方面的投入。另外，在评估和监管领域亦有很多的空白需要审批部门填充，例如，地名普查与管理、界限勘测与维护，等等。后续监管的切实执行也要推动与有关部门建立起会商机制、信息共享机制等。

（二）市制改革评估的科学化和民主化

评估是对一项政策是否符合既定价值、是否可行、是否达到既定目标进行论证的过程。它包括价值评估、可行性评估和有效性评估。市制改革作为一项公共政策输出，开展政策评估确有必要。又由于市制蕴含众多资源这一特点在短时间内难以完全改变，市制评估就应更为慎重，因为它的精确与否直接关系到各级政府切身利益。但目前的相关研究还是空白。

---

① 由于市制审批牵涉重大，目前还不具备移交行政审批局的条件。

因此，为了推进评估的科学化和民主化，有必要首先明确相关主体。虽然在进行市制改革评估的过程中，民政部门也间或邀请相关专家参与。但是这种专家审核并没有形成常态化机制。而且专家本人虽有一定的专业背景，但因其往往并未从事过相关实务工作，对评估事项的了解程度也较为有限。现在的评估还基本处在自我评估阶段，也就是由政策实施者评估自己的政策。这很可能使评估流于形式，不利于及时对市制改革进行纠错。因此，推动评估主体的多元化或能改变这一状况。一方面，由同级人大进行价值评估，主要评估这一市制改革是否符合公共利益；另一方面，由第三方机构进行参与式或独立式评估。参与式就是由一家或几家机构参与到评估中来，在相互配合中完成评估任务。独立式则是将部分评估环节进行外包，例如，在测绘、勘界等专业环节是完全可以做到这点的。针对政府封闭性的问题，欲使第三方评估发挥更大的作用，“必须增进政府管理的透明度，完善政策评估中第三方的行业规制，推进公民社会的发展”①。

（三）强化对市制管理部门的监督力度

目前，市制管理部门的工作可以用“以批代管”来形容。也就是其管理行为主要体现在对相关事项的审批上，很少实施主动的管理行动。而对这些部门的监督主要是层级监督，也就是由上级部门对下级部门进行监督，这属于同体监督范畴。反之，异体监督则相对较弱，不利于其管理职能的切实发挥。

加强对市制管理部门的监督应体现在两个方面：其一，对审批可能引发腐败的防范。没有制约的权力必然导致腐败。市制对于地方政府的利益诱惑上文已有充分论证。地方政府在谈判能力的运用之中，可能会用“供租”的方式来争取有利于自己的改革方案。倘若缺乏监督，公共利益将可能受损。其二，对市制管理程序和效能的监督。怠政懒政的危害不亚于腐败。在市制审批之后，围绕市制改革还有诸多的环节需要推进。在这一过程中，市制管理部门还有许多工作要做。唯有监督它们的施政行为，才能推动市制决定真正落到实处。

针对以上两个方面，其一，有必要将与地方发展密切相关的市制改

① 周建国：《政策评估中独立第三方的逻辑、困境与出路》，《江海学刊》2009 年第 6 期。

革事项送交同级人大审议，接受同级人大监督。这一关涉地方利益的领域，有必要听取地方的意见，体现地方的利益诉求。人大在这方面是不容忽视的表达渠道。其二，以技术监督权力。既要监督官员个体的权力，通过选拔程序、管理规则的制定与细化，来使官员职权的行使范围和行使方式“受客观的标准、规范的程序和实际的功效所制约”[①]，又要监督机构的权力行使。其三，监督范围不应局限于审批权，还应扩大到事中事后监管领域。审批只涉及一个点上的问题，而运行则牵涉一条线上的问题。只有从线上出发来加强规范建设，才能对整个的市制运行过程实施有效监督。决策目标才有希望沿着既定轨道得以实现。

五 党政机构和干部人事制度改革的及时跟进

如前文所述，党政机构与干部人事制度之间存在着“级别”共性，二者之间的联动关系要求在市制改革过程中对它们进行综合考虑。

（一）党政机构改革与政府职能转变相匹配

实现政府的职能转变是市制改革的题中之意。从非城市政区转变为城市政区，不只是名称的变化，还要求政府承担更多的城市职责。而对城市政府职责的要求需要机构做出相应调整。前文已经论述的“机构趋同”问题是城市政府党政机构改革的重点。欲改变这一现状应该做到：

第一，在总的方向上，通过减少层级来实现机构精简合并。一方面，省直管县级市后，着重于对地级市的机构进行精简。在不辖县级市的情况下，地级市的施政空间将大大缩小，那么其政府职责、政府机构也应随之缩减。另一方面，欲实现城市政府的职责趋异，就要削减或合并城市政府不必要的机构。每个城市的发展都有自己的侧重点，不要没有旅游资源却设个旅游局。要避免机构改革中的“假动作”，打击那些明减实增，先减后增的机会主义行为。第二，继续推进党政关系规范化。由于城市工作专业性、微观性的特征，党的机构不宜介入过多，更不应在党内也设有城市管理机构。第三，将推进城市管理专门机构的完善作为创新要点。上级政府不要因机构运作中出现的“不对口”现象而“刁难”

---

① 刘重春：《以技术制约权力：我国干部人事制度改革的方向》，《江汉论坛》2012年第11期。

此类机构。从专业角度来看，它们理应归口城市政府管理。上级政府乃至中央政府的相关机构可以对城市专门机构进行业务指导，但不宜作为直接上级，否则将可能削弱专门机构的行政效率和回应力。另外，还要逐步加强城市管理专门机构的设置力度，并将其归口为地方政府管理。第四，将改变预算软约束作为机构改革的长远保障，而以预算刚性约束来调控机构和编制。预算软约束也就是“地方政府存在着不受财政部门和人大立法机构控制、主要受经费使用部门和地方主要负责人影响的财政支出行为”①。机械的设定城市机构和编制会导致其与城市发展需要脱节。当城市政府承担越来越多城市公共服务职责的同时，相应的机构和编制却难以增加，现有机构只能谋求通过聘用编外人员、提高现有人员工作负荷等方式来临时应对。这显然不利于城市工作的持续性和城市职能的实现。因此，只有将预算刚性约束作为长远目标，才能在机构和编制调控上取得长足的进展。

（二）官员职业化：干部人事制度改革与市制改革相适应

官员职业化就是推动官员群体朝专业性强、可替代性弱且符合科学行政要求方向转变的一个过程。在市制改革进程中，推进官员职业化与干部人事制度改革是分不开的。

政府官员的职业素养应该与市制改革需要相匹配。城市政府较地域型政区政府对政府行政人员的技能要求要高很多，这与城市工作的复杂性息息相关。例如，在城市治理、城市公共服务提供等领域所出现的一些新事务是传统管理体制所难以胜任的。那么，在设市升格之后，如何保证在机构、人员不大幅增加的前提下，使政府能够承担起市制改革所赋予的责任，同样是政府职能转变的关键组成部分。这一方面，需要加大对官员群体的组织学习和职业培训；另一方面可以考虑聘任相关领域的专家来政府内任职，以提升领导干部群体的专业化水平。

官员个体的级别、激励应与市制脱钩。一方面，官员级别不应过度受限于所处政府层级的影响。“高职低配”“低职高配”等现象是优秀干部资源合理配置必不可少的举措。为了使其不再被认为是一种过渡或不

---

① 叶静：《地方软财政支出与基层治理——以编外人员扩张为例》，《社会学研究》2016 年第 1 期。

正常状态，就需要在制度建设和财政支持上做好功课。使得领导干部在不同层级的交流成为一种正常的人员往来，而不会影响到其所任职单位或政府层级的政治地位和级别归属。这样，市制的级别属性也会慢慢淡化。另一方面，不宜将市制调整作为官员激励的动因。虽然市制改革意味着政府管理方式要发生转变，但是这理应作为干部考核的起点。只有干部在任内有突出政绩，才能获得职务晋升、级别提高等激励，而不应该先激励再考核。这种本末倒置的方式很可能促使地方单纯追求市制调整本身，以至于忽略后续的市制运行环节。

结　语

逐步构建职责清晰、势差弱化的新型市制

从何种角度观察理解市制也往往意味着选择何种改革策略。理论上的不足将限制市制改革所能达到的深度和层次。市制仅仅是一项城市地理学命题吗？这是在开展本项研究之前，就已经产生了诸多疑问和争议的话题。在较长时间的探索过程中，发现中国市制与许多政治现象之间有着密切的关联，但是理论界所给出的解释却较为单薄。于是便鼓起勇气尝试另辟蹊径展开进一步的研究。这样，从政治学视角来透视市制运行过程，并在理论层面对其政策实践进行提炼和回应，便成为本书最主要的理论企图。

本书致力于用理论来描述中国市制的运行规律。不但对市制产生的历史和现状进行了梳理，还对影响市制运行的相关政治、行政要素展开了探讨。这些工作一方面丰富了认识市制的理论工具，势差结构理论就是对市制运行规律的一个初步论证，它对于综合把握市制中的一些特殊现象有着积极意义。另一方面丰富了市制改革的政策工具，“平衡—伙伴—协调”导向沿着上述理论所指出的问题，通过一套政策“组合拳”，意图逐步消解势差结构的存在基础。当然，已有的努力还无法完全解答市制中存在的所有问题，对市制构成要素的分析也显得相对粗糙。今后，可以在下列方面继续开展工作：势差结构的经济根源、不同势位城市之间所存在的具体势差内容、市制改革与政府职责转变的协调配合，等等。

一　市制改革实践需要基于“中国场域”的理论支持

理论分析既是一个认知手段，也是一个指导实践的风向标。开展基于“中国场域”的理论探索是认识中国问题、提炼本土概念、做出适配

性决策的关键。推进理论工作的深入发展能够为市制改革实践提供一些建设性的支持：

一方面，势差结构是中国城市之间独特的资源配置方式。目前，理论界主要从经济学角度来解释城市之间所出现的悬殊差异。这些解释似乎总在说明：城市间的发展落差是公平竞争的结果。由此而生成的各式各样的城市竞争力排名也无不演绎着类似逻辑。可是，这恐怕掩盖了城市权力“幽灵般的存在”。在中国，市制是城市权力最好的宿主之一。势差结构正是对市制中此类特征的概括，它已然成为分配优势资源的重要依据。当然，判断势差结构的利与弊最好还是从实践标准来看。中央政府、省级政府、大城市、中小城市的标准显然是不同的。将实现国家整体协调发展作为终极衡量标准或更为可取。

另一方面，市制改革不能局限于城市建制领域。正如前文所述，城市建制主要是从制度层面而言的。如果仅仅是通过研究城市建制来指导改革实践，那就很可能陷入脱离实际、以理论裁剪现实的境地。可是，这却是当前市制研究与实务工作存在的共性问题之一。只有将市制放到更广阔的视野特别是政府机构改革范畴来审视，才能认清相关改革的条件和阻力并落实到具体细节。将观察市制的视角导向行政级别、党政机构等微观领域也正是基于上述原因。

二 建立新型市制是未来改革的目标

在以上总体性启发的基础上，本书意在将构建新型市制作为未来改革的目标。但是，这里的“新”并不是推翻已有的市制架构，而是从市制内所包含的职责、资源等因素出发，使市制能够更好地发挥推动城市发展这一基本功能。

“新型”市制要求改革树立三个层次的目标：其一，将明晰城市政府的职责作为微观目标。城市政府职责与市制问题存在着紧密联系是本书的一项重要发现。市制表面来看是对一个行政区城市属性的确认，实际上在这背后却要求落实到城市政府所应承担的具体职责上。然后，再根据这些职责延伸到财政、政策等领域。因此，从明晰职责入手来体现市制价值，既是为政府职能转变提供依据，也是为市制改革找到现实立足点。其二，将城市间势差弱化作为中观目标。这是针对势差结构所存在的问题而提出的，意图破解势差结构的支撑要素。但是势差结构和政治势差又不能等同，有前者一定有后者，但有后者却不一定有前者。因此，这里“弱化”就包含了两层含义：一层是承认现有的城市架构在短期内难以根本改变；另一层就是承认城市之间的政治势差存在着一定的积极意义。弱化就是认为现有的势差超过了合理限度，需要通过对“度”的把握来打破其依存的结构。其三，将回应城市需要作为宏观目标。将这点作为宏观目标旨在廓清“市制是做什么的”这一原初命题。一般理解看来，市制改革服务于城市发展需要这一点似乎并不存在争议。但实际上，一些非城市需要特别是中央政府和上级政府的需要也在深刻影响着市制改革的进程。同时，一些低势位城市的需要被高势位城市的需要所掩盖，进而致使市制被“偷梁换柱”，挪作他用。因此，应该充分认识并尊重每个城市自身的发展需要，让市制回归到回应城市真实需要的轨道上来。并将这一观念作为统领市制改革的总思路。

微观、中观和宏观三个层次之间并不存在先后顺序。改革需要三者的相互配合。宏观为中观、微观指明方向；中观作为微观和宏观之间的承接与过渡；微观作为中观与宏观的落脚点。当然，这项改革涉及城市间优势资源的重新划分问题，因此，即使有着完备的策略组合，其改革难度也是可想而知的。但是，唯有首先解决认识中的盲目性问题，在此基础之上再分阶段、有重点的推进改革才能事半功倍。

参考文献

一　中文文献

（一）中文著作

［1］包伟民：《宋代城市研究》，中华书局 2014 年版。

［2］暴景升：《当代中国县政改革研究》，天津人民出版社 2007 年版。

［3］曹启挺：《世界各国市制比较研究》，中央编译出版社 2012 年版。

［4］陈向明：《质的研究方法与社会科学研究》，教育科学出版社 2000 年版。

［5］辞海编辑委员会：《辞海》，上海辞书出版社 1999 年版。

［6］戴均良：《行政区划与地名管理》，中国社会出版社 2009 年版。

［7］范今朝：《仁政必自经界始——中国现当代城市化进程中的行政区划改革若干问题研究》，浙江大学出版社 2011 年版。

［8］冯兴元：《地方政府竞争：理论范式、分析框架与实证研究》，译林出版社 2010 年版。

［9］甘肃省社会科学院历史研究室：《陕甘宁革命根据地史料选集》（第一辑），甘肃人民出版社 1981 年版。

［10］高晋元：《肯尼亚》，社会科学文献出版社 2004 年版。

［11］高珮义：《中外城市化比较研究》，南开大学出版社 1991 年版。

［12］郭冬梅：《日本近代地方自治制度的形成》，商务印书馆 2008 年版。

［13］国家统计局城市社会经济调查司编《中国城市统计年鉴 1994》，中国社会科学出版社 1994 年版。

［14］国家统计局城市社会经济调查司编《中国城市统计年鉴 2004》，中国社会科学出版社 2004 年版。

[15] 国家统计局城市社会经济调查司编《中国城市统计年鉴 2014》，中国社会科学出版社 2014 年版。
[16] 国家统计局城市社会经济调查司编《中国城市统计年鉴 2017》，中国社会科学出版社 2017 年版。
[17]（战国）韩非：《韩非子》，陈秉才译注，中华书局 2007 年版。
[18] 河北省人口普查办公室编《河北省 2010 年人口普查资料》，中国统计出版社 2012 年版。
[19] 贺曲夫：《县下辖市与推进自治：我国县辖政区的发展与改革研究》，中国经济出版社 2012 年版。
[20] 贺雪峰：《城市化的中国道路》，东方出版社 2014 年版。
[21] 纪晓岚：《论城市本质》，中国社会科学出版社 2002 年版。
[22] 靳润成、郁晓航：《中国城市化之路》，学林出版社 1999 年版。
[23] 李昌宪：《金代行政区划史》，上海古籍出版社 2015 年版。
[24] 李其荣：《对立与统一——城市发展历史逻辑新论》，东南大学出版社 2000 年版。
[25] 李瑞昌：《政府间网络治理：垂直管理部门与地方政府间关系研究》，复旦大学出版社 2012 年版。
[26]《列宁选集》第四卷，人民出版社 2012 年版。
[27] 刘君德、靳润成、周克瑜：《中国政区地理》，科学出版社 1999 年版。
[28] 刘君德、冯春萍、华林甫：《中外行政区划比较研究》，华东师范大学出版社 2002 年版。
[29] 刘君德、范今朝：《中国市制的历史演变与当代改革》，东南大学出版社 2015 年版。
[30] 刘君德、马祖琦、熊竞：《中央直辖市政区空间组织与制度模式探析——理论架构、比较分析及实证研究》，东南大学出版社 2012 年版。
[31]《马克思恩格斯选集》第一卷，人民出版社 2012 年第 3 版。
[32]《毛泽东选集》第四卷，人民出版社 1991 年版。
[33] 浦善新：《中国行政区划改革研究》，商务印书馆 2006 年版。
[34] 陕西省档案馆、陕西省社会科学院：《陕甘宁边区政府文件选编》

（第一辑），档案出版社 1986 年版。
[35] 沈大风：《中国开发区发展报告》，中国市场出版社 2004 年版。
[36] 史卫东、贺曲夫、范今朝：《中国“统县政区”和“县辖政区”的历史发展与当代改革》，东南大学出版社 2010 年版。
[37] 孙志刚：《城市功能论》，经济管理出版社 1998 年版。
[38] 王佃利、张莉萍、任德成：《现代市政学》，中国人民大学出版社 2004 年版。
[39] 王宏伟等编著：《中国城市增长的动力学研究》，中国城市出版社 2007 年版。
[40] 王雪丽：《中国“省直管县”体制改革研究》，天津人民出版社 2013 年版。
[41] 武汉地方志编纂委员会办公室：《武汉国民政府史料》，武汉出版社 2005 年版。
[42] 吴声功：《服务型政府构建》，社会科学文献出版社 2006 年版。
[43] 吴志良：《生存之道：论澳门政治制度与政治发展》，澳门成人教育学会 1998 年版。
[44] 薛凤旋：《中国城市及其文明的演变》，世界图书出版公司 2014 年版。
[45] 杨凤春：《中国政府概要》，北京大学出版社 2002 年版。
[46] 杨宏山：《市政管理学》，中国人民大学出版社 2012 年版。
[47] 姚尚建：《城市政治：正义的供给与权利的捍卫》，北京大学出版社 2015 年版。
[48] 尹艳华：《现代城市政府与城市管理》，上海大学出版社 2003 年版。
[49] 张钢等：《英国地方政府管理》，科学出版社 2015 年版。
[50] 张觉文：《市政管理新论》，四川人民出版社 2003 年版。
[51] 张永胜：《开发区的治理与变迁——皖北蚌埠经济开发区的实证研究》，经济科学出版社 2011 年版。
[52] 张永桃：《市政学》，高等教育出版社 2006 年版。
[53] 张志红：《当代中国政府纵向间关系研究》，天津人民出版社 2005 年版。
[54] 赵聚军：《中国行政区划改革研究：政府发展模式转型与研究范式

转换》，天津人民出版社 2012 年版。

[55] 郑永年：《中国的“行为联邦制”——中央地方关系的变革与动力》，东方出版社 2013 年版。

[56]《中共中央关于全面深化改革若干重大问题的决定》，人民出版社 2013 年版。

[57] 中华人民共和国国家统计局编《中国统计年鉴 2015》，中国社会科学出版社 2015 年版。

[58] 中华人民共和国民政部：《中华人民共和国行政区划简册 2015》，中国地图出版社 2015 年版。

[59] 中华人民共和国民政部：《中华人民共和国行政区划简册 2016》，中国地图出版社 2016 年版。

[60] 周飞舟、谭明智：《当代中国的中央地方关系》，中国社会科学出版社 2014 年版。

[61] 周生春、陈倩倩、汪杰贵：《韩国地方政府管理》，科学出版社 2015 年版。

[62] 周一星：《城市地理学》，商务印书馆 1995 年版。

[63] 周振超：《当代中国政府“条块关系”研究》，天津人民出版社 2009 年版。

[64] 周振鹤：《体国经野之道：中国行政区划沿革》，上海书店出版社 2009 年版。

[65] 朱光磊：《当代中国政府过程》，天津人民出版社 2008 年第 3 版。

[66] 朱光磊主编《现代政府理论》，高等教育出版社 2006 年版。

[67] 邹宗根：《中国功能区研究》，江西人民出版社 2016 年版。

（二）学位论文、博士后报告、会议论文

[1] 蔡功文：《新疆生产建设兵团城镇发展模式研究》，博士学位论文，西北大学，2012 年。

[2] 华林甫：《中国政区通名改革研究》，博士后报告，华东师范大学，2002 年。

[3] 赖迪辉、朱星毓：《新常态下地方政府城市功能定位竞争的演化博弈分析——以京津冀为例》，2014 年中国城市经济学会年会暨“新常态下中国城镇化及城市发展的新思路”研讨会论文，2015 年 3 月。

[4] 李金龙：《中国共产党领导的地方政权行政制度研究》，博士学位论文，湖南师范大学，2003 年。

[5] 吕同舟：《中国政府纵向职责体系研究》，博士学位论文，南开大学，2015 年。

[6] 乔海彬：《改革时代的日本地方基础自治体——市町村合并的协作效果》，博士学位论文，华中师范大学，2013 年。

（三）中文译著

[1] [比] 亨利·皮雷纳：《中世纪的城市：经济和社会史评论》，陈国樑译，商务印书馆 2006 年版。

[2] [韩] 朴振焕：《韩国新村运动——20 世纪 70 年代韩国农村现代化之路》，潘伟光、郑靖吉等译，中国农业出版社 2005 年版。

[3] [加] 理查德·廷德尔、苏珊·诺布斯·廷德尔：《加拿大地方政府》，于秀明、邓璇译，北京大学出版社 2005 年第 6 版。

[4] [美] 戴维·R. 摩根、罗伯特·E. 英格兰、约翰·P. 佩利塞罗：《城市管理学：美国视角》，杨宏善、陈建国译，中国人民大学出版社 2011 年版。

[5] [美] 刘易斯·芒福德：《城市发展史——起源、演变和前景》，倪文彦、宋俊岭译，中国建筑工业出版社 1989 年版。

[6] [美] 罗伯特·A·达尔、布鲁克·斯泰恩布里克纳：《现代政治分析》，吴勇译，中国人民大学出版社 2012 年版。

[7] [美] 文森特·奥斯特罗姆、罗伯特·比什、埃莉诺·奥斯特罗姆：《美国地方政府》，井敏、陈幽泓译，北京大学出版社 2004 年版。

[8] [葡] 费尔南·门德斯·平托：《远游记》，金国平译，葡萄牙航海大发现事业纪念澳门委员会，澳门基金会，澳门文化署，东方葡萄牙学会 1999 年版。

[9] [日] 礒崎利之、伊藤正次：《日本地方自治》，张青松译，社会科学文献出版社 2010 年版。

[10] [英] 戴维·贾奇、格里·斯托克、[美] 哈罗德·沃尔曼：《城市政治学理论》，刘晔译，上海人民出版社 2009 年版。

[11] [英] 戴维·威尔逊、克里斯·盖姆：《英国地方政府》，张勇、胡建奇等译，北京大学出版社 2009 年第 3 版。

［12］［英］乔纳森·S. 戴维斯、［美］戴维斯·L. 英布罗肖：《城市政治学理论前沿》，何艳玲译，上海人民出版社2013年第2版。

（四）中文论文

［1］白燕、强始学：《新疆兵团师市合一管理体制研究》，《行政管理改革》2016年第5期。

［2］包盛中：《城市规划权分配优化问题探讨——以南昌市为例》，《规划师》2006年第7期。

［3］布成良：《渐进式改革的张力——中国改革的特点、风险及前景》，《当代世界与社会主义》2008年第5期。

［4］蔡英辉：《政府间伙伴关系：合作治理之路》，《经济体制改革》2013年第5期。

［5］曹登举、吴量光：《加利福尼亚宪法（续）》，《外国法译评》1995年第4期。

［6］曹前满：《城市行政建制制度发展的逻辑：日韩的经验》，《国际城市规划》2012年第3期。

［7］陈朝云：《商代城市的择立要素及其社会功能的多元一体》，《江汉论坛》2004年第11期。

［8］陈瑞莲、刘亚平：《“泛珠三角”区域政府合作与创新》，《学术研究》2007年第1期。

［9］池如龙：《官本位产生和发展的历史根源》，《社会科学》1999年第2期。

［10］戴均良：《设市模式与市制改革》，《城市问题》1999年第1期。

［11］［德］赫尔穆特·沃尔曼：《四国地方政府改革比较研究》，孙存良等译，《经济社会体制比较》2007年第1期。

［12］董佳、刘素林：《民国政治与城市规划的地方互动：南京“中央政治区”选址的变更进程》，《中国历史地理论丛》2014年第4期。

［13］董礼杰：《美国城市的法律地位——狄龙规则的过去与现在》，《行政法学研究》2008年第1期。

［14］董里：《基于城市竞争力评价的直辖市增选方案研究》，《天府新论》2009年第6期。

［15］杜宏茹、张小雷、李春华：《新时期新疆边境城镇体系构建和口岸

小城镇发展》，《人文地理》2005 年第 3 期。

[16] 段小梅：《控制大城市：措施的弊端》，《城市问题》2001 年第 1 期。

[17] 范今朝、黄吉燕：《城市地名规划及命名规则》，《城市问题》2005 年第 1 期。

[18] 范今朝、邹吕辉：《地名通名的发展演变与当代城市地区地名通名的特点》，《中国地名》2015 年第 2 期。

[19] 范子英、李欣：《部长的政治关联效应与财政转移支付分配》，《经济研究》2014 年第 6 期。

[20] 范子英：《转移支付、基础设施投资与腐败》，《经济社会体制比较》2013 年第 2 期。

[21] 方创琳、刘海燕：《快速城市化进程中的区域剥夺行为与调控路径》，《地理学报》2007 年第 8 期。

[22] 方和荣：《厦门建设海峡西岸重要中心城市的思考——基于福州、厦门、泉州的比较分析》，《中共福建省委党校学报》2010 年第 9 期。

[23] 方普儿、翁圣：《双屿港古今地望考证》，《浙江社会科学》2010 年第 6 期。

[24] 方秋梅：《辛亥革命与近代汉口市政体制转型》，《江汉论坛》2011 年第 11 期。

[25] 冯正好：《中世纪英国城市法初探》，《人民论坛》2015 年第 14 期。

[26] 高秉雄、姜流：《伦敦大都市区治理体制变迁及其启示》，《江汉论坛》2013 年第 7 期。

[27] 高琳：《快速城市化进程中的“撤县设区”：主动适应与被动调整》，《经济地理》2011 年第 4 期。

[28] 高宜程、赵培红：《城市功能地域概念及其在规划中的应用》，《城市问题》2012 年第 9 期。

[29] 耿曙、钟灵娜、庞保庆：《远近高低各不同：如何分辨省级领导的政治地位?》，《经济社会体制比较》2014 年第 5 期。

[30] 宫桂芝：《地级市管县：问题、实质及出路》，《理论探讨》1999 年第 2 期。

[31] 宫桂芝：《我国行政区划体制现状及改革构想》，《政治学研究》2000 年第 2 期。

[32] 顾朝林、浦善新：《论县下设市及其模式》，《城市规划学刊》2008 年第 1 期。

[33] 顾朝林、吴莉娅：《中国城市化研究主要成果综述》，《城市问题》2008 年第 12 期。

[34] 郭声波：《飞地行政区的历史回顾与现实实践的探讨》，《江汉论坛》2016 年第 1 期。

[35] 韩博天、石磊：《中国经济腾飞中的分级制政策试验》，《开放时代》2008 年第 5 期。

[36] 韩光辉、林玉军、王长松：《宋辽金元建制城市的出现与城市体系的形成》，《历史研究》2007 年第 4 期。

[37] 韩光辉、何峰：《宋辽金元城市建制与区域行政区划体系的演变》，《北京大学学报》（哲学社会科学版）2008 年第 2 期。

[38] 郝国庆：《城市化进程中行政区划调整的偏差及优化对策——以地级市为分析对象》，《云南行政学院学报》2015 年第 1 期。

[39] 何李：《城市功能："大镇设市"改革的应然导向》，《领导科学》2016 年 1 月中。

[40] 何李：《从主体认知到体制梗阻：中国城市府际关系初探》，《河南师范大学学报》（哲学社会科学版）2016 年第 4 期。

[41] 何李：《非对等府际关系中社会保障体系的构建》，《长白学刊》2016 年第 2 期。

[42] 何李：《媒介式耦合：中国政府层级和行政级别的辩证关系探析》，《内蒙古社会科学》（汉文版）2017 年第 2 期。

[43] 何李：《市辖区边界区域空间冲突的治理难题与改革方略》，《社会主义研究》2017 年第 1 期。

[44] 何李：《市制回调：行政区划改革的弹性因素》，《理论与现代化》2016 年第 2 期。

[45] 何李：《中国领导干部兼任现状与改进路径》，《领导科学》2016 年 10 月中。

[46] 洪银兴、周诚君：《城市经营和城市政府的改革》，《管理世界》

2003 年第 8 期。
[47] 胡乐伟、吴宏岐：《论中国市辖区形成的历史过程》，《陕西师范大学学报》（哲学社会科学版）2013 年第 5 期。
[48] 胡晓鸣、刘丹、翁芳玲：《上海租界百年对城市发展的启示》，《城市规划》2008 年第 10 期。
[49] 华晨：《城市竞争——影响城市发展和规划的双刃剑》，《城市规划》2002 年第 1 期。
[50] 华林甫：《中国直辖市通名改革研究》，《中国人民大学学报》2003 年第 5 期。
[51] 华伟：《城市与市制——市制丛谈之一》，《中国方域：行政区划与地名》2000 年第 1 期。
[52] 华伟：《城乡分治与合治——市制丛谈之三》，《中国方域：行政区划与地名》2000 年第 3 期。
[53] 华伟：《新形势与新构想——市制丛谈之四》，《中国方域：行政区划与地名》2000 年第 4 期。
[54] 华伟：《自治市与行政市——市制丛谈之二》，《中国方域：行政区划与地名》2000 年第 2 期。
[55] 黄忠怀、邓永平：《行政管理体制改革背景下市县分等研究》，《北京行政学院学报》2011 年第 1 期。
[56] 黄忠怀、周妙：《新型城镇化背景下“超级大镇”设市研究》，《北京行政学院学报》2013 年第 4 期。
[57] 贾康：《房地产税的作用、机理及改革方向、路径、要领的探讨》，《北京工商大学学报》（社会科学版）2012 年第 2 期。
[58] 焦必方、孙彬彬：《日本的市町村合并及其对现代化农村建设的影响》，《现代日本经济》2008 年第 5 期。
[59] 李兵：《关于划定具有立法权的“较大的市”的思考》，《法学》2005 年第 9 期。
[60] 李景鹏：《官本位：行政改革的障碍之一》，《学习与探索》2009 年第 5 期。
[61] 李平：《县级市政府职能转变的若干问题研究》，《中国行政管理》2000 年第 6 期。

[62] 李瑞昌、赵俊：《美国地方政府合并理论评述：动机、过程与绩效》，《公共行政评论》2014 年第 1 期。
[63] 李太淼：《当代中国官本位意识表现分析》，《中州学刊》2014 年第 2 期。
[64] 李向国：《“官本位”与“民本位”政治文化学研究的理论意义》，《理论前沿》2007 年第 18 期。
[65] 李燕、顾朝林：《日本当代城市制度研究》，《日本书》2013 年第 2 期。
[66] 李玉：《中国近代市政府的产生极其研究刍议》，《暨南学报》2014 年第 3 期。
[67] 厉以宁：《论城乡二元体制改革》，《北京大学学报》（哲学社会科学版）2008 年第 2 期。
[68] 梁木生：《政治体制改革需要把握政治平衡——兼析我国政治体制改革的艰难》，《南京社会科学》1998 年第 7 期。
[69] 林拓、申立：《中国城乡区县重组：风险及其超越》，《中国行政管理》2012 年第 11 期。
[70] 刘海波：《美国地方政府中的特区》，《国家行政学院学报》2004 年第 1 期。
[71] 刘君德：《中国直辖市制度辨析与思考》，《江汉论坛》2006 年第 5 期。
[72] 刘君德：《中国转型期凸现的“行政区经济”现象分析》，《理论前沿》2004 年第 10 期。
[73] 刘凌斌：《试论台湾县市改制的影响》，《现代台湾研究》2009 年第 5 期。
[74] 刘亚平、刘琳琳：《中国区域政府合作的困境与展望》，《学术研究》2010 年第 12 期。
[75] 刘重春：《以技术制约权力：我国干部人事制度改革的方向》，《江汉论坛》2012 年第 11 期。
[76] 刘云刚：《中国资源型城市界定方法的再考察》，《经济地理》2006 年第 6 期。
[77] 卢正涛：《论政治平衡的构成要件及其表现形式》，《贵州大学学

报》1997 年第 3 期。

[78] 陆文雪：《上海工部局公务员制度考察》，《史林》1997 年第 4 期。

[79] 栾爽、刘旺洪：《论英国城市自治与近代宪政制度构建及对我国的启示》，《南京社会科学》2013 年第 4 期。

[80] 马春笋：《县分等的历史研究》，《华东师范大学学报》（哲学社会科学版）1996 年第 2 期。

[81] 马国贤、刘志阔：《我国涉农领域事权划分研究》，《公共财政研究》2016 年第 1 期。

[82] 马润凡：《当前我国官本位意识的危害及其治理》，《中州学刊》2014 年第 2 期。

[83] 马祖琦：《基于县制保护的“撤县设市”方案思考》，《江汉论坛》2014 年第 3 期。

[84] 宁岭晏：《澳门市政制度的演变与前瞻》，《华南师范大学学报》（社会科学版）1999 年第 4 期。

[85] 潘竟虎、戴维丽：《1990—2010 年中国主要城市空间形态变化特征》，《经济地理》2015 年第 1 期。

[86] 庞明礼、马晴：《“省直管县”改革背景下的地级市：定位、职能及其匹配》，《中国行政管理》2012 年第 4 期。

[87] 齐秀生：《官本位意识的历史成因及对策》，《文史哲》2002 年第 2 期。

[88] 邱红：《日本人口少子化与养老金制度改革》，《人口学刊》2006 年第 6 期。

[89] 今川晃：《日本地方自治的基本原则》，俞祖成等译，《政治学研究》2016 年第 1 期。

[90] 西原纯：《平成市町村大合并的行政现状及区域内系统重组——3 种行政机构空间布局模式》，夏韵等译，《国际城市规划》2007 年第 1 期。

[91] 沈雪潋、郭跃：《新型城镇化背景下的中国“镇级市”改革研究》，《经济学家》2013 年第 8 期。

[92] 施存龙：《葡人私据浙东沿海 Liampo——双屿港古今地望考实》，《中国边疆史地研究》2001 年第 2 期。

[93] 石超艺：《我国县级市前景试析》，《江汉论坛》2006 年第 5 期。
[94] 宋雄伟：《论英国"新公共管理运动"目标与实施的鸿沟》，《国家行政学院学报》2016 年第 1 期。
[95] 宋雄伟：《英国地方政府治理：中央集权主义的分析视角》，《北京行政学院学报》2013 年第 5 期。
[96] 苏祖勤：《边远地区设置行政特区建制构想——基于三沙市、罗布泊镇、玉麦乡建置悖论的分析》，《中南民族大学学报》（人文社会科学版）2010 年第 2 期。
[97] 孙宏伟、谭融：《论英国地方自治体制的发展与变革》，《内蒙古大学学报》（哲学社会科学版）2014 年第 2 期。
[98] 孙丽辉、史晓飞：《我国城市品牌产生背景及理论溯源》，《中国行政管理》2005 年第 8 期。
[99] 孙涛、赵岩、翟磊：《社会融入视角下的城市流动人口服务管理研究——基于三亚市的实证研究》，《公共管理学报》2014 年第 4 期。
[100] 孙秀林、周飞舟：《土地财政与分税制：一个实证解释》，《中国社会科学》2013 年第 4 期。
[101] 孙学玉、伍开昌：《构建省直接管理县市的公共行政体制——一项关于市管县体制改革的实证研究》，《政治学研究》2004 年第 1 期。
[102] 孙学玉：《强县扩权与市管县体制改革的必要性分析》，《中国行政管理》2006 年第 5 期。
[103] 唐洋军：《财政分权与地方政府融资平台的发展：国外模式与中国之道》，《上海金融》2011 年第 3 期。
[104] 汪阳红：《促进城市群城市间合理分工与发展》，《宏观经济管理》2014 年第 3 期。
[105] 汪宇明：《中国的城市化与城市地区的行政区划体制创新》，《城市规划》2002 年第 6 期。
[106] 王沪宁：《市场发育和权威基础：保护和开发政治资源》，《复旦学报》（社会科学版）1995 年第 2 期。
[107] 王金秀：《"政府式"委托代理理论模型的构建》，《管理世界》2002 年第 1 期。

［108］王生发：《中国县域经济差异不断扩大的根源：经济不平等还是政治不平等?》，《经济与管理》2016 年第 5 期。

［109］王颂吉、白永秀：《城市偏向理论研究述评》，《经济学家》2013 年第 7 期。

［110］王雪丽：《双重挑战下的中国城市化未来发展问题初探》，《理论与现代化》2010 年第 4 期。

［111］王银平：《长江中游新石器时代晚期的聚落级差及城市萌芽》，《中国历史文物》2008 年第 2 期。

［112］王英津：《台湾“精省”工程改革及其政治影响刍议》，《重庆社会主义学院学报》2011 年第 4 期。

［113］王颖、冯定雄：《双屿港命运与东西方历史的分野》，《浙江学刊》2012 年第 3 期。

［114］王元明：《论詹姆士的重效果思想与中国传统的重名思想》，《天津师范大学学报》（社会科学版）2002 年第 5 期。

［115］吴卫生：《中国台湾地区地方行政区划研究》，《江汉论坛》2004 年第 9 期。

［116］吴晓林：《治理转型遵循线性逻辑吗？——台湾地区城市社区治理转型的考察》，《南京社会科学》2015 年第 9 期。

［117］肖金成：《地级市地位论——兼与撤地强县论商榷》，《学术界》2004 年第 2 期。

［118］肖金成：《完善地级市城市功能若干对策》，《宏观经济管理》2002 年第 11 期。

［119］谢治菊：《论官僚制等级的异化及救赎》，《河南大学学报》（社会科学版）2016 年第 2 期。

［120］熊竞：《国外市制模式的经验借鉴——兼论我国的设市制度》，《江汉论坛》2014 年第 3 期。

［121］熊月之、罗苏文、周武：《略论近代上海市政》，《学术月刊》1999 年第 6 期。

［122］许瑞生：《清末民初广州市市政制度的实践与启示》，《城市规划》2009 年第 5 期。

［123］颜昌武：《中国市辖区政府间竞争：制度环境与策略选择》，《社

会主义研究》2008 年第 5 期。

[124] 杨龙、郑春勇：《地方政府合作中的政府创新初探》，《天津社会科学》2011 年第 3 期。

[125] 姚凯、胡德：《特殊行政区划体制下的城市规划探索——以新疆石河子市总体规划为例》，《城市规划学刊》2011 年第 1 期。

[126] 要英、邓卓：《全球城市：国际竞争的最新产物——评周振华新著〈崛起中的全球城市〉》，《上海经济研究》2008 年第 3 期。

[127] 姚尚建：《作为公共政策的城市规划——政治嵌入与利益整合》，《行政论坛》2015 年第 5 期。

[128] 姚洋、杨雷：《制度供给失衡和中国财政分权的后果》，《战略与管理》2003 年第 3 期。

[129] 叶静：《地方软财政支出与基层治理——以编外人员扩张为例》，《社会学研究》2016 年第 1 期。

[130] 叶敏：《增长驱动、城市化战略与市管县体制变迁》，《公共管理学报》2012 年第 2 期。

[131] 仪德刚、冯书静：《“势”在中国古代表示与力相关的含义及其变化》，《自然辩证法通讯》2015 年第 2 期。

[132] 易承志：《大都市与大都市区概念辨析》，《城市问题》2014 年第 3 期。

[133] 易晓峰：《地方政府的职责和作用：澳大利亚、日本、泰国和印度四国实例》，《国外城市规划》2006 年第 6 期。

[134] 于瀚尧、王乔：《深化财政“省直管县”改革的路径选择》，《当代财经》2014 年第 5 期。

[135] 于鸣超：《中国市制的变迁及展望》，《战略与管理》1999 年第 5 期。

[136] 贠杰：《浙江“省管县”财政体制及其对我国行政体制改革的启示》，《江苏行政学院学报》2008 年第 1 期。

[137] 袁中金、侯爱敏：《建制镇升格设市标准研究——以苏州市为例》，《江汉论坛》2014 年第 3 期。

[138] 张光直：《关于中国初期“城市”这个概念》，《文物》1985 年第 2 期。

[139] 张海鹏：《居澳葡人“双重效忠”说平议》，《近代史研究》1999年第6期。
[140] 张海翔：《论中国民族地区的城市化》，《民族研究》1998年第4期。
[141] 张继军：《双屿港与十六世纪全球贸易圈的关系研究》，《浙江学刊》2012年第4期。
[142] 张献勇：《我国市制遭遇十大宪法尴尬》，《人大研究》2005年第6期。
[143] 张震：《中国市制改革之探讨——以“市”的宪法内涵为主线》，《政治与法律》2015年第4期。
[144] 张志红：《地方政府社会管理创新中的伙伴关系研究》，《南开学报》（哲学社会科学版）2013年第4期。
[145] 张志红：《论大型城市在政府间关系中的政治平衡作用》，《南开学报》（哲学社会科学版）2008年第1期。
[146] 赵聚军：《“控制—服务”：当代中国行政区划改革的应然导向》，《上海行政学院学报》2009年第6期。
[147] 赵聚军：《职能导向论：市辖区建制调整的逻辑导向研究》，《行政论坛》2012年第6期。
[148] 赵诣、王冰：《政策试验区政策创新机制及效果研究——以武汉城市圈为例》，《西南交通大学学报》（社会科学版）2013年第3期。
[149] 赵忠新：《中国政区改革初探——以省和直辖市改革为例》，《科技进步与对策》2003年第S1期。
[150] 折晓叶：《县域政府治理模式的新变化》，《中国社会科学》2014年第1期。
[151] 钟国辉、郭忠兴：《城市建成区扩张的驱动因素分析》，《统计与决策》2014年第12期。
[152] 周飞舟：《锦标赛体制》，《社会学研究》2009年第3期。
[153] 周建国：《政策评估中独立第三方的逻辑、困境与出路》，《江海学刊》2009年第6期。
[154] 周圣平：《政治资源的理论定位和实践思考》，《湖南师范大学社会科学学报》2004年第1期。

[155] 周望：《如何“先试先行”？——央地互动视角下的政策试点启动机制》，《北京行政学院学报》2013 年第 5 期。

[156] 朱光磊、何李：《从竞争到伙伴：中国市制改革的政治逻辑》，《南开学报》（哲学社会科学版）2017 年第 1 期。

[157] 朱光磊、李利平：《公务员占人口的适当比例问题刍议》，《中国行政管理》2009 年第 9 期。

[158] 朱光磊、于丹：《论对政治行为的社会化处理》，《天津社会科学》2015 年第 1 期。

[159] 朱光磊、张志红：《“职责同构”批判》，《北京大学学报》（哲学社会科学版）2005 年第 1 期。

[160] 朱光磊、王雪丽：《市辖区体制改革初探》，《南开学报》（哲学社会科学版）2013 年第 4 期。

[161] 朱光磊：《中国政府职能转变问题研究论纲》，《中国高校社会科学》2013 年第 1 期。

[162] 朱光磊：《“两化叠加”：中国治理面临的大难题》，《中国经贸导刊》2016 年第 31 期。

[163] 朱竑、贾莲莲：《基于旅游“城市化”背景下的城市“旅游化”》，《经济地理》2006 年第 1 期。

[164] 祝志勇、高扬志：《财政压力与官员政绩的牵扯：细究地方政府投融资平台》，《改革》2010 年第 12 期。

[164] 邹宗根：《职责旋构：纵向间政府关系的新思考》，《长白学刊》2013 年第 5 期。

[166] 左言山、陈秀山：《城市辖区行政区划调整的时空格局研究》，《学习与实践》2014 年第 9 期。

二　英文文献

（一）英文著作

[1] Benton E. J& Morgan O. R, *Intergovernmental Relations and Public Policy*, New York: Greenwood Pub Group, 1986.

[2] Brenner, Neil, *New State Spaces: Urban Governance and the Rescaling of Statehood*, Oxford: Oxford University Press, 2004.

[3] Caldeira, Teresa, *City of Walls: Crime, Segregation, and Citizenship in Sao Paulo*, Berkeley: University of California press, 2000.

[4] Dahl R. A, *Who Governs? Democracy and Power in an American City*, Newhaven: Yale University Press, 1961.

[5] Department of the Envieonment (DOE), *Streamtining the Cities*. London: Hmso, 1983.

[6] Elcock H., *local government*, London: Methuen, 1991.

[7] George E. Delury ed., *World Encyclopedia of Political Systems and Parties*, New York: Facts on File, Inc., 1983.

[8] Huter F, *Community Power Structure: A Study of Decision Makers*, Chapel Hill: University Of North Carolina Press, 1953.

[9] Institute of Municipal Management, *Annual Report of the Federal Council of the Institute of Municipal Management*, South Melbourne, Vic: IMM, 1995.

[10] James Walvin, *English Urban Life 1776 – 1851*, London: Hutchinson & Co. Ltd, 1984.

[11] Jean C. Oi, *Rural China Takes Off: Institutional Foundations of Economic Reform*, Berkeley: University Of California Press, 1999.

[12] Kathryn Murphy, *Resharping County Govenamerat: A Look at City-Courat-ty Consolidation*, Washington D. C.: NACo, 2012.

[13] Luther Halsey Gulick, *The Metropolitan Problem and American Ideas*, New York: Alfred A. Knopf, 1962.

[14] Newton K, *Second City Politics: Democratic Processes and Decision Making in Birmingham*, Oxford: Oxford University Press, 1976.

[15] Perri Six etc., *Governing in the Round*, London: Demos, 1999.

[16] Peterson, Paul, *City Limits*, Chicago IL: University of Chicago Press, 1981.

[17] Robinson, Jennifer, *Ordinary Cities. Between Modernity and Development*, London: Routledge, 2006.

[18] Sassen sasskia, *The Global City*, Princeton: Princeton University press, 1991.

[19] Seitz R. , *Over Here*, London: Phoenix, 1998.

[20] Sellers, Jeffrey M. , *Governing from Below: Urban Regions and the Global Economy*, Cambridge: Cambridge University Press, 2002.

[21] U. S. Bureau of the Census, *Census of Governments* 1992, Washington D. C. : U. S. Government Printing Office, 1994.

[22] U. S. Census Bureau, *Census of Governments*, *Government Organization*, Washington D. C. U. S. Government Printing Office, 1997.

[23] Warren, Rebort, *Government in Metropolitan Regions: a Reappraisal of Fractionated Political Organization*, Davis: University of California, Institute of Governmental Affairs, 1966.

(二) 英文论文

[1] Charles T, "Clotfelter. Public School Segregation in Metropolitan Areas" Land Economics, Vol. 75, No. 4, 1999.

[2] David R. , "Morgan and John P. Pelissero, Urban Policy Does Political Structure Matter" The American Political Science Review, Vol. 74, No. 4, 1980.

[3] Friedmann, John, "The World City Hypothesis" *Development and Change*, Vol. 17, No. 1, 1986.

[4] G. V. Childe, "The Urban Revolution" *The Town Planing Review*, Vol. 21, No. 1, 1950.

[5] HenryW. Maier, "Conflict in Metropolitan Areas" *The Annals of the American Academy of Political and Social Science*, Vol. 416, No. 1, 1974.

[6] H. V. Savitch, David Collins, Daniel Sanders and John Markham, "Ties that Bind: Central Cities, Suburbs, and the New Metropolitan Region" *Economic Development Quarterly*, Vol. 7, No. 4, 1993.

[7] J. Edwin Benton, "County Service Delivery Does Government Structure Matter" *Public Administration Review*, Vol. 62, No. 4, 2002.

[8] Jered B. Carr, "Local Government Autonomy and State Reliance on Special District Governments: A Reassessment" *Political Research Quarterly*, Vol. 59, No. 3, 2006.

[9] Jeremy D. Alden, "Metropolitan planning in Japan" *The Town Planning*

Review, Vol. 55, No. 1, 1984.

[10] John Charles Bradbury and E. Frank Stephenson, "Local Government Structure and Public Expenditures" *Public Choice*, Vol. 115, No. 1, 2003.

[11] John Landis, "The Changing Shape of Metropolitan America" *The Annals of the American Academy of Political and Social Science*, Vol. 626, No. 1, 2009.

[12] Keith R. Ihlanfeld, "Local Government Structure and the Quality of Minority Neighborhoods" *Public Choice*, Vol. 147, No. 1, 2011.

[13] Lynn MacDonald, "The Impact of Government Structure on Local Public Expenditures" *Public Choice*, Vol. 136, No. 3, 2008.

[14] MacLeod G, Goodwin M. Space, "Scale and State Strategy: Rethinking Urban and Regional Governance" *Progress in Human Geography*, Vol. 23, No. 4, 1999.

[15] Marcello Balbo, "Urban Planning and the Fragmented City of Developing Countries" *Third Planning Review*, Vol. 15, No. 1, 1993.

[16] Michael A. Nelson, "Decentralization of the Subnational Public Sector An Empirical Analysis of the Determinants of Local Government Structure in Metropolitan Areas in the U. S" *Southern Economic Journal*, Vol. 57, No. 2, 1990.

[17] Osbin L. Ervin, "Understanding American Local Government Recent Census Bureau and ACIR Contributions" *American Society for Public Administration*, Vol. 55, No. 2, 1995.

[18] Paul G. Lewis, "The Durability of Local Government Structure: Evidence from California" *State & Local Government Review*, Vol. 32, No. 1, 2000.

[19] Richard Briffault, "The Local Government Boundary Problem in Metropolitan Areas" *Stanford Law Review*, Vol. 48, No. 5, 1996.

[20] Ross S, "The Economic Theory of Agency: The Principal's Problem" *The American Economic Review*, No. 5, 1973.

[21] SA Bollens, "Examining the Link between State Policy and the Creation

of Local Special Districts" *State & Local Government Review*, Vol. 18, No. 3, 1986.

[22] Shen J, Wong K Y, Feng Z., "State Sponserd and Spontaneous Urbanization in the Pearl Riber Delta of South China1980 – 1998" *Urban Geography*, Vol. 23, No. 7, 2002.

[23] Shen J., "Scale, State and the City: Urban Transformation in Post Reform China" *Habitat International*, Vol. 31 No. 3, 2007.

[24] Spence M., R. Zeckhauser, "Insurance, Information and Individual Action" *The American Economic Review*, Vol. 61, No. 2, 1978.

[25] Stephen Calabrese, Glenn Cassidy, "Local Government Fiscal Structure and Metropolitan Consolidation" *Brookings-Wharton Papers on Urban Affairs*, Vol. 19, No. 24, 2002.

[26] Stone C., "Systemic Power in Community Decision Making: a Restatement of Stratification Theory" *American Political Science Review*, Vol. 74, No. 4, 1980.

[27] Thomas R., Dye and Susan A., Macmanus, "Predicting City Government Structure" *American Journal of Political Science*, Vol. 20, No. 2, 1976.

[28] TJD Lane, "Special Districts and Local Public Services" *Public Finance Review*, Vol. 9, No. 3, 1981.

[29] Victor S. DeSantis, Tari Renner, "City Government Structures: an Attempt at Clarification" *State & Local Government Review*, Vol. 34, No. 2, 2002.

[30] William M. Doerner, Keith R. Ihlanfeldt, "City Government Structure are some Institutions Undersupplied" *Public Choice*, Vol. 149, No. 1, 2011.

（三）英文著作析出论文

[1] Bogdanor V, "Constitutional Reform" *The Blair Effort: The Blair Government* 1997 – 2001, 2001.

[2] Dahl R A., "Rethinking Who Governs? New Haven revisited" *Community Power: Directions for Future Research*, Newbury Park, 1986.

[3] Lampton, David M., "A plum for a Peach: Bargaining, Interest, and Bu-

reaucratic Politics in China" *Bureaucracy, Politic, and Decision Making in Past-Mao China*, 1992.

[4] Smith N. , "Scale" *The Dictionary of Human Geography*, 2000.

[5] Stephen Kalberg, "Max Weber's Prefactory Remarks to Collected Essays in the Sociology of Religion (1920)" *the Protestant Ethic and the Spirit of Capitalism. Third Roxbury Edition*, 2002.

[6] Stone C. , "Power and Social Complexity" *Community power: Directions for Future Research*, 1986.

后　记

本书是在博士论文基础上修改而成的。为了便于出版，在未改变其整体结构的基础上，对数据进行了更新，同时也对个别文字做了调整。

博士论文的选题是在跟导师朱光磊教授反复商量后确定的。随后，在开题、写作和修改过程中，导师都给予了我极大的帮助。他虽然事务繁忙，但是仍然不厌其烦、循循善诱，引领我逐步进入这一研究领域。从文章架构的搭建到核心概念的提炼，从行文风格的优化到遣词造句的完善，都处处浸润着导师细心的指引。与此同时，导师还在生活方面给予了我无微不至的关怀。三年来，我一直被他崇高的人格魅力、行事作风和治学精神所深深震撼着。在跟其他同学形容自己的这种感受时，我总会不自觉地发出感叹："仰之弥高，钻之弥坚，瞻之在前，忽焉在后。"

其实，同身边很多人相比，我的求学之路并不平坦。从我求学和工作地点的变化上似乎就能感受到这一点。十余年来，先后辗转福州、成都、北京、天津数地。因此，十分感恩导师能让我这样一个学术功底尚浅的学子在底蕴深厚的南开深造。

求学期间，柏桦、常健、程同顺、季乃礼、孙涛、孙晓春、徐行、杨龙等诸位老师在课堂教学中的启迪与指引，使我对政治学、行政学有了更为深入的了解，也为我找到合适的研究方向提供了许多启发，在此表示感谢。同时，要感谢开题、外审和答辩阶段的各位老师：常健、常士訚、程同顺、黄百炼、季乃礼、李家祥、马蔡琛、马德普、沈荣华、孙涛、杨海蛟、张志红、赵聚军（按姓氏汉语拼音顺序）。他们为论文提出了许多宝贵的意见和建议。

另外，我所在的研究团队不但为我营造了良好的学术氛围，而且为我的写作提供了许多难得的调研和学习机会。在此，一并感谢团队里的各位老师和同门。还有，要感谢我的家人特别是妻子魏曦女士，感谢他们一直以来的理解与付出，这给予了我莫大的前进动力。

最后，要感谢工作单位——中南财经政法大学为本书的出版提供了资助。同时，感谢中国社会科学出版社在审稿、校正、出版等方面为本书提供的支持和帮助。

此外，限于个人能力，书中难免有错漏或片面之处，还请各位同仁批评指正。